本书系2024年度河北金融学院应用型本科教材项目（YYXJC2024004）和2023-2024年度河北省高等教育教学改革研究与实践项目"面向一流专业、协同融合创新的一流应用型人才培养模式探索——以河北金融学院为例"（2023GJJG359）的研究成果。

经管类专业"课程思政"教学案例选编

阎东彬　路　丽　刘　玲————编著

经济管理出版社
ECONOMY & MANAGEMENT PUBLISHING HOUSE

图书在版编目（CIP）数据

经管类专业"课程思政"教学案例选编 / 阎东彬，
路丽，刘玲编著. -- 北京：经济管理出版社，2025. 4.
ISBN 978-7-5243-0296-4

Ⅰ. G641

中国国家版本馆 CIP 数据核字第 2025MM5084 号

组稿编辑：魏晨红
责任编辑：魏晨红
责任印制：张莉琼

出版发行：经济管理出版社
　　　　　（北京市海淀区北蜂窝 8 号中雅大厦 A 座 11 层　100038）
网　　　址：www. E-mp. com. cn
电　　　话：(010) 51915602
印　　　刷：北京市海淀区唐家岭福利印刷厂
经　　　销：新华书店
开　　　本：720mm×1000mm/16
印　　　张：17. 25
字　　　数：319 千字
版　　　次：2025 年 5 月第 1 版　　2025 年 5 月第 1 次印刷
书　　　号：ISBN 978-7-5243-0296-4
定　　　价：78. 00 元

前　言

　　2016 年 12 月，习近平总书记在全国高校思想政治工作会议上明确提出，"要用好课堂教学这个主渠道，思想政治理论课要坚持在改进中加强，提升思想政治教育亲和力和针对性，满足学生成长发展需求和期待，其他各门课都要守好一段渠、种好责任田，使各类课程与思想政治理论课同向同行，形成协同效应"。2020 年 5 月，教育部印发《高等学校课程思政建设指导纲要》，强调了课程思政对于落实立德树人根本任务和全面提高人才培养质量的重要意义，指明了推进课程思政建设的方向和路径。经过多年的积极探索，各个高校在推进专业课程与思政课程同向同行方面都积累了较为丰富的经验，形成了一系列研究与实践成果，思政与课堂教学硬融入、表面化等问题得到了有效解决，但课程思政载体形式较为单一、课程思政案例内容较为陈旧等问题依然存在，在一定程度上降低了课程思政建设的效度和温度，这亦是本书试图解决的关键问题。

　　河北金融学院是中国人民银行总行创建的全国 7 所金融院校之一，是河北省首批课程思政示范校，以培养高素质复合型、应用型新金融人才，服务教育强国、金融强国建设为主责主业。河北金融学院以经济学、管理学两大学科为主体，围绕立德树人根本任务，推动专业思政与课程思政同频共振、专业课程与思政课程同向同行，在课程思政教学案例建设上取得了显著成效，本书即为建设成果之一。本书立足中国经济发展实际，紧贴金融改革与产业变革，以课程思政案例为载体，在以下三个层面进行了深入探索与实践：一是厘清了一般教学案例与课程思政案例、通用型课程思政案例与经管类课程思政案例的联系与区别，设计了一套影响课程思政案例教学效果的指标体系，并进行了实证分析与检验，丰富了课程思政案例教学的理论内涵，对专业课教师有效开展经管类专业课程思政教学提供了方法论指导。二是优化了课程思政案例体例。从传统的案例内容提供转向案例系统提供，每个课程思政案例不仅包括案例正文，还加入了思政元素解析、案例使用说明、适用课程与知识点、教学模式参考等，增强了课程思政案例的可操作性，可有效解决专业课教师谈起专业胸有成竹、说起课程思政束手无策的实践困境。三是课程思政案例内容新、体系全。本书共编写原创性案例 16 个，涉及金融学、经济学、财政学、国际经济与贸易、工商管理、会计学等经管类核心专业，适用范围较广，且案例内容紧紧围绕中国经济发展、产业变革、工商管理改革等生动实践展开，具有很强的时代性、可读性、适用性。

本书在研究和撰写过程中，得到了省内兄弟院校和校内多个教学单位的大力支持，在问卷填写、案例撰写等方面做了大量的资料收集、数据处理等工作，并得到了河北省高等教育教学改革研究与实践项目、河北金融学院应用型本科教材项目的资助，在此一并表示感谢。

由于能力和水平所限，不足之处在所难免，敬请各位专家、同仁批评指正。

目　录

第一部分　经管类专业"课程思政"理论研究

第一章　课程思政的理论探索 ························ 3

第二章　"课程思政"教学案例与一般教学案例的区别度与联系度 ········ 11

第三章　"课程思政"教学案例设计的理论研究 ··············· 17

第二部分　经管类专业"课程思政"教学案例

第四章　"微观经济学"课程思政案例 ··················· 29

第五章　"宏观经济学"课程思政案例 ··················· 41

第六章　"区域经济学"课程思政案例 ··················· 58

第七章　"产业经济学"课程思政案例 ··················· 76

第八章　"国际经济学"课程思政案例 ··················· 91

第九章　"金融学"课程思政案例 ····················· 98

第十章　"金融经济学"课程思政案例 ·················· 110

第十一章　"保险经济学"课程思政案例 ················· 118

第十二章　"财政学"课程思政案例 ··················· 131

第十三章　"国际贸易学"课程思政案例 ················· 144

第十四章　"管理学"课程思政案例 ··················· 154

第十五章　"电子商务概论"课程思政案例 ··············· 165

第十六章　"财务管理"课程思政案例 ·················· 172

第十七章 "商业银行经营管理"课程思政案例 …………………………… 189

第十八章 "统计学"课程思政案例 …………………………………………… 204

第十九章 "理财综合实训"课程思政案例 ………………………………… 223

第三部分 经管类专业"课程思政"教学案例经验总结

第二十章 "课程思政"差异性教学案例设计影响因素实证分析 …………… 247

第二十一章 经管类专业"课程思政"教学案例经验总结 ………………… 258

参考文献 ……………………………………………………………………… 263

第一部分　经管类专业
"课程思政"理论研究

第一章　课程思政的理论探索

　　课程思政不是一门或一类特定的课程，而是一种将思想政治教育融入各类课程教学中的综合教育理念，旨在实现各类课程与思想政治理论课同向同行，形成课程教学与思政教育的协同效应，落实教育的"立德树人"这一根本任务。思政课程是在思政课中渗透思想政治教育，课程思政在一定层面上包含思政课程，倡导的是所有课程都要承担起育人功能，所有教师都要肩负起育人职责，实现知识传授与价值引领的同频共振。如何使课程的情感、态度、价值"润物细无声"地融入专业课程教学的知识传授中，是提升课程思政教学效果的关键。如何设计理论联系实际、更加贴近学生生活实际的"课程思政"教学案例，做到将"教师有意识地教"和"学生无意识地学"相结合，让课程有"思政味"，但学生在学习专业课程中不会因为思政内容而感到唐突和生硬，实现课程思政"润物细无声"的教学效果，是课程思政教学案例设计的重中之重。

第一节　课程思政研究的现实背景

一、高校课程思政的研究意义

　　习近平总书记在全国高校思想政治工作会议上强调，"要用好课堂教学这个主渠道，思想政治理论课要坚持在改进中加强，提升思想政治教育亲和力和针对性，满足学生成长发展需求和期待，其他各门课都要守好一段渠、种好责任田，使各类课程与思想政治理论课同向同行，形成协同效应"。这使我们认识到，在加强高校思想政治教育工作中，必须围绕高等教育"立德树人"根本任务，从国家意识形态的战略高度出发，不能就"思政课"谈"思政课"建设，而应紧扣课程改革的关键环节，充分彰显课堂教学在育人过程中的主渠道与主阵地价值，真正将思想政治教育"润物细无声"地渗透到教育教学全过程中，全力将思政元素渗透至高校专业课程教育教学的全过程中，将教书育人的内涵切实贯彻于课堂教学主渠道里，这为高等院校全员、全过程、全方位进行课程思政建设明确了思路、指引了方向。在高等教育教学改革体系中，高校课程思政建设处于核心地位，建设成果直接影响着德、智、体、美、劳全面发展的社会主义建设者与接班人的培育和"立德树人"这一根本任务的落地生效。鉴于此，深入探究高校课程思政建设工作无疑具有极为深远且重大的意义，这不仅关乎教育的质量与方向，更是为国家和社会培育合格人才、推动社会进步与发展的重要保障与基石。

二、国内外研究现状

（一）国内研究现状

课程思政建设已成为高校思政教育与专业教学深度融合的教育教学改革领域的前沿热点，备受高校和学术界关注。在国内，随着高等教育内涵式发展需求日益迫切，以及"立德树人"这一根本任务的扎实推进，众多学者纷纷投身于这一课题的钻研中，相关研究成果呈井喷式增长。通过对文献资料的整理分析发现，国内高校课程思政的研究主要集中在课程思政的理论概念方面及课程思政建设推进的实践应用方面。

课程思政的理论探索。在内涵界定方面，课程思政是一种教育理念的重塑，打破了传统思想政治教育局限于思政课程的边界，不是在专业课程里生硬地添加思政内容，而是追求一种有机融合，使思政教育与知识传授相互渗透、相得益彰，倡导将思政元素全方位、全过程地融入各类专业课程中。敖祖辉和王瑶（2019）、陈语（2021）、董小龙和王若斯（2021）等认为，课程思政的核心内涵是价值引领与知识传授的深度融合。高国希（2019）认为，课程思政是一种新的教育观念，他强调所有高校课程不再是单纯的知识传授载体，而是被赋予了思想政治教育的使命，应同时具备"知识传授"与"价值引领"双重作用。在思政课程与课程思政关系的辨析方面，邱仁富（2018）、石书臣（2018）等认为，思政课程与课程思政在思政内容、课程地位、课程特点等方面有所区别。但是，在任务和目标层面，二者都承载着培养学生良好思想政治素养这一共同使命，致力于将学生塑造成为德才兼备的社会主义建设者和接班人；在方向和功能角度层面，都是朝着助力学生树立正确价值观、提升思想境界的方向发力，发挥对学生思想引领的重要功能；在内容和要求层面，也有高度的契合性，都需遵循思想政治教育的基本准则与要求。何红娟（2017）、唐海风（2018）、何玉海（2019）等认为，高等院校应着重推动"思政课程"朝着"课程思政"进行转化，进一步拓展思想政治教育所涉及的范畴，使其内涵更加丰富和深化，进而营造出一种大思政的格局，让思想政治教育不再局限于专门的思政课堂，而是渗透到高校的每门课程中，融入学生学习生活的方方面面，全方位提升思想政治教育的影响力和实效性。

课程思政的建设路径。在推进"课程思政"建设工作方面，各大高校和相关学者从不同维度探索课程思政的落地实施。陆道坤（2022）、刘建军（2020）认为，应把专业课程教学作为思政教育的重要载体，要将思想政治教育所涉及的各项原则、要求及内容，"润物细无声"地渗透到课程设计环节、教材编写开发进程、课程具体的实施步骤，以及课程评价体系之中，从而达成有机整合与协同发展的效果。在具体的实施过程中，高德毅和宗爱东（2017）将"课程思政"建设分成三大方面的内容。一是聚焦强化核心价值观教育引领效能的思想政治理论课改革，旨在让思想政治理论课在核心价值观传播方面发挥更为强劲的主导作用；二是重视在通识教育里深植理想信念的综合素养课程改革，通过通识课程为学生理想信念的塑造奠定广泛而坚实的基础；三是突出知识传授过程中价值观功能发挥的专业课程改革，使专业课程在知识讲授之际能有效传递正确的价值观。张冬冬和李如占（2018）从三个维度切入"课程思政"建设实施工作，分别是着重增强教师的德育意识并提升其德育能力、精准挖掘和整合专业课程内容中的思政元素和思政资源、优化教学评价体系，借科学合理的评价机制来保障"课程思政"建设沿着正确的方向推进。

（二）国外研究现状

在国外高校，虽然没有"课程思政"这样专业术语的表达，但德育融入教育是不争的事实。不同国家基于自身独特的社会环境、价值追求、政治信仰及教育理念与现实国情等方面的差异，孕育出风格迥异的育德模式。国外院校在课程思政教育过程中更注重实践教学，重视知识与经验的结合，在实施途径上也多采用实践化的、渗透式的、间接性的形式对大学生进行思想政治教育，重视知识学习中的精神层面和心灵层面的丰富。

在国外，虽然没有"课程思政"这一概念，但与之类似的是隐性课程（Hidden

Curriculum)理论及价值观教育在课程中的渗透。隐性课程理论认为，学生除了从正式的课程内容中学习知识，还会从学校的氛围、师生关系、教学方法等方面获得潜在的教育影响。例如，在西方国家的一些私立学校中，学校的建筑风格、校服制度等都在潜移默化地传递学校的价值观和文化理念。在价值观教育方面，诸多国家都注重在不同学科课程中融入价值观要素。例如，在公民教育课程中，美国注重培养学生的民主价值观、社会责任感等；在历史课程中，英国通过对本国历史事件的讲解，培养学生的民族自豪感和国家认同感。

在课程思政教育的实践路径方面，跨学科融合与全人教育理念具有重要指导意义。国外教育界强调跨学科融合来实现综合教育目标。例如，在环境科学教育中，会整合生物学、化学、地理学等学科的知识，同时，也会融入可持续发展理念、全球视野等价值观教育内容。这种跨学科的方式有助于学生从多个角度思考问题，培养批判性思维和综合素养。

另外，全人教育（Holistic Education）理念盛行。这一理念强调教育要关注学生的身心、情感、道德等多维度的发展。课程设置和教学实践围绕这一理念展开，例如，在艺术课程中，除了培养学生的艺术技能，还注重通过艺术作品表达情感，进行社会价值观等方面的教育，促进学生的全面成长。

三、文献述评

综上所述，目前学术界关于课程思政理论研究和实践建设路径研究较多，为高校进一步推进课程思政工作提供了方向和思路，但缺乏像马工程教材和国家规划教材等一样的权威性教材，使教师和学生在选择教材时缺乏明确的标准和方向。此外，现有教材大多集中在课程思政案例的设计和某一专业课程案例集的编写，虽然这些案例集能为特定专业的教师提供一些参考，但缺乏经管类相关专业课程思政的案例教材，难以满足经管类专业课程思政教育层次的需求，这使教师在实施课程思政时难以找到全面、系统的案例资源，不利于课程思政的广泛推广和深入开展。因此，本书深入研究经管类相关专业课程的"课程思政"教学案例的设计原则和主体框架，以规范性、实用性、时效性、系统性和便捷性为原则，深入剖析经管类专业课程的"课程思政"的典型教学案例的设计与一般教学案例集的区别度与联系度，作出纵深解读和梳理凝练，进一步丰富"课程思政"典型教学案例资源，以实现"课程思政"与专业课的深度融合，确保"课程思政"与思政课程同向同行。

第二节 课程思政研究的理论探析

一、课程思政的内涵

从本质上来说，课程思政是一种综合教育理念，其核心在于构建全员、全程、全课程的育人格局，但课程思政不是在课程之外添加思政内容，也不是简单地将思政课程内容复制到其他课程中，而是通过深度挖掘各类课程本身所蕴含的思想政治教育资源，使各类课程与思想政治理论课形成同向同行的协同效应，将价值观引领"润物细无声"地与知识传授、能力培养相互交织融合与无缝衔接，使思想政治教育贯穿专业课程教学的整个过程和各个教学环节。无论是何种类型的课程，都要与思想政治理论课保持方向一致、步伐协同，彼此呼应、相互促进，共同致力于达成"立德树人"这一教育的根本任务，全方位塑造学生的品德修养、知识体系与综合能力，为学生的全面发展奠定坚实基础，使他们在接受知识与技能培育的同时，也能在价值观的引领下成长为有理想、有道德、有担当的新时代人才。

二、课程思政的理论基础

(一)协同育人理论

协同育人是一种教育理念与实践模式，其倡导多元主体在教育过程中相互协作、有机结合，以实现共同的育人目标，其核心理念是打破教育主体间的孤立状态，整合各方资源、汇聚各方力量，以全方位、系统性的方式培育具有良好道德品质、扎实专业知识、较强综合能力和社会责任感的全面发展人才，适应社会发展对高素质人才的多元需求。因此，协同育人理念已成为高等院校落实"立德树人"这一根本任务的必然路径，也是高等院校思政教育教学改革的内在要求。在目前教育的新形式、新任务与新要求的背景下，仅依靠思政课单一主体"孤军奋战"、独自承担育人重任的模式已无法契合时代发展的需求与教育的目标。迫切需要多元主体携手合作，共同奏响课程思政的"宏大乐章"，为整合分散的育人资源、汇聚各方育人力量开拓一片崭新的广阔天地，从而构建全方位、多层次、宽领域的协同育人新格局，确保高等教育能够更有效地培育出德、智、体、美、劳全面发展的时代新人，为社会发展源源不断地输送具备高尚品德、扎实学识、创新能力和强烈社会责任感的高素质人才。课程思政的协同育人，是指将专业课程与思政课程相结合，通过在教学活动中融入思想政治教育元素，实现全方位、多角度的育人目标。这种教育模式不仅关注学生的专业知识学习，还注重培养学生的思想道德素质和综合能力，旨在培养出既有专业知识又有高尚品德的新时代人才。课程思政的教育理念着重强调所有课程均需发挥其育人功能，使每一门课程都成为学生思想政治教育的有效载体。在课程思政的教学实践体系里，思政教育不是孤立存在的，而是有机融入各类课程的教学内容、教学方法及教学评价等环节中。但是，在前期的教学实践中，课程思政与思政课程之间呈现相互割裂的态势，二者未能达成预期的协同效应，这一状况严重阻滞了高校课程思政的良性发展轨迹，使课程思政建设的整体质量大打折扣。尽管部分教师已着力挖掘课程内部所隐含的思政元素，并积极主动地将其融入日常教学活动中，但教师个体在思政素养及教学能力等方面参差不齐，且缺乏其他强有力的外部支持力量，处于孤立无援状态下的课程思政教学实践，其最终所收获的效果与达成的质量均难尽如人意，难以切实满足新时代对高校课程思政建设提出的高标准、严要求。

（二）隐性教育理论

隐性教育最早由美国教育社会学家杰克逊在《班级生活》一书中提出，随后奥渥勒进一步发展了这一概念，形成了"隐蔽性课程"的研究。隐性课程包括广泛的学习内容，即态度、情感、道德和社会，被描述为课堂的"气候"。隐性教育是一种无意识的教育方式，主要借助无计划、无意识的社会活动对个体产生影响。在这一过程中，受教育者在一种未察觉的状态下受教育的感染与影响，显著特征便是以极为自然、悄然无声的方式运作，既如同春雨滋润大地般"潜移默化"，又如和风轻拂般"润物细无声"地作用于受教育者的思想认知领域并对其价值观进行塑造。隐性教育理念的核心在于通过日常生活中的各种环境和活动，将教育内容渗透到学生的日常生活中，从而达到教育目的。隐性教育是相对显性教育而言的，是一种使受教育者在心理上没有察觉的一种无意识教育方式。课程思政要求各类专业课程根据自己的特性，"潜移默化""润物细无声"地融入思想政治教育，不断优化课程体系。因此，在推进课程思政建设过程中，需高度重视隐性教育的独特功能，要学会巧妙地于专业课程知识体系中渗透思政元素，坚决摒弃那种生搬硬套、"填鸭式"的灌输模式，切实达成专业课程知识传授与思政教育的价值引领的有机融合，同时要恰当发挥显性教育的长处，只有在质与量均达标的情况下，才能推动课程思政建设有条不紊地前行。

（三）"三全育人"理念

习近平总书记在全国高校思想政治工作会议上指出，"要坚持把立德树人作为中心环节，把思想政治工作贯穿教育教学全过程，实现全程育人、全方位育人，努力开创我国高等教育事业发展新局面"，其诠释了新形势下"三全育人"的内涵，梳理了立德树人在思想政治工作中的重要价值，为高等院校教育教学改革指明了方向，明确了使命。"三全育人"是新时代高校开展思政教育、课程思政建设和落实立德树人根本任务的重要理念，主要包括全员育人、全过程育人及全方位育人三个方面的内容。从"三全育人"的内涵来看，其是一种系统化、全面化的育人理念，范围不仅局限于思想政治教育领域，它是将涉及教育活动的各个要素有机结合起来，是对各种教育资源的整合，形成育人合力，提高育人工作的有效性，重心在协同，即如何调动全部资源按照预定轨道有效运转从而发挥出更大作用。课程思政要求通过挖掘课程中的思想政治教育资源，将思政教育融入专业课程教学，能使这些专业课程发挥思想政治教育的作用，培养学生正确的世界观、人生观和价值观，成为"三全育人"的重要渠道。

三、经管类专业课程思政的主要教学方法

经管类专业课程思政要采用多元化、互动式、交叉融合的教学方法，旨在将思想政治教育有效融入经管类专业课程教学，引导学生主动参与、积极思考，提升学生的思想政治素养与专业能力，促进学生全面发展，以适应新时代对经管类人才的要求。

（一）案例教学法

案例教学法是通过引入真实或典型的案例，让学生在分析和讨论的过程中深入理解课程内容，并引导学生思考案例蕴含的价值观、道德观等思政元素。案例教学法在课程思政中是一种极为有效的教学手段。在经管类专业课程思政教学过程中，通过精心挑选和设计具有思政教育意义的经管案例来开展教学，能将思想政治教育的元素自然而然地融入专业知识的传授过程。例如，在经济学专业课程里，可以引入我国在脱贫攻坚过程中经济政策的实施案例。在分析这些案例时，教师可以引导学生了解国家如何通过宏观调控手段，如财政补贴、产业扶持等政策，帮欠发达地区发展特色产业，实现经济增长。这不仅让学生深入理解经济学

原理在实际中的应用，还能让他们深刻体会到国家政策的人民性和社会主义制度的优越性，从而增强对国家发展战略的认同感和民族自豪感。在管理学课程中，选择企业在国际竞争中坚守本土文化与价值观的案例。例如，某些中国企业在拓展海外市场时，秉持诚信经营、尊重当地文化的原则，同时弘扬了中华文化的理念，成功打造了具有国际影响力的品牌。学生在对这类案例进行剖析时，能学习到企业管理中的跨文化沟通技巧、品牌战略等专业知识，同时能感受到企业在全球化浪潮中所承担的文化传播使命，激发他们的文化自信和爱国情怀。

（二）实践教学法

实践教学法是通过实践来引导学生思考和分析，从而达到寓教于行、躬行真用，实现实践自觉。教师组织学生参与企业实习、社会调研等实践活动。在企业实习中，学生可以亲身体验企业的运营管理流程，观察企业在实际工作中如何贯彻企业文化、遵守法律法规、履行社会责任等。在实习过程中了解企业的员工培训与发展计划，体会企业对员工成长的重视，从而感悟企业的人文关怀与人才培养理念。在社会调研方面，如针对当地经济发展中的产业结构调整与就业问题进行调研，学生在调研过程中能够深入了解国家的经济政策在地方的实施情况，增强对国家宏观经济政策的理解与认同。同时，培养关注社会民生的情怀与社会责任感。

（三）讨论式教学法

讨论式教学法是一种以学生为中心的教学策略，其强调在教学过程中通过师生间、学生间的互动讨论来促进知识的构建与理解，其内涵丰富而多元，强调学生在参与课堂教学活动中，进行知识和思想的交流、切磋乃至辩论来达成教学目标，注重培养学生的批判性思维能力。讨论式教学法在课程思政教学中有广泛的应用，尤其是适用于经管类课程思政教学，经管类专业课程中大多涉及需要学生积极参与、互动思考和表达的教学内容。通过讨论，学生能够锻炼自己的思维，提高表达能力。具体而言，讨论式教学法能够帮助学生从多角度思考问题，激发他们的批判性思维，提高创新能力。在讨论的过程中，学生需要与同学协作，这有助于培养他们的团队精神，提高合作能力。同时，讨论式教学法能够激发学生的学习兴趣和积极性。相较于传统的单向灌输式教学，讨论式教学法让学生在课堂上成为积极的参与者，而非被动的接受者。学生可以就某个议题进行探讨，从而更加深入地理解课程内容，进一步提高学习效率。

第二章 "课程思政"教学案例与一般教学案例的区别度与联系度

第一节 "课程思政"教学案例与一般教学案例的区别

本章从教学目标、教学内容、教学评价等方面对"课程思政"教学案例与一般教学案例进行对比分析，体现各自教学过程中的侧重点，同时阐述二者在教育本质、案例设计思路和人才培养层面的内在联系，为教育工作者更好地理解和实施课程思政提供全面视角。

一、教学目标的区别

（一）一般教学案例的教学目标

一般教学案例的设计是以学科理论知识的传授和专业技能的培养为教学主要目标。教学案例的设计，就是将现实中的应用场景融入教学案例中，借真实情景生活案例引导学生更加形象、直观地理解和掌握课程内容，从而使抽象的理论知识或概念原理具象化，学生更容易理解和掌握相关知识，同时增强学生对课程内容学习的积极性和趣味性。一般教学案例的教学目标主要聚焦学科本身的知识体系和专业技能的要求，旨在培养运用学科理论知识解决实际问题的能力。如在"微观经济学"课程教学案例设计中，应用场景围绕市场供求变化、消费者行为选择、厂商利润最大化选择等相关内容展开，教学目标是通过本课程的学习，使学生能够掌握和运用均衡价格理论、消费者效用最大化和厂商利润最大化行为选择等理论,并能将基础理论知识逐步内生化,具备一定的经济思维能力;学生形成从具体经济问题到抽象经济理论的理解,再将抽象理论应用到现实经济问题解决的归纳演绎能力;学生在通过由已知探求未知的主动学习过程中,培养再学习的能力和适应职业岗位要求变化的能力;具有将经济学原理应用于个人最优选择的决策能力。因此,课程教学案例的教学目标是培养学生形成完整的学科知识体系和专业实践技能,旨在使学生成为某一学科领域具有专业素养的复合型人才。

(二)"课程思政"教学案例的教学目标

课程思政是将思政教育与专业课程教学相结合的一种教育理念,旨在构建全员、全程、全课程育人格局的形式,将各类课程与思想政治理论课同向同行,形成协同效应。课程思政并非要改变专业课程的知识传授固有属性,也不是要把专业课硬生生地转变为思政课程的授课模式,更不是将所有课程均视作纯粹的思政课程,核心在于充分挖掘并彰显课程自身所具备的德育功能,巧妙运用德育的学科思维模式,从梳理课程内容的历史脉络和彰显专业知识的社会应用价值等方面,深入提炼专业课程中所潜藏的文化精髓与价值典范,并将之转化为社会主义核心价值观得以具体呈现且富有生机活力的有效教学媒介。在专业课程知识学习悄然推进的进程中,将理想信念层面的精神导向"润物细无声"地融入其中,让学生在学习专业知识的同时,接受思政教育的滋养与默化。

"课程思政"教学设计中对教学案例的要求更高,教学案例内容中不仅要涉及专业理论知识,还要在案例中渗透课程的思政元素,实现专业知识学习、专业能力提升与学生树立正确的世界观、人生观、价值观形成深度统一。"课程思政"教学案例的教学目标应紧密围绕习近平新时代中国特色社会主义思想展开,始终秉持知识传授与价值引领相互融合的理念。精心筛选那些有助于培育大学生理想信念、塑造正确价值取向、坚定政治信仰,以及强化社会责任的题材与内容。通过系统教学,全方位提升大学生依据具体事例剖析道理、清晰辨别是非的能力,致力于将学生塑造成兼具高尚品德与卓越才能、全方位发展的优秀人才,使其能在未来的社会生活中担当重任,为国家建设与社会进步贡献积极力量,切实落实课程思政对人才培养的核心要求。教育部印发的《高等学校课程思政建设指导纲要》中,明确了为七类专业课程之一的经管法类课程进行课程思政建设的重点和目标,围绕政治认同、家国情怀、文化素养、宪法法治意识、道德修养等重点优化课程思政内容供给。

二、教学内容的区别

（一）一般教学案例的教学内容

一般教学案例的内容紧密围绕学科知识体系构建，聚焦学科知识技能，主要以学科本身的知识架构为核心。例如，物理、化学、生物等自然科学课程教学案例的教学内容主要是涉及科学原理、实验现象、客观规律等在实践场景中的应用，将一些理论概念与规律定理以应用场景的形式呈现出来，帮助学生理解和掌握本学科理论知识的相关内容。在人文社科课程中，教学内容也是依据学科特点展开，如历史学课程围绕历史事件、人物、时间线等进行组织，经济学课程则以经济理论、市场现象、经济政策等为主要内容。一般教学案例的教学内容以知识传授和能力培养为主，目的是使学生掌握专业知识和相关技能。这就要求"课程思政"教学案例中涉及的内容要能够代表课程内容中的核心知识点或者关键概念，这样能够让学生直观地看到理论在实际中的应用。同时，案例所涉及的内容应在课程理论知识中具有普遍的适用性。以市场营销课程为例，可采用宝洁公司的品牌营销策略案例展开分析，宝洁拥有众多知名品牌，其品牌定位、广告宣传、渠道销售等营销策略具有普遍性。学生可以通过这个案例，举一反三，理解不同产品在市场推广过程中如何进行品牌建设和营销，这些策略能够广泛应用于其他快消品乃至各种类型产品的营销活动中。

（二）"课程思政"教学案例的教学内容

课程思政的目的是实现专业课程教学与思政教育同向同行，形成协同效应。因此，"课程思政"教学案例的内容不仅要涵盖学科理论知识和专业技能，更要挖掘专业课程教学中暗含的思政元素。经管类专业课程教学中思政元素要以习近平新时代中国特色社会主义思想为指导，坚持知识传授与价值引领相结合，运用可以培养大学生理想信念、价值取向、政治信仰、社会责任的题材与内容，通过积极培育和践行社会主义核心价值观，运用马克思主义方法论，引导学生正确做人和做事。例如，在经济学"课程思政"教学案例中，其内容在涵盖市场经济理论的基础上，还要将社会主义市场经济和中国特色社会主义实践经验融入其中，将课程思政元素与学科理论知识体系深度融合是涉及课程思政教学案例内容的关键，通过选择与理论知识相关的案例，引导学生深入思考和理解西方经济学的理论知识点在中国特色社会主义市场经济中的实践和应用。"课程思政"教学案例的内容强调在专业课程案例中融入思政元素，实现思想政治教育内容与学科知识体系的有机融合,将知识传授、能力培养和价值塑造有机融入课程思政教学案例,将爱国主义、工匠精神等思政元素"润物细无声"地传递给学生,真正达到专业课程教学与思政教育的有机统一。

三、教学评价的区别

一般教学案例的教学评价主要侧重学生的知识技能掌握程度和能力发展水平等方面的内容。在课程考核方面,考试成绩是重要的评价指标,包括平时测验、期中考试、期末考试等,这些考试内容主要围绕学科知识点展开,考查学生的记忆、理解和应用能力。同时,作业完成情况也是评价的重要依据,教师通过批改作业,了解学生对课堂知识的掌握程度和运用情况。"课程思政"教学案例的教学评价主要从学生的价值观塑造和思政元素融入效果等方面展开,侧重衡量学生价值观、道德观、社会责任感等方面的变化。例如,在学习中国近现代史后,学生能否深刻认识国家独立和民族解放的艰辛,从而树立正确的国家观和民族观。在思政元素融入效果方面,主要评估思政元素与专业课程知识融合是否自然、有效。在经济类课程思政评价中,检查在讲解经济学相关知识时,能否有机地融入社会主义核心价值观、社会主义市场经济等思政内容。例如,在建筑结构课程中,要看是否将建筑安全责任意识和精益求精的工作态度与建筑结构设计原理的教学相融合,让学生在学习专业知识的同时接受思政教育。此外,"课程思政"教学案例的教学评价中还要考察思政元素的融入方式,即以何种方式融入课程的、是简单的附加还是深度融合。在思政元素融入的深度和广度方面,首先要评估思政内容融入的深度,即只是在表面提及了思政概念,还是深入挖掘了思政内涵与课程知识的内在联系。其次要评估融入的广度,即是否涵盖了多个思政维度,如价值观、职业道德、社会责任等。在经管类课程思政中,不仅要将诚信经营的价值观融入市场交易知识讲解,还要涉及经济公平正义、可持续发展等更广泛的思政理念。

第二节 "课程思政"教学案例与一般教学案例的联系

"课程思政"教学案例旨在通过课堂教学融入思想政治教育元素,塑造"有温度""有思考张力""有亲和力"的课堂氛围。课程思政教学的核心目标是提升课程思政融入课堂教学的内涵和水平，实现价值塑造、知识传授和能力培养的有机统一。虽然"课程思政"教学案例与一般教学案例在教学目标、教学内容和教学方法等方面存在区别，但是二者在落实"立德树人"根本任务、教学案例的设计、促进学生全面发展的作用等方面存在一致性。

一、教育本质的一致性

无论是"课程思政"教学案例还是一般的教学案例，本质上都是教育活动，以马列主义、毛泽东思想等理论为指导，以中国特色社会主义为核心目标，目的是培养德智体美劳全面发展的社会主义建设者和接班人。它们都关注学生的成长和发展，通过知识的传递和教育过程，促使学生从知识储备、能力提升到思想素养等方面不断进步，通过教学活动引导学生形成正确的世界观、人生观和价值观，为学生成为有知识、有能力、有素养的社会人才奠定基础。课程思政与专业课程教学均是一项教育活动，需要遵循教育的基本规律。在教学过程中，不管是侧重知识技能的传授，还是专业教学与思政教育的深度融合，都要根据学生的认知水平和学习能力，由浅入深、由易到难，循序渐进地引导学生不断探索，更好地激发学生的求知欲。同时，还要考虑因材施教，根据不同学生的特点和需求，调整教学案例的内容和方法，使每个学生都能在教育中获得收益。

二、案例设计思路的相通性

"课程思政"教学案例和一般教学案例都源于教学实践的需要。为引导学生更好地理解学科理论知识、掌握专业技能，以及形成正确的世界观、人生观和价值观，在教学过程中，教师会根据实际的教学情况和学生的反馈设计具体而有效的教学案例，这些教学案例大多是理论知识在实践应用中的回应，这样可以把静态的学科理论知识体系转化为动态的实践应用场景，做到教学内容"案例化"，从而提高教学中知识的传授效果和增强思政教育的感染力。

"课程思政"教学案例和一般课程教学案例均具有情境性和问题导向性。教学案例都是在一定情境下展开的，通过呈现具体的情境，引发学生的兴趣和思考。在情境中设置问题，引导学生去探索、分析和解决问题，从而实现知识的学习和能力的培养。例如，在一般教学案例中，在实践应用分析时设置实际生活情境和问题，让学生运用所学理论知识来解决实际问题，加深学生对理论知识的理解和对专业技能的掌握；在"课程思政"教学案例中，如在讲述社会公平问题时，设置社会资源分配不均的情境和相关问题，更多引导学生思考公平的内涵和实现途径。

三、对学生发展的协同促进作用

"课程思政"教学案例与一般教学案例在育人目标上具有一致性，都是致力于解决"培养什么样的人、为谁培养人"的根本问题，这种一致性使二者在协同教学时能够形成合力，共同促进学生的全面发展。一般课程教学案例中的专业教学是学科理论知识和专业技能的载体，专业教学过程中涵盖思政元素，专业知识和技能的学习为学生理解思政内容提供了基础。例如，经济思想史课程中的知识帮助学生更好地理解科学家的创新精神和为人类进步做出的贡献，从而培养学生的科学精神和爱国情怀。同时，思政教育可以为学生的学科学习提供动力和方向，当学生树立了为国家建设而学习的责任感后，会更积极主动地学习专业知识，提高专业素养。一般教学案例培养的学科能力和"课程思政"教学案例培养的思政素养相互促进。批判性思维能力、创新能力等学科能力可以帮助学生更好地分析和理解思政问题，形成自己的观点；良好的思政素养，如道德责任感、团队协作精神等，可以促使学生在学科学习中更好地与他人合作，积极参与实践活动，提高实践能力和解决问题的能力，共同推动学生全面发展。

四、结论

"课程思政"教学案例与一般教学案例在教学目标、教学内容、教学评价等方面存在显著区别，但在教育本质、案例设计思路和对学生发展的促进作用上有紧密的联系。教育工作者应深刻认识这些区别与联系，在教学实践中充分发挥二者的优势，将课程思政有机融入各类课程的教学，实现知识传授、能力培养和价值引领的有机统一，为培养德、智、体、美、劳全面发展的高素质人才作出积极贡献。通过合理设计和运用教学案例，将思政元素融入课程，滋养学生的心灵，提升教育的内涵和品质。同时，进一步探索二者融合的新模式和新方法，以适应不断变化的教育环境和学生需求，推动教育事业朝更加优质、全面的方向发展。在未来的教育实践中，要持续关注"课程思政"教学案例和一般教学案例的发展动态，不断优化二者的设计和应用，为教育改革注入新活力。

第三章 "课程思政"教学案例设计的理论研究

　　为深入贯彻落实全国高校思想政治工作会议精神，把思想政治工作贯穿教育教学全过程，推动"思政课程"向"课程思政"转变，挖掘梳理各门课程的德育元素，完善思想政治教育的课程体系建设，充分发挥各门课程的育人功能，实现学院全程育人、全方位育人和全员育人的大思政格局。本书深入探讨"课程思政"教学案例设计的基本原则，通过对价值引领、协同育人、因材施教和隐性教育等原则进行详细分析，强调这些原则在"课程思政"教学案例设计中的重要指导作用，以促进思政教育与专业课程的有效融合，提升教育教学质量。同时，对教学案例设计的主体框架进行了全面论述，涵盖教学目标设定、教学内容选择、教学方法设计和教学评价等方面。此外，深入探讨了设计规范，包括思政元素挖掘规范、案例编写规范和教学设计文档规范。通过将理论分析和实践案例相结合，旨在为高校"课程思政"教学案例设计提供有益的参考，提升课程思政的教育教学效果。

一、基本原则

(一)坚持知识传授与价值引领相结合

　　课程思政的本质在于打破思政教育局限于思政课程的传统格局，将思想政治教育融入各类专业课程教学的全过程，系统梳理课程内容的历史脉络和结合专业知识的社会应用价值，深入挖掘专业课程中的思政元素和整理课程思政资源，实现知识传授和价值引领的有机统一。教育部印发的《高等学校课程思政建设指导纲要》提出，经管法类课程思政要围绕政治认同、家国情怀、文化素养、宪法法治意识、道德修养等重点优化课程思政内容供给。在进行经管类"课程思政"教学案例设计时，要始终坚持以习近平新时代中国特色社会主义思想为指导，将课程思政建设作为落实立德树人根本任务的重要载体，坚定不移地秉持知识传授与价值引领相互融合原则，在高校专业课程教学中渗透思想政治教育的丰富内涵，全力推动专业教学与思政教育协同育人格局的构建，切实将"立德树人"这一根本任务贯彻到底，确保在培养经管类专业人才的过程中，使其既具备扎实的专业知识与技能，又拥有高尚的思想政治素养，以适应新时代对复合型人才的需求，为社会主义现代化建设输送德才兼备的经管领域栋梁之材。

"课程思政"是在专业课程中融入思政元素，渗透立德树人理念，但绝不是"思政课程"的再版。因此，课程思政中的"思政"仍然要以传授专业知识为基本内核，紧紧依托学术内涵，将育人功效视为关键点。课程思政的教学理念具有知识传授与价值引领相结合的特点，传授方法具有旧中立新的特征。从传统的"旧"的维度来看，课程思政必须以各学科专业课程的知识传授为坚实根基，倘若脱离学科自身特点和专业知识体系来谈论"思政"，就如同陷入无源之水、无本之木的困境，致使课程失去其应有的生命力与活力源泉。从创新的"新"的维度考量，课程思政要求突破以往"就专业论专业"的狭隘局限，着力将专业课程理论知识学习与中华民族伟大复兴的宏伟使命紧密融合，借助视野的逐步拓展延伸，使学生在认知与剖析世界的过程中，发自内心地认同马克思主义，并积极主动地付诸实践。从这一特定意义上讲，课程思政范畴内讲解专业知识与在思政课程体系里阐释马克思主义理论，二者实则在育人路径上异曲同工。只有让知识"灵动"起来，赋予其鲜活的生命力，才能使学生深度接纳并持续践行，达成课程思政所追求的教育目标与育人成效。

（二）显性教育与隐性教育相结合

在 2019 年 3 月 18 日举行的学校思想政治理论课教师座谈会上，习近平总书记提出"八个统一"，要求"坚持显性教育和隐性教育相统一，挖掘其他课程和教学方式中蕴含的思想政治教育资源"，这一要求为充分挖掘专业课程的德育和思政元素，发挥其隐性育人功能提供了根本遵循和行动指南。高校课程思政要坚持显性教育与隐性教育协同育人模式，要理直气壮地在专业课程教学中引入思政元素，使课程思政专业教学的思政教育中显性教育具有"惊涛拍岸的声势"，也要正视和重视隐性教育，用好隐性教育途径，创造与显性教育相互补充、同向同行的教育方法，以"润物细无声"的效果融入大学生成长成才的各环节，实现全员育人、全程育人、全方位育人。

在专业课程教学过程中，应明确地、直观地将思政元素融入课程内容，以有组织、有计划、有步骤的课堂教学等显性教育方式向学生传授知识和理念。例如，在专业课的教学大纲中明确列出思政教育目标，教师在课堂上专门开辟时间讲解与课程相关的爱国主义、社会主义核心价值观等内容。这种方式能够让学生清晰地认识思政教育的存在和重要性，使思政教育有计划、有系统地开展，对大学生进行直接、系统的理论教育，能够达到立竿见影的效果。隐性教育则是将思政元素巧妙地渗透到课程的各个环节，包括教学内容、教学方法、师生互动等，让学生在潜移默化中接受思政教育。例如，在讲述科学史时，介绍科学家为了国家利益和人类福祉无私奉献的故事；或是教师在课堂上展现出严谨求是的治学态度、尊重学生的人文关怀等，这些都会对学生的思想道德产生积极影响，而学生可能并未直接察觉到这是思政教育的一部分。新时代，应推动显性教育与隐性教育相统一，应牢牢把握课程思政教学的内涵和发展规律，拓展高校课程思政教育的工作思路，推动显性教育与隐性教育同向同行，共同完成立德树人的教育任务。虽然显性教育和隐性教育分属不同的教育形式和教育方法，但实质上是相辅相成、辩证统一的。二者都致力于"立德树人"这一教育根本任务的贯彻落实，在"课程思政"教学活动过程中，通过隐性渗透、寓道德教育于各门专业课程中，通过"润物细无声""滴水穿石"方式，实现显性教育与隐性教育的有机结合、相互强化、相互渗透，共同推进"三全育人"的实现。

（三）坚持理论与实践相结合

课程思政是将思想政治教育融入各类课程教学的各个环节，实现全员、全程、全方位育人的重要教育理念。在课程思政的实施过程中，坚持理论与实践相结合的原则是确保其有效性的关键，它有助于培养德才兼备的高素质人才。课程思政中的"思政"教育不是源自抽象理论概念的逻辑推演，而是应当扎根社会现实，从各学科知识与社会实践的契合度里探寻踪迹，要以社会实践为基点来解读理论的生成脉络，并依据实际情形对理论逻辑予以调适修正。"课程思政"教学案例设计要坚持理论与实践相结合的原则，达成因事而灵活变化、因时而稳步推进、因势而创新发展的良好态势，使课程思政能够紧密贴合时代脉搏与社会需求，切实有效地发挥其教育引领作用，助力学生在理论与实践的交互中实现思想认知与专业素养的协同提升。

从理论角度来看，课程思政所涉及的思想政治教育理论为实践提供了坚实的指导框架。这些理论涵盖了马克思主义基本原理、中国特色社会主义理论体系、社会主义核心价值观等丰富内容。它们犹如灯塔，为课程思政实践明确了方向，规定了思政教育应该遵循的基本原则、目标和价值取向。就实践层面而言，实践是检验和发展课程思政理论的源泉。课程思政实践活动形式多样，包括课堂实践、社会实践、专业实习等。在课堂实践中，教师通过案例分析、小组讨论等方式将思政理论融入专业课程教学，这一过程能够直接观察到学生对思政理论的理解和接受程度。社会实践则让学生走出校园，参与社会调研、志愿服务等活动，在真实的社会环境中践行思政理论，感受思政教育在现实生活中的意义。在课堂教学中，教师要将思政理论知识巧妙地嵌入专业课程内容讲解中，并通过实践教学方法让学生积极参与。一方面，可以在讲解专业知识点时引入思政理论案例；另一方面，通过实验、课程设计等实践环节培养学生的思政素养。在实践教学中，要求学生严谨操作、尊重数据，培养实事求是的科学态度，这是对思政理论中关于科学精神的实践；在课程设计中，强调团队合作完成任务，让学生在实践中体会集体主义的力量，践行思政理论中的团队协作精神。课程思政的教学过程要坚持理论与实践相结合的原则，将专业理论知识与社会实践相结合，通过理论学习与实践应用相辅相成，实现课程理论性与实践性的统一。

二、经管类专业课程思政的设计与建设思路

经管类"课程思政"教学案例设计应以"学生中心、产出导向、持续改进"的OBE教育理念为理论指导，结合建设应用型财经大学的定位和经管类专业特色，开展相关专业课程的知识、能力和素养"三维立体化"课程思政建设。从经管类专业课程的知识传授和价值引领培养双目标出发，设计丰富的"课程思政"教学案例库，达成"国家和社会、行业需求、个人发展"三个视域的思政目标，构建科学合理的课程思政教学体系，致力于培养符合适应中国经济社会发展需要和行业需求，具有高尚品德、家国情怀、科学思维、工匠精神、国际视野和良好发展潜质的高素质复合型、应用型人才。

为深入贯彻落实习近平新时代中国特色社会主义思想，落实立德树人根本任务、强化专业课程的价值引领功能，课程思政建设着重聚焦思政教育与专业课程教学的深度融合，这就要求高校课程建设逐步进入思政元素与理论知识有机融合的新阶段，无须刻意凸显"思政"之名，却能于细微之处尽显"思政"之实，达到"润物细无声"的精妙境界。在坚持中国特色社会主义政治导向与价值引领的基础上，经管类课程思政建设主要包含三个方面：第一，在教学目标方面，落实立

德树人这一教育核心使命的理念，在着力提升学生经管类专业综合素养之际，同步强化对学生家国情怀的培育、工匠精神的塑造、民族复兴使命感与责任感的熏陶，以及社会主义核心价值观的深度灌输等思政教育内容；第二，在教学内容方面，秉持显性教育与隐性教育相结合的原则，深度挖掘原有课程内容中的思政元素，巧妙地将文化自信、学术道德、商业道德、工匠精神等与课程固有知识点相契合，达成课程理论知识与思政元素的有机统一；第三，在教学环节方面，采用立体多元的教学策略、积极创新教学模式与方法，紧密围绕我国社会主义市场经济发展的实践情境，借助案例研讨、专题研讨、角色模拟、应用场景创设等多元教学手段，始终坚持线上线下教学的有机结合，高度注重过程性评价，充分激发学生学习专业课程的主观能动性及参与热情，最终实现专业课程教学中思政教育的预期目标与成效。"课程思政"教学案例设计的主体框架如图3-1所示。

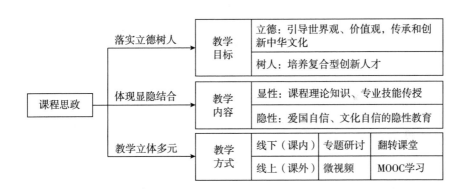

图3-1 "课程思政"教学案例设计的主体框架

（一）课程思政教学目标：树人更要立德

课程思政是新时代教育理念的重要体现，其核心在于将思想政治教育融入课程教学的全过程。在"课程思政"教学案例中，"树人与立德"的结合成为关键的教学目标导向，旨在培养不仅具有扎实专业知识，还具备良好品德和健全人格的优秀人才。树人强调培养学生扎实的理论知识与专业技能，以满足社会对专业人才的需求。这不仅包括使学生掌握本专业学科的核心知识体系和专业技能，还要注重培养学生的实践能力，使其能够将所学知识应用于解决实际问题，如通过实验、实习等环节提高学生的动手操作能力和知识迁移能力。立德则聚焦塑造学生的价值观、道德品质和社会责任感。在价值观方面，培养学生的爱国主义情怀，使其认识到个人发展与国家命运紧密相连。在道德品质培养上,涵盖职业道德和学术道德,如商科课程培养学生在商业活动中的诚信和公平竞争意识,科研类课程强调尊重知识产权和学术规范。社会责任感的培养则引导学生关注社会问题,积极参与社会建设,如环境专业学生关注环保问题并寻求解决方案。"树人"先"立德",在经管类专业"课程思政"教学案例设计中,"树人与立德"结合课程思政教学目标是专业教学与思政教育有机结合的必然要求。在专业课程教学中,将树人的知识技能目标和立德的思想道德目标统一规划,能够使"课程思政"真正落地生根,培养出既有专业才华又有高尚品德的新时代人才,为国家和社会的发展提供有力的智力支持和道德保障。

(二)教学内容注重理论知识与思政元素有机结合

课程思政要求把课程中理论知识与专业技能传授这一显性教育同渗透社会主义核心价值观、文化自信和民族自豪感等思政元素的隐性教育有机融合起来。在显性教育层面,课程所固有的知识体系和技能方法是教育的基础内容,它们是学生认识世界、改造世界的工具,是学生专业发展的基石。隐性教育中的爱国主义教育体现在多方面。在经济学课程里,可以通过讲授中国经济运行与改革实践,培养学生发现经济问题、分析经济问题及解决经济问题的能力,尤其是将西方经济理论中国化,可以提高分析中国经济现象和经济问题的能力。同时,引入经济热点、时事新闻、社会新动态,并将其作为思政素材,通过介绍改革开放,特别是党的十八大以来取得的巨大成就,增强学生的国家荣誉感和文化自信。从知识技能的掌握到思想道德的提升,从个人素养的培养到民族情怀的深化,使学生在不知不觉中受到思政教育的滋养,真正做到"润物细无声"。这样培养出来的学生,不仅是专业领域的合格人才,还是具有家国情怀、文化底蕴和社会责任感的全面发展的个体。

(三)坚持线上线下、课内课外相结合的多元教学方式

课程思政要实现知识传授、价值塑造和能力培养多元目标的有机统一,这一目标对授课教师提出了全新的要求与挑战,即不能局限于传统的授课模式框架,教师务必突破课堂的固有边界,积极探索并创新教学手段,构建多元教学模式。通过将线上教学与线下教学有机融合,充分利用现代信息技术与教育资源,使教学方式能够紧密顺应时代发展的潮流和趋势。结合经管类专业的学科特点,以知识讲授、能力提高、价值观塑造为目标,根据学情、教情、课情,综合运用案例教学、研讨教学、角色模拟、社会实践、田野调查等多种教学方法和行课模式,

通过师生共学共研共创,让学生"动"起来、让课堂"活"起来,打造高效课堂、思辨课堂。课程聚焦课程的理论知识传授和价值观引领,坚持线上线下、课内课外相结合的多元教学方式,以任务驱动、应用场景创设、论文研学、角色模拟为实现路径,打造可视化案例教学和思辨课堂,促进师生间和学生间思维的互动,激活思辨课堂,实现课堂从"沉默"向"思辨"的转变,课堂创新性、挑战度显著提高。

三、经管类专业"课程思政"教学案例的设计规范

按照习近平总书记提出的"各门课都要守好一段渠、种好责任田,使各类课程与思想政治理论课同向同行,形成协同效应"要求,全面深化课程思政教学改革,落实立德树人根本任务,引导学生树立正确的世界观、人生观、价值观,强化课程育人导向,充分发挥课堂教学育人主渠道、主阵地的作用,挖掘和丰富专业课程的育人内涵。经管类专业"课程思政"教学过程中要充分发掘和运用各学科蕴含的思想政治教育资源,明确"课程思政"教学目标、优化课程育人教学设计,在教学理念、教学思路、内容形式、方法手段等方面积极创新,用学生喜闻乐见、"润物细无声"的方式开展思政教育。"课程思政"教学过程中聚焦的是学生情感、态度、价值观的变化成长,课程思政目标的有效实现,需要教师精心的教学设计。经管类专业"课程思政"教学案例的设计规范应包含以下四个方面。

(一)明确课程思政目标,引领教学设计

在"课程思政"教学案例设计之前,要清晰梳理出该课程在学科知识、专业技能等方面的专业教学目标和专业课程中孕育的思政目标,以此作为专业课程的教学目标,将其作为教学案例设计的重要导向。经管类专业"课程思政"目标要根据课程的专业特点,结合学生的认知目标和技能目标,充分挖掘课程蕴含的思政元素,综合引领教学案例内容的组织和教学设计。在经管类专业课程的教学设计中,可以结合专业理论知识深入专业课程中蕴含的思政元素,包括培养学生的诚信经营意识(如在会计课程中强调财务数据的真实性)、社会责任感(如在经济学课程中探讨经济发展与社会公平的关系)、团队协作精神(如在项目管理课程中体现团队合作的重要性)等,将这些思政元素与专业教学目标有机融合,形成清晰的思政教学目标。例如,在财务管理案例教学中,思政目标可以是引导学生树立在企业财务管理中遵守法律法规和职业道德规范的意识。

（二）挖掘课程思政元素，丰富教学内容

"课程思政"教学过程设计要依据课程特点和学生原有的价值观念和态度倾向，选取生动形象的思政案例来丰富教学内容。每个学科都有其独特的思政元素，教师在进行教学设计时，需深入挖掘这些元素，将其融入教学内容。在教学实施过程中，思政元素案例的呈现和讲解与知识内容的讲授、能力培养应紧密关联，并运用正确的方法全面、理性、客观地理解社会现实问题，尊重科学事实。关注社会热点和时代发展，选择具有时效性的案例，使学生能够将所学理论知识与现实生活紧密联系起来，增强学生的社会责任感和使命感。同时，要根据不同专业、不同学生的特点，选择具有针对性的案例，满足学生的学习需求和学习兴趣。在经济学课程中，结合当前的经济形势和政策，选取相关案例进行分析，让学生了解宏观经济政策对经济发展的影响，培养学生的经济思维和政策解读能力。

（三）创新课程思政教学方法，提升铸魂育人实效

教学方法是实现课程思政教学目标、将教学内容转化为学生认知的重要途径，是影响课程思政教学效果的重要因素。经管类专业课程学科知识的传授与思想政治的育人同步推进，创新教学方法，把学科知识梳理清楚、讲明白，同时要把道理讲深、讲透、讲活，更好地调动广大学生的积极性和主动性。基于课程思政的知识传授、价值塑造与能力培养多元目标，应着力设计形式丰富且新颖别致的教学活动，教学过程中可灵活运用多种教学方法，如案例教学法，通过引入具有代表性与启发性的实际案例，引发学生的思考与讨论；问题导向教学法，以精心设计的问题为牵引，激发学生探索求知的欲望；小组讨论法，组织学生分组协作探讨，培养学生的团队合作精神与批判性思维能力等，充分激发学生的学习兴趣与主动性。同时，教师可以充分利用现代信息技术手段，拓展教学空间，提高教学效果。例如，在管理学课程中，让学生分别扮演不同的角色，模拟企业经营的应用场景，在这个教学过程中，学生不仅能深入理解管理学决策过程相关理论（专业知识），还能体验到社会责任感、良好道德品质在企业经营管理中的重要性，强化社会责任意识和职业道德素养（思政元素）。

（四）完善课程思政教学评价机制，落实立德树人根本任务

课程思政是"课程"与"思政"的有机结合，"思政"是经，纵向到底为专业课程提供战略深度和情感厚度；"课程"是纬，横向到边为思政教育填充骨架经络和饱满血肉。一方面，课程思政教学评价的是思想政治教育的培养效果，即是否

能真正落实立德树人根本任务、开展理想信念教育、寓价值观引导于知识传授和能力培养。另一方面，课程思政没有脱离课程的范畴，课程原本的教学评价方法和范式同样可以为课程思政所用。课程思政的教学评价体系必定是思想政治育人效果和课程教学考核继承发展、融合创新的产物。在考核方式上，经管类专业"课程思政"教学可采用多元评价方式，旨在构建一个能够全面、客观衡量学生学科知识掌握、能力发展情况、价值观引领等多方面的评估框架。除了考查学生对学科理论知识和专业技能的掌握，还要对学习过程、学习态度、团队协作等方面进行评价，确保学生能够全面发展。注重过程性评价，记录学生在整个课程学习过程中的表现。可以通过课堂提问、小组讨论参与度、阶段性作业、实践活动参与情况等多方面收集信息，观察学生是否将家国情怀、工匠精神等思政元素融入学习过程中，并给予及时反馈和评价。

第二部分　经管类专业
"课程思政"教学案例

第四章 "微观经济学"课程思政案例

市场失灵和政府作用的有效发挥

——以百姓之心为心为政

一、案例正文

经济学是西方经济学的简称，作为一门重要的社会科学，是随着资本主义经济关系和工业生产方式的形成和发展而出现并演进的。它概括资本所有者的利益和意识，是资本所有者阶级争取社会主体地位的社会变革的体现和指导，也是资本雇佣劳动制度的理论基础。政治经济学是人类文明发展到工业时代出现的文化形式，是对以人为主体的经济生活和矛盾的认识，因阶级和历史阶段性的差异而分成若干学派，无论是从历史发展的角度，还是从对现实矛盾的认识程度，都可以看出不同时代、不同阶级都有自己主义的经济学说，经济学只有揭示矛盾、说明矛盾、提出解决矛盾的途径，才是科学的。几百年的历史演进，经济学随着资本的形成而形成，随着资本的发展而发展，充分展现了经济学的性质，经济学作为"利益之学"，其根本在于不同阶级、阶层、集团主体对本阶级、阶层、集团利益的诉求与维护。

《微观经济学》不仅是从微观层面探讨经济现象和经济问题成因的经济理论，更应该看到它代表一种思维方式，也代表一种考察经济世界如何运行的方法和视角。市场机制在资源配置中的作用是经济学的一个核心命题。市场经济的本质是社会资源(或生产要素)的一种配置方式,是在商品经济占统治地位的社会中,由市场机制来决定社会资源配置的一种经济体制。市场经济不是社会经济制度的产物,而是商品经济发展到一定高度的产物,它是商品经济发展到社会经济中占统治地位的条件下的资源配置方式,与社会制度本身无关,它可以在资本主义社会存在并为资本主义经济发展服务,也可以在社会主义社会存在并为社会主义经济发展服务。从根本上说,市场经济能够有力地促进社会生产力的发展,决定了市场经济同社会主义的本质之间存在兼容性。但市场机制并非万能的,存在诸多问题和缺陷,从而导致社会福利损失,即市场失灵(现代市场机制无法实现资源配置的帕累托最优)。因此,在市场经济条件下,政府应采取微观经济政策来纠正市场失灵,克服市场调节的盲目性,提供公共物品,处理好单个主体与社会经济的关系,从而改善社会福利。

(一)中国共产党对中国特色社会主义特别是社会主义市场经济的认识不断深化和日益成熟

改革开放后,特别是党的十四大确定"建立社会主义市场经济体制为我国经济体制改革的目标"以来,在党中央的正确领导下,我国经济体制的转型取得了巨大成就,国民经济市场化程度有了明显提高。党的十八大指出,深化改革是加快转变经济发展方式的关键。明确建立社会主义市场经济作为中国特色社会主义道路的重要内容,要求在建立社会主义市场经济体制的基础上,加快完善社会主义市场经济体制,处理好政府和市场的关系是我国经济体制改革的核心问题,必须更加尊重市场规律,更好发挥政府作用。党的十八届三中全会明确提出在我国的经济发展中使"市场在资源配置中起决定性作用",是对社会主义市场经济本质认识的一个飞跃。党的二十大报告指出,构建高水平社会主义市场经济体制,坚持和完善社会主义基本经济制度,充分发挥市场在资源配置中的决定性作用,更好发挥政府作用。历史经验与当下情况共同说明,在目前的生产力水平下,与其他经济体制相比,市场经济是资源配置最有效率的经济体制,也是发展社会生产力和实现现代化的最优途径。

1. 充分尊重市场在资源配置中的主体地位和决定性作用,市场的作用不可替代

我们党经过长期探索和实践,对社会主义市场经济规律认识的发展、深化和重大理论创新。市场在资源配置中起决定性作用既是社会主义市场经济体制的本质特征,也是对我国深化经济体制改革提出的更高要求,使市场在资源配置中起

决定性作用符合市场经济的基本规律。市场是社会配置稀缺资源的一种方式，包括价格机制、供求机制和竞争机制，使市场在资源配置中起决定性作用，其实质就是发挥价格机制、供求机制和竞争机制等的作用。从我国经济发展的实践来看，大多经济领域的资源配置基本上通过市场进行。党的十八大以来，我国的价格体制改革成效显著，国家发展改革委发布的数据显示，截至 2020 年，97%以上的商品和服务价格已由市场形成，主要由市场决定价格机制基本完善；科学定价制度体系基本建立。但是，我们必须深刻认识到，在经济的各个领域，在生产、建设、流通、消费等的各个环节，资源配置存在与市场经济规律不一致的情况，存在资源低效率乃至严重浪费的现象。一方面，政府越位与缺位并存，市场机制的作用发挥得还不够充分；另一方面，由于市场体系不健全，市场在资源配置中的决定性作用还远没有得到充分发挥。

2. 政府在社会主义市场经济中的微观管制

党的十八届三中全会、党的十九大都强调既要发挥市场对资源配置的决定性作用，也要更好地发挥政府作用。党的十九届五中全会进一步强调"推动有效市场和有为政府更好结合"。党的二十届三中全会发布的《中共中央关于进一步全面深化改革、推进中国式现代化的决定》指出，"聚焦构建高水平社会主义市场经济体制，充分发挥市场在资源配置中的决定性作用，更好发挥政府作用，坚持和完善社会主义基本经济制度"，中国特色社会主义市场经济仍处于完善时期。

在社会主义市场经济中，政府的作用主要包括计划统筹、微观管制、公共服务、宏观调控、保障民生等方面。市场机制存在自发性、盲目性和滞后性等缺陷，国家需要着眼于全局性和长远性的目标，对国民经济和社会发展进行有计划的调节和统筹。市场失灵是市场经济的一个重要缺陷，主要原因在于外部性、垄断、公共物品和公共资源、信息不对称等。在市场失灵的情况下，市场机制配置资源的作用会受限制，需要政府进行微观管制，在微观领域以非市场化的手段直接介入市场过程，如通过政府干预，矫正外部不经济导致的资源配置失当；在市场进入、交易和退出等环节制定规则，采取不正当竞争、反垄断措施维护市场竞争环境和秩序。此外，提供惠及全社会的公共服务，包括国防、治安、公共医疗、公共教育、社会保障、环境保护和基础设施建设等。由于公共物品的非排他性、非竞争性及非营利性，市场机制无法有效提供公共物品，这些基本的产品和服务必须由政府提供，保障公共产品和服务的充分供给，一切以人民为中心，实现社会公平正义，才能为经济增长提供持久动力。

3. 处理好政府和市场关系的关键是明确规范政府的职能和作用

党的二十届三中全会强调进一步围绕处理好政府和市场关系这个逻辑主线，对经济体制改革的重点领域和关键环节作出重要的部署。处理好政府和市场关系是我国经济体制改革的根本性问题与核心环节，处理好政府与市场关系的标志是"放得活、管得住"，在放松中找管的边界，在市场失灵领域有所作为，把"放手"当"抓手"利用市场、调节市场。更好发挥政府作用，不是更多发挥政府作用，政府必须有所为、有所不为，"看不见的手"和"看得见的手"都要充分发挥作用，各司其职，形成市场作用和政府作用有机统一、相互协调、相互促进的格局。政府的作用主要是保持宏观经济运行稳定，加强和优化公共服务，保障社会公平竞争，加强市场监督管理，维护市场秩序，推动经济社会可持续发展，实现共同富裕，弥补市场失灵。

(二)政府在民生保障上存在一定的薄弱环节

近年来，在以习近平同志为核心的党中央的坚强领导和科学部署下，各地区坚持在发展中稳步提升民生保障水平，在推动高质量发展中不断增进民生福祉。人民群众的获得感、幸福感、安全感不断增强，为经济延续回升向好态势创造良好社会环境。但我们应该看到在普惠性、基础性、兜底性民生建设环节、政策执行环节还存在一些问题，解决好人民最关心、最直接、最现实的利益问题，让现代化建设成果更多、更公平惠及全体人民成为重中之重。

(1)2021 年 3 月 18 日《问政山东》：农村健身器材安在了农田里？山东省体育局局长：建还不如不建，有还不如没有。

2019 年 2 月 28 日，山东广播电视台精心策划的《问政山东》顺利开播，节目内容的敏感度、新颖度及问政的高规格，让节目从一开始就备受舆论的高度关注。幸福是靠奋斗得来的，问政山东，敢于面对问题、解决问题，就是一种奋斗。

自"十三五"以来，山东省着力构建覆盖面广、功能完善的公共体育，推动全民健身体育产业和竞技体育协调发展。山东省体育局认真贯彻落实《山东省全民健身条例》《山东省全民健身实施计划(2016—2020 年)》。全省经常参加体育锻炼人数比例达 40.5%，人均体育场地面积达 2.35 平方米。农民体育工程覆盖率达 95%以上，城市社区"15 分钟健身圈"，全省每万人拥有足球场地数 1.1 块。体育产业高质量发展，创建了 15 个国家级体育产业基地和 77 个省级示范基地。2020 年，首次发行体育消费券 500 万元，直接拉动体育消费 2881 万元，带动企业优惠让利 1.65 亿元。积极推进市(县)级体校办学改革,县级体校由"十二五"时期的 95 所增长到 147 所,两级体校在训学生 4.5 万人,建成全国高水平体育后备人才基地 35 所,居全国首位。在取得成绩的同时,大家也应看到,与国家的要求、人民的期待相比,山东体育还有很大的进步空间。

2014 年,国务院发布的《关于加快发展体育产业促进体育消费的若干意见》指出,把全民健身上升为国家战略,推进实施农民体育健身工程在乡镇行政村实现公共体育健身设施 100% 全覆盖。此外,2019 年山东也提出了农村体育两年行动计划要求,除不具备条件的行政村外,还要确保实现农民体育健身工程全覆盖,各项工作在各地积极推进。

但是,莱西市院上镇武备小学东南侧,十几种健身器材被围栏圈在一处田地里,周围都是田地,围栏的大门紧锁,无法进入;被圈起来的健身器材很新,几乎没有使用的痕迹,上面标有中国体育彩票捐赠的字样。经多方了解,上述田地里的健身器材是院上镇人民政府免费发放给兴隆寨村并安装的,本该建设在村民活动中心位置的健身器材却建在了田地周围,还阻断了村民使用。经过实地测量发现,健身器材安装的地方距离兴隆寨村有 1.6 千米,周边全是农田,俨然成了形式主义的工程、花架子的工程。

(2)2021 年 3 月 18 日《问政山东》:城市体育公园荒废,省体育局局长:体育部门责无旁贷。

济南中海国际社区位于济南市二环南路附近,是一处大型住宅区,在住宅区靠南的位置,有一处依山而建的体育公园,供小区居民健身使用,如今已破败得不成样子。体育公园内部篮球场地胶成片脱落,露出了水泥地面,整个地面斑驳不堪;4 个篮球架中的 3 个破损严重,篮球架原本完整的钢化玻璃篮板已全部碎裂,架子变形严重,球场打不了球,篮球爱好者只好另找其他地方打球;紧邻篮球场的是羽毛球场,同样出现了地胶龟裂、器材破损的情况;在乒乓球区,两张乒乓球桌都只剩一半儿,剩下的半张桌子也已千疮百孔。济南市自然资源和规划局公开公示系统显示,这个体育公园的用地是专门的体育用地,占地 1.709 公顷,约 25.6 亩,虽然面积不小,但现场能用的设备已经几乎没有,体育公园应该由谁来维护呢?

国务院发布的《关于加快发展体育产业,促进体育消费的若干意见》指出,新建居住区和社区配套建设的健身设施,按室内人均面积不低于 0.1 平方米,或室外人均用地不低于 0.3 平方米执行,并与住宅区主体工程同步设计、同步施工、同步投入使用。2016年，济南市印发了《加快发展体育产业促进体育消费实施方案》的通知，其中明确要求新建居住区配套建设群众体育设施，加强体育设施竣工验收和执法检查，对未达到标准而通过验收、验收合格后改变用途等情形，要依法依规严肃追究责任。济南中海国际社区占地25.6亩的体育公园荒废究竟是谁的责任？

（3）2021年3月18日《问政山东》：公共体育场应该如何向社会开放？开放给谁？

2019年山东省体育局印发了《关于做好公共体育场馆向社会开放工作的通知》，要求公共体育场馆每周开放时间一般不得少于35小时，全年开放时间一般不得少于330天，并且开放时间应与当地群众的工作时间、学习时间适当错开，但应该开放的公共体育场没有能够按要求开放，部分体育场馆开放时间与群众的工作时间重叠，公共体育场馆开放给谁呢？

德州五环体育馆是德州市德城区教育和体育局所属由政府投资建设的体育馆，室内场地面积超过800平方米，设有篮球、排球场地。体育馆对外开放管理制度显示，开放时间为8：30—12：00，14：00—18：00。3月3日14：30，体育馆本该开放的时间却大门紧锁，周围群众表示场馆从未开放过，工作人员声称体育馆不对外开放，只接受团体活动的申请，通过后方可使用。德州市体育中心新体育馆内设主副两个篮球场地，场馆工作人员介绍，主馆一般不开放，副馆每天开放时间为9：00—11：30，14：00—16：30，上述开放时间与居民的上班时间冲突，居民只能望馆兴叹。类似的情况也发生在惠民县。惠民县全民健身中心投资约2亿元，是一项民心工程。虽然全民健身中心室外部分全天候开放，但室内场馆只开放了羽毛球馆和乒乓球馆，篮球馆和游泳馆一直没有对外开放，而羽毛球馆和乒乓球馆两处开放的场地不到室内场馆面积的1/5，开放时间和工作时间也存在冲突，17：30闭馆。聊城体育场的田径场和足球场，开放时间是工作日的6：00—12：00，下午不开放。

上述政府投资建设的体育场馆都非常好，居民有健身活动的需求，省里也出台了相关文件，但实际推动起来如此困难。场馆的开放时间不合理、应该开放却不开放等问题无疑是滥竽充数、弄虚作假，虽然体育场馆的开放不仅体现在时间时长的保障上，但是一些场馆的开放时间也应该考虑上班族的时间问题，在基层实际贯彻中为民服务的情怀还不够深厚，为民服务没有做到尽心尽力。

上述公共体育场馆并没有得到充分利用，本身就是一种公共资源浪费，更是违规的问题。中央和省里都有明确的规定，公共体育场馆必须开放，并规定了开放的时间，基层体育部门存在一定程度的懒政和缺位现象。2020 年，《国务院办公厅关于加强全民健身场地设施建设发展群众体育的意见》明确指出，加强对公共体育场馆开放使用的评估督导，对开放程度低、使用率低、服务对象满意度低的，要求其限期整改。

体育馆的建设不仅是数字的积累，只有用起来才能发挥它应有的作用，群众才能有获得感。公共体育场馆是拿来用的，不是让大家看的，而且大型体育场馆的省财政补贴经费已经到位，仍然没有向社会公共开放，场馆的管理者没有将群众的需求作为他们工作的目标，同时主管部门的监督检查不力，政策的执行存在问题，应构建起大型体育场馆信息监控平台，对场馆的开放进行日常管理，定期对场馆的开放情况进行综合评估，建立奖惩机制，推动场馆开放的质量。

（4）2021 年 3 月 25 日《问政山东》：山东省体育局参加《问政山东》整改情况——以百姓心为心，为百姓带来实效。

针对莱西市院上镇兴隆寨村健身器材安装在农田的情况，相关部门和村庄已经进行了整改，3 月 19 日涉及的健身器材均已拆除，分期安装到村内的健身广场。莱西市体育中心针对全市的健身广场进行了拉网式排查。

针对济南中海国际社区体育公园荒废的问题，相关部门迅速成立督导组到现场进行督导整改，开发商承诺在一个月内恢复场馆的使用，省、市、区三级体育部门将提供技术支持，为体育公园的升级改造提升提供必要的服务。

针对德州、滨州惠民、聊城等多处体育场馆不开放及开放时间不合理的问题，相关体育场馆均已调整开放时间。德州市教体局对全市可开放的体育场馆和社会体育场馆进行排查，发现问题及时整改，做到应开尽开。

《问政山东》聚焦群众关心的热点、难点、堵点问题，切实解决群众急难愁盼的问题，将舆论监督融入群众的日常生活，以问题倒逼的形式推动落实整改，维护群众利益，既是开拓者又是引领者，这恰恰是更好地发挥政府作用的现实体现。

（三）市场作用和政府作用有机统一、相互促进、相互协调

坚持市场在资源配置中起决定性作用，但不是全部作用。我国社会主义市场经济体制与资本主义市场经济有本质区别，要充分发挥社会主义制度的优越性，发挥党和政府的积极作用。在市场配置资源发挥决定性作用的前提下，需要政府管好市场管不了或者管不好的事情，实现二者的有机统一。无论是使市场在资源

配置中发挥决定性的作用，还是更好地发挥政府的作用，都必须坚持和完善我国社会主义基本经济制度，这是有中国特色社会主义制度的重要支柱，也是建设社会主义市场体制的根基。

二、案例的思政元素

（一）悟原理、重方针

结合我国对政府与市场关系的定位和阐释——大市场、好政府，通过案例研讨，使学生深刻理解市场机制如何配置资源，掌握市场机制的作用及其局限性，理解社会主义市场经济与资本主义市场经济的本质区别，培养历史思维、辩证思维、创新思维。

（二）反思微观经济主体现实决策

通过《问政山东》栏目反映的政府在公共服务领域发挥作用的缺陷，培养学生的理性思考现实问题的能力，正确看待当前我国经济发展中存在的暂时性困境，坚定中国特色社会主义道路自信、理论自信、制度自信、文化自信。

（三）以百姓之心为心"问政"，以百姓之心为心"为政"

有为政府作用的发挥离不开人民群众的监督，培养学生的社会责任感和热忱的家国情怀。

三、案例使用说明

（一）教学用途与教学目标

1. 教学用途

（1）本案例主要适用于经济学专业本科生"微观经济学"课程中的市场失灵和微观经济政策章节学习的案例分析。

（2）本案例是一个微观经济学中的总结性的教学案例，课程主要阐述在完全竞争的条件下，市场机制能够实现资源的优化配置，但市场机制的自动调节存在有限性，需要运用微观经济政策加以调节，公共物品和公共资源主要由政府来提供和管理。

（3）本案例是结合我国对市场和政府关系认识的深化综合性案例，认识在社会主义市场经济中政府应该如何发挥作用，引导学生厘清社会主义市场经济与当代西方资本主义市场经济的本质区别。

2. 教学目标

（1）知识目标。通过本部分的学习，使学生能够掌握垄断、外部性、公共物品和公共资源和信息的不完全和不对称等导致市场机制不能自动实现资源的最优配置的主要原因及市场自动调节的有限性，会运用微观经济政策加以调节。

（2）能力目标。能够客观分析市场配置资源的作用和政府微观经济政策的作用，培养学生应用经济学分析方法解决实际问题的思维能力，将课程理论、经济学思维和研究方法推广到经济发展和个人决策上，培养学生知识迁移和创新能力。

（3）素质目标。通过理论框架的总结和现实问题的分析，引导学生关注社会经济现象和政府政策，理解市场经济活动的复杂性、市场调节机制的有限性和政府微观职能的作用，深化对市场失灵与政府干预的理解，提高学生的专业素质，并不断提高政治理论素养。

3. 思政育人目标

通过深化对市场与政府关系的认识，培养学生对市场在资源配置中所起的决定性作用和政府作用的全面认识，理解社会主义市场经济与资本主义市场经济的本质区别，理解政府在提供公共产品和服务、弥补市场失灵等方面取得的成就，增强学生的自豪感和家国情怀；辩证看待政府职能在一定程度上的错位、越位、缺位，深刻体会政府谋求变革的勇气和决心，帮学生理解政府如何更好地发挥作用，使学生深刻体会到社会主义制度的优越性，坚定理想信念。

（二）案例讨论的准备工作

本案例可以作为市场失灵成因的现实材料辅助进行讲解，在教学内容设计上，通过理论讲授和现实剖析的形式，引导学生理解我国社会主义市场经济进程民生保障环节存在薄弱环节，体现了政府在推动改革攻坚方面任务繁重、责任重大，重点阐述我国为解决上述问题所作出的努力。课堂讲授时间控制在90分钟。

学生课前需要完成如下教学资源的观看和学习。

（1）视频资源。《问政山东》2021年3月18日栏目视频。

（2）论文导学。李义平，王梅梅.新形势下如何更好处理政府和市场的关系[J].中国党政干部论坛，2020（6）：54-57。

（3）案例资源。市场失灵和政府作用的有效发挥——以百姓心为心为政。

（4）引申思考问题。思考政府行为缺位会产生哪些不良影响？如何不断完善市场功能和政府行为，使二者扬长避短、有机结合？政府和市场作业的最佳结合点是什么？

（三）案例分析要点

1. 案例思考题

（1）结合已有知识和本课程的基础知识，分析社会主义市场经济与当代西方资本主义市场经济的本质区别。

（2）如何理解政府与市场的关系？

（3）深刻认识市场在资源配置中的决定性作用，思考如何建设高标准市场体系？

（4）政府行为在公共物品和公共服务上存在缺位，在弥补市场失灵上政府应怎样发挥作用？

2. 分析思路

（1）学生已经学习了政治经济学，对社会主义市场经济体制有了具体的了解，从引导学生正确理解社会主义市场经济与当代西方资本主义市场经济的本质区别入手。

（2）呼应本门课程的主要内容——市场机制如何进行资源配置，重点从本章节的逻辑定位出发。

（3）从理论回到现实，针对市场失灵，政府微观调节的重要性，从更好发挥政府作用的角度展开分析。

（四）教学组织方式

基于课程性质和思政目标，挖掘思政素材，设计教学案例，遵循"注重知识探索，扎实经济基础，强化能力培养，原理指导实践，深化价值引领，厚植家国情怀"的统一。遵循"理解—辨析—借鉴—拓展—升华"路径，基于"一核二辨三从四得五回归"的出发点，贯彻以理论服务于实践为主线，围绕知识传授、价值塑造、能力培养"三位一体"的教学目标，对课程教学内容进行系统梳理和改造，注重着眼时政素材和对比分析拓展，采用启发式提问和引导性提问，引导学生自主思考，让学生参与研讨、主动思考、发表观点，加深学生对知识的理解，提高知识运用能力，培养学生爱国情怀、社会责任，提升学生专业素养和个人修养。"微观经济学"课程教学内容的组织与实施如表4-1所示。

表 4-1 "微观经济学"课程教学内容的组织与实施

阶段	步骤	教师任务	学生任务
课前阶段	引导学生自主学习	提供学生自学的课程视频,《问政山东》(2021 年 3 月 18 日栏目视频),思政案例:市场失灵和政府作用的有效发挥——以百姓心为心;论文导学:新形势下如何更好处理政府和市场的关系,中国党政干部论坛,2020 年第 6 期。引导学生学习、回答既定问题	学生预习课本和案例中的相关知识,结合已有知识和案例内容及时完成教师布置的课前阶段的学习任务,了解我国对政府与市场关系认识的历史演变,形成初步的见解
授课阶段	思政元素、现实数据双管齐下,结合改革开放以来我国经济增长的数据、存在的问题展开分析	从理论环节回顾市场机制实现资源的优化配置,从理论回到现实,以市场配置资源的效率为融入点,引导学生坚持用马克思主义辩证唯物主义及历史唯物主义的世界观和方法论认识与把握西方经济学的科学方法,认识西方经济学的科学成分和阶级属性;明确社会主义与资本主义市场经济的本质区别。理解社会主义市场经济体制在借鉴西方经济学中市场经济思想的基础上,结合我国国情,社会主义制度优势与市场经济学的资源优化配置统一起来,形成了具有典型中国特色的社会主义市场经济理论	反思计划经济体制与市场经济体制的差异。基于现实的经济数据和政府公共服务领域的缺位,更能引起学生的共鸣,深化对特定的知识点"市场机制、资源配置、市场失灵、微观经济政策"等内容的理解,并引出对关键的问题的思考
课后反思	总结、反思、提升	引导学生自主思考,让学生参与研讨、发表观点,加深学生对知识的理解,提高知识运用能力,培育学生的爱国情怀、社会责任,提升学生的专业素养和个人修养	对接已有知识,形成完整的知识体系,无论是使市场在资源配置中发挥决定性作用,还是更好地发挥政府作用,都必须坚持和完善我国社会主义基本经济制度,这是中国特色社会主义制度的重要支柱,也是社会主义市场体制的根基

(五)总结

(1)挖掘知识本身的内涵。找准内容和价值观的契合点,挖掘知识本身与思政哲学思想的有机结合,实现二者的巧妙融入。例如,市场机制的作用及其局限性,比较资本主义市场机制和社会主义市场机制;培养历史思维、辩证思维、创新思维,保持历史和逻辑的统一。

(2)整合专业知识模块。实现理论知识模块的有机整合,通过知识模块的重组、经济学流派知识的广度延伸、深度解读前沿热点问题实现"点—线—面"全方位育人的模式。

(3)追踪知识发展应用。全面了解学生，充分考虑学生的兴趣爱好、思维状态和接受知识的能力，引导学生积极发挥主体作用，深入理解我国的经济发展道路，理性判断我国的经济发展形势及存在的暂时性困境，坚定中国特色社会主义道路自信、理论自信、制度自信、文化自信。

(4)课程在专业理论教学的基础上，积极引入具有我国国情的教学案例，以"润物细无声"的方式将社会主义的核心价值观融入教学过程，将价值认同和专业实践相结合。注重引导学生树立正确的经济思想，采用科学性的方法去观察和探讨经济问题，提升学生运用经济学理论处理现实问题的综合能力，强化基本理论，培养学生形成对经济世界的基本认知，培养"经济学思维"；引导学生厘清社会主义市场经济与当代西方资本主义市场经济的本质区别，培育和践行社会主义核心价值观；深化理性思考，回归初心使命，激发学生"经邦济世""经世济民"的家国情怀。

参考资料

(一)使用教材

《西方经济学》(第二版)上册，马克思主义理论研究和建设工程重点教材，《西方经济学》编写组，高等教育出版社，2019.9(2021.12重印)。

(二)教学资源

(1)视频资源。《问政山东》2021年3月18日栏目视频。

(2)论文导学。新形势下如何更好处理政府和市场的关系，中国党政干部论坛，2020年第6期。

(3)案例资源。市场失灵和政府作用的有效发挥——以百姓心为心为政。

第五章 "宏观经济学"课程思政案例

创新驱动绿色发展：天津高质量发展的生动实践

一、案例正文

（一）天津高质量发展的背景介绍

天津是中国近代工业的发祥地，具有深厚的历史积淀。早在19世纪60年代，洋务运动的开展促使天津进入近代工业的萌芽期，逐步形成了纺织、化工、冶金、机械、印刷、食品等工业门类，工厂总数和投资规模仅次于上海，位居全国第二。到20世纪30年代，天津已成为北方实力雄厚的工业基地和最大的工商业城市。在20世纪上半叶成为中国北方外贸、工业和金融中心，是中国第二大工商业城市和区域经济中心。新中国成立后，天津发展成为重要的综合性工业基地，诞生了多个制造业"全国第一"的产品，如飞鸽自行车、海鸥手表、北京牌电视机等。

改革开放以来，天津抓住滨海新区开发开放的历史机遇，加快国际港口城市、北方经济中心和生态城市的建设步伐，引领环渤海地区成为中国经济新的增长极。并在被赋予了全国先进制造研发基地后，在制造业方面彰显独特优势。目前，天津拥有联合国产业分类中全部41个工业大类中的191个，形成了航空航天、石油化工、装备制造、电子信息、生物医药、新能源、新材料、国防工业八大新兴支柱产业。天津在国家经济发展中的作用体现在其作为北方经济中心的地位。自 2006 年国务院批准《天津市总体规划(2005—2020 年)》以来,天津被明确为北方经济中心,进一步提升了其在区域经济发展中的重要性,不仅是中国北方重要的港口城市,还是"一带一路"的重要节点城市。

作为中国北方重要的工业城市,天津不仅在历史上奠定了其作为北方工业基地的基础,还在现代经济中继续发挥着重要的引领作用,特别是在制造业和区域经济发展方面具有显著的影响力。

(二)天津高质量发展的研究意义

习近平经济思想强调坚持新发展理念,这为天津的经济发展提供了理论指导和实践方向。

天津在推动高质量发展方面,采取了一系列措施。首先,加快转变发展方式,推动新旧动能转换,按照京津冀协同发展重大国家战略赋予天津"一基地三区"的功能定位,努力打造全国先进制造研发基地。天津坚持"制造业立市",实施制造强市建设三年行动计划,着力提升高技术制造业增加值和固定资产投资等关键指标,以实现高质量发展。

在绿色发展方面,天津积极推动绿色低碳发展。例如,天津市制定了《关于构建绿色金融体系的指导意见》,截至 2022 年末,绿色贷款余额达 4942 亿元,同比增长 22%。同时,还发行了多支绿色债券,完善碳排放权交易市场建设。此外,天津还通过实施"十项行动"中的绿色低碳发展行动方案,激发市场活力和社会创造力,并积极培育绿色技术。

天津致力于建设人与自然和谐共生的美丽城市,重点推进绿色低碳发展,加快绿色制造体系建设和绿色供应链发展,提升工业绿色水平。例如,中新天津生态城被定位为国家绿色发展示范区,旨在通过绿色低碳产业发展、科技创新驱动和体制机制建设,推动绿色低碳高质量发展。

总体来看,天津通过深入贯彻习近平新时代中国特色社会主义经济思想,特别是习近平生态文明思想和新发展理念,结合自身的实际情况,采取了一系列创新驱动和绿色发展的措施,成功实现了经济的高质量发展。这些实践不仅展示了天津在贯彻习近平经济思想方面的成效,还为其他地区提供了宝贵的经验和借鉴。

(三)天津高质量发展的总体情况

天津深入贯彻落实习近平总书记对天津工作提出的"三个着力"重要要求和一系列重要指示批示精神。这些要求和指示为天津的发展提供了明确的方向,提供了强大的动力,确保了天津在习近平新时代中国特色社会主义思想的指引下,坚定不移地走高质量发展之路。

天津按照京津冀协同发展的重大国家战略,明确其在全国发展中扮演的的角色和要承担的任务,即建设全国先进制造研发基地、北方国际航运核心区、金融创新运营示范区和改革开放先行区。通过这一战略定位,天津不断优化产业结构,推动新旧动能转换,加快产业基础高级化和产业链现代化。

此外,天津坚持新发展理念,着力提高发展质量和效益。在经济建设方面,天津注重创新驱动,培育壮大战略性新兴产业,同时稳住传统产业基本盘,提升产业链供应链的稳定性和现代化水平。在社会治理方面,天津坚持推进京津冀协同发展,服务重大国家战略取得丰硕成果,并通过深化改革开放,推动经济社会发展全面步入高质量轨道。同时,高度重视民生改善和绿色发展。在保障和改善民生方面,天津努力实现经济发展和民生改善良性循环,增进民生福祉,且深入践行"绿水青山就是金山银山"理念,推动美丽天津建设迈出重大步伐。

总体而言,党的十八大以来,天津始终坚持以习近平新时代中国特色社会主义思想为指导,围绕国家赋予的功能定位,通过贯彻新发展理念、构建新发展格局、推动高质量发展等措施,取得了显著成就,并为全面建设社会主义现代化大都市奠定了坚实的基础。

(四)天津高质量发展的成效

1. 经济、社会及文化成就

天津的经济持续健康发展,产业结构不断优化。制造业作为支柱产业,取得了显著进展。2021 年,天津规模以上工业总产值突破 2 万亿元,增长 18.4%,制造业增加值占全市 GDP 的比重达 24.1%。天津大力发展先进制造业,推动新一代信息技术与制造业深度融合,数字化、网络化、服务型制造得到广泛应用。此外,还制定了智能制造相关法规,投入了大量资金支持智能制造项目,打造数字车间和智能工厂。

天津在社会领域也取得了显著进展。通过深化财税体制改革,大幅减税降费,优化营商环境,市场主体数量显著增长。国有企业混合所有制改革成效显著,民营经济发展势头良好,外贸进出口总额保持稳定,外贸转型趋势明显。对外经贸投资合作持续深化,在"一带一路"建设、中欧先进制造产业园等方面取得了进展。

天津的文化软实力显著增强。社会主义核心价值观更加深入人心,市民思想道德素质、科学文化素质、身心健康素质明显提高。公共文化服务体系和文化产业体系更加健全，精神文化生活更加丰富。

2. 生态成就

天津在生态文明建设方面也取得了显著成效。全市 PM2.5、优良天数和重污染天气 3 项指标达到历史最高水平。12 条入海河流水质持续提升，近岸海域生态环境质量基本保持稳定。此外，天津还大力推进城市节能减排工作，围绕产业低碳化、交通清洁化、建设绿色化等方面进行努力。

天津积极推进全域创建国家生态文明建设示范区，加快推进"绿水青山就是金山银山"实践创新基地建设，树立了一批生态文明建设先进典型。此外，有序推进全域"无废城市"和国家生态文明建设示范区的创建，大力推动生态保护修复，加强双城间绿色生态屏障分级管控，推进湿地自然保护区"1+4"规划实施。

在具体的生态修复项目上，天津全面加强七里海、大黄堡、北大港、团泊四个湿地自然保护区的保护和修复，加快实施退耕还湿、生态补水等工程，打造国家湿地保护与修复的典范。同时，积极推动实施"871"重大生态建设工程，推动重要湿地保护修复和北部矿山生态修复。

这些措施取得了显著成效。2022 年，天津市生态文明示范创建工作取得了亮眼的成绩单，获得了 5 项表彰。目前，已命名的示范区和"绿水青山就是金山银山"实践创新基地涵盖了全市山区、平原、沿海等不同资源禀赋、区位条件、发展定位的地区，是多层次展示天津生态文明建设成果的窗口。并通过优化生态系统，坚持山水林田湖草沙一体化保护和系统治理，持续深化重大生态工程建设，加快城市园林绿化改造提升，加强生物多样性保护。这些措施共同推动了天津市绿色低碳发展的态势初步形成。

3. 制造业创新成果

天津制造业的创新成果尤为突出。依托海河实验室等重大创新平台，深入开展关键核心技术和共性技术攻关，形成一批具有原创性、突破性的重大创新成果。例如，"麒麟操作系统+飞腾 CPU"体系成为国内主流技术路线，"天津号"纯太阳能车等创新成果落地见效。天津还聚集了一批高端智能制造创新主体，培育了一批优势智能制造企业。汽车冲压模具、复合型压力传感器、汽车焊装生产线和智能化印刷设备均居行业首位；突破了面向高端数控机床的数控系统研发、工艺及产业化技术，并加快发展新一代智能传感器、新型工业传感器等。此外，还推进了工业机器人高性能减速器、先进控制器等核心零部件的研发和应用。天津实施了"万千百十"智能制造系统工程，新增了 300 个数字化车间和智能工厂，并培育了 10 个以上具有较强竞争力的智能制造系统解决方案供应商。

4. 港口创新成果

天津港在智慧港口建设方面取得了全球领先的成绩。天津港持续提升基础设施数据化、码头生产自动化、服务平台智能化水平，连续创出 10 余项全球领先智慧港口建设成果，全球首个"智慧零碳"码头投产运营。此外，天津港建成了全球首个全物联网集装箱码头。具体成果包括：①研发无人驾驶电动集卡。天津港研发了全球首台无人驾驶电动集卡，并在全球首次实现了 25 台无人驾驶电动集卡规模化整船作业。②研发智能化集装箱码头管控系统 JTOS。天津港发布了新一代智能化集装箱码头管控系统 JTOS，该系统攻克了 16 项行业难题，具有架构灵活、功能完整、算法多样、生态包容的特点，有效支撑智能化集装箱码头的高效运行。③出台"5G+"智能港口项目。基于 5G 和 AI 技术的应用，天津港实现了全球首个港口自动驾驶和 5G 远程控制，改变了货物运输和装卸方式，提升了港口作业流程的自动化和智慧化水平。④实现全物联网 C 段码头。天津港建成了全球首个"智慧零碳"码头，实现了"人、车、货、船、机、场"六大要素的物联对象连接，构建了全要素、全场景、全价值链融合的新物流体系和新码头业态。⑤开展集装箱码头全流程自动化。天津港实现了传统集装箱码头全流程自动化升级改造，包括堆场自动化改造和集装箱岸桥的自动化改造，显著提升了作业效率和安全性。另外，天津港还实现了全球首座智能解锁站的商用落地，并在封闭区内实现了无人集卡全无人运行。

5. 金融创新成果

天津金融业在改革开放 40 多年里取得了辉煌成就，尤其是党的十八大以来，金融业发展驶入"快车道"，逐步建立起金融全牌照体系。其中，包括建立贷款风险补偿机制，积极推进绿色金融与智能相结合，解决中小企业融资难题。天津市在全国率先实施中小微企业贷款风险补偿机制，市、区两级财政筹措 60 亿元资金，重点支持金融机构向无抵押、无担保和没有取得过贷款的中小微企业提供贷款；推进融资信用服务平台建设，统筹建设融资信用服务平台，提升中小微企业融资便利化水平，该平台旨在通过信用信息共享，促进中小微企业融资发展；加强信用信息共享应用，天津市诚信建设领导小组印发了《关于加强信用信息共享应用促进中小微企业融资发展的工作方案》，进一步发挥信用信息对中小微企业融资的支持作用；创新金融产品和服务，天津鼓励金融机构创新金融产品，推广差异化、场景化、智能化的金融服务，使获取信贷更加便利和高效。

总体来看，天津在高质量发展方面取得了全面的成就，特别是在制造业、港口和金融等领域表现突出。这些成就不仅提升了天津的综合竞争力，还为全国构建新发展格局贡献了重要力量。

(五)天津高质量发展的创新驱动与绿色发展

1. 实施创新驱动发展战略

(1)设立智能制造财政专项资金。天津设立了智能制造财政专项资金，用于支持智能科技产业的发展，由市、区两级财政预算安排，专项用于支持传统产业智能化升级、工业互联网、绿色制造发展等方面。这些资金旨在加快培养新兴产业，提升研发创新能力，并支持优质企业发展。截至 2021 年 5 月，累计支持了 5 批共 1726 个项目，市、区两级财政共支持资金 52.1 亿元。这些资金主要用于推动智能工厂和数字化车间的建设。例如，已建成丹佛斯、海尔第五代移动通信(5G)智能工厂等全球智能制造标杆。在具体项目上，天津安排了 10 亿元智能制造专项资金，集中投向信创、高端装备等 12 条重点产业链，实施了 203 个智能制造项目。这些项目包括新打造的智能工厂和数字化车间，以及支持"专精特新"企业高质量发展的措施。天津市对智能制造专项资金的使用效果进行了绩效评价。天津市工业和信息化局、天津市财政局通过政府购买服务等方式确定绩效评价实施单位，对专项资金的分配使用、实施效果等进行评价。例如，在2022 年，天津智能制造专项资金项目绩效评价指标体系评价结果表显示，天津市财政局连同区配套资金一并拨付至项目单位，并由项目单位对专项资金使用实施效果进行评估。

智能制造专项资金不仅直接投入资金，还形成了显著的带动效应。例如，设立百亿元专项资金后，形成了 1:20 的放大带动效应，带动了大量社会资本投入智能制造领域。此外，通过这些资金的支持，天津成功创建了 102 家智能工厂，推动了工业互联网平台的发展。

(2)新一代人工智能科技产业基金。天津设立了新一代人工智能科技产业基金，总规模达 1000 亿元，旨在推动智能科技产业的发展。该基金重点投向智能机器人、智能软硬件、智能传感器、虚拟现实与增强现实、智能汽车等新兴产业。此外，还设立了总规模 300 亿元的子基金群，专门用于智能制造终端产品和传统产业智能化改造。

从实际投资效果来看，天津在人工智能产业方面取得了显著进展。2022 年，天津人工智能产业核心规模达 140 亿元,相关产业营业收入占天津市规上工业和限额以上服务业比重达 24.5%。这表明基金的设立和投资对当地智能科技产业的发展起到了积极的推动作用。

此外,天津市政府还通过一系列政策支持,如建设智能科技人才高地、加强学科建设、支持高校设立人工智能学院或研究院等措施,以培养跨学科、复合型、高学历、高专业度的人才。这些措施不仅促进了人工智能产业的技术创新,还为产业发展提供了人才保障。

这些措施体现了天津在推动智能制造和人工智能产业发展方面的决心和力度,旨在通过财政资金扶持和引导,促进产业智能化升级和新兴产业发展,从而实现高质量发展。

2. 开展绿色低碳转型

在能源结构的多元化和清洁化转变方面,近年来天津系统推进能源消费转型,由以煤炭为主的能源结构逐渐朝多元化、清洁化方向转变。例如,煤炭占能源消费总量的比重降至 32%,天然气和非化石能源的消费比重则有所提升。此外,风电、光伏等可再生能源快速发展,形成了煤、油、气、电、可再生能源多轮驱动的能源供应体系。这些措施有利于减少碳排放,推动能源消费的绿色低碳转型。

在绿色制造体系建设方面,天津积极推动绿色工厂、绿色供应链、绿色产品和绿色工业园区的创建。天津市工业和信息化局的数据显示,截至 2023 年,天津市的国家级绿色制造单位累计达 203 家,这在全国主要城市中处于前列。此外,天津还积极推动绿色低碳发展,通过实施多项绿色制造重大工程项目,培育了 9 家绿色制造系统解决方案供应商,并打造了 4 个绿色工业园区、105 家绿色工厂和 35 家绿色供应链。在"十四五"时期,天津市工业和信息化局深入贯彻落实习近平生态文明思想,推动工业领域节能降碳,取得了积极成效。天津市规模以上工业单位增加值能耗下降了 10% 以上。此外,天津市还制定了到 2025 年达300 家绿色制造单位的目标,并将创建绿色工厂作为推动工业领域实现碳达峰的重要抓手之一。

总体来看,天津的绿色低碳转型不仅体现在能源结构的优化上,还通过构建高效、清洁、低碳、循环的绿色制造体系来实现。这些努力有利于推动天津实现"双碳"目标,并促进经济高质量发展。

(六)天津高质量发展的具体实践案例

1. 中新天津生态城

中新天津生态城作为国家绿色发展示范区，正在积极推进绿色低碳高质量发展。根据《中新天津生态城建设国家绿色发展示范区实施方案(2024—2035年)》，生态城聚焦技术创新、产品开发和标准认证等关键环节，加快引进创新型总部、专业型智库、技术研发机构和金融投资机构等各类创新主体，以强化科技资源导入，实现产学研协同联动发展。

(1)中新天津生态城在引进创新型总部和专业型智库方面的具体策略和成效。生态城通过实施"生态城市升级版"和"智慧城市创新版"双轮驱动发展战略，推动智慧城市建设与智能产业融合发展。这一战略不仅提升了城市治理水平，还吸引了大量高端业态的入驻，包括创新型总部和专业型智库。此外，生态城还与头部企业合作，率先完成了起步区域全域的5G信号覆盖，并建立了支持企业数字化转型的软件开发云和城市产业云等基础设施。

在具体成效方面，生态城累计引进了41家央企各级总部，并在2023年新增了14个北京单位在津落地项目，总投资达41.9亿元，较2022年翻了一番。这些举措不仅促进了京津冀协同发展，还推动了一批北京科技研发成果在生态城落地转化，培育了新质生产力。

此外，生态城还重点开发了绿创园门户区，总建筑面积达6.5万平方米，专门用于引进创新型总部和专业型智库等高端业态。这些措施表明生态城在吸引创新主体方面具有明确的战略目标和实际成效。

(2)中新天津生态城实现绿色建筑的全生命周期管理模式。在标准体系方面，中新天津生态城制定了《中新天津生态城绿色建筑运营管理导则》，涵盖绿色建筑的评价、设计、施工和运营等环节，为各类建筑设计施工提供了技术依据。此外，中新天津生态城还制定了《中新天津生态城绿色建筑管理暂行规定》，该规定涵盖了规划、方案、设计、施工等全过程的绿色建筑评价方法与建设审批程序。这些标准体系包括国家《绿色建筑评价标准》《中新天津生态城绿色建筑设计标准》《中新天津生态城绿色施工技术管理规程》等地方标准。

在评价体系方面，中新天津生态城编制了《中新天津生态城绿色建筑评价标准》，并经专家审定后实施。根据这一标准，生态城内的建筑需至少达到国标一星级的水平，评分项满分为50分，基准分为50分，每类指标的评分为基准分与评分项的实际得分之和。此外，生态城还推行了绿色建筑全生命周期管理，在建筑设计、施工、验收等全过程中落实绿色建筑相关要求。

中新天津生态城在推动绿色能源产业发展中，分布式光伏和氢能利用的具体实施情况和效果。在分布式光伏方面，中新天津生态城积极推进光伏技术的应用。根据相关报告，生态城充分利用新建建筑和存量建筑屋顶进行分布式光伏开发，实现建筑光伏"宜建则建"的目标。具体来说，生态城依托综合交通枢纽、大型体育场馆和停车场等公共设施，推广应用分布式光伏发电。此外，生态城还入选了全国首批"光伏发电集中应用示范区"，表明其在光伏发电领域的领先地位。这些措施不仅提高了能源利用效率，还减少了对化石能源的依赖。

在氢能利用方面，中新天津生态城稳步开展氢能利用工作，特别是在燃料电池汽车示范方面取得了进展。根据实施方案，生态城在确保安全可靠、经济实用的前提下，有序推进燃料电池汽车示范。这表明生态城在氢能技术应用方面也在积极探索和实践，以期在未来实现更广泛的氢能应用。

2. 天津港的智慧升级

天津港在智慧港口建设方面取得了显著进展。通过 5G、人工智能、物联网等新技术的应用，天津港实现了港口作业流程的自动化和智能化。例如，天津港第二集装箱码头采用了全球首创的"单小车岸桥+地面解锁站+水平堆场"的自动化码头布局，实现了货物装卸的高效自动化。此外，天津港还推出了"智慧零碳"码头，这是全球首个此类码头，通过智能化和低碳技术的结合，为世界港口智能化升级和低碳发展提供了范例。

天津港的智慧化升级不仅提高了港口的运营效率，还促进了港口工业游项目的发展。天津港工业游项目以团队预约形式运营，包括全球首个"智慧零碳"码头、天津国际邮轮母港等景点。这些景点展示了天津港在智慧港口建设中的最新成果，吸引了大量游客前来参观，从而提升了港口的社会效益和经济效益。

此外，天津港通过与华为等科技公司的合作，进一步加速了港口数字化转型。双方共同发布了"天津港大模型"和《港口数字化转型白皮书》，这些成果旨在促进港口的数字化转型和智能化升级。这种合作不仅提升了港口的运营效率，还推动了港口工业游项目的优化升级。

智慧化升级带来的直接效果是天津港吞吐量的增长。天津港集团公布的数据显示，2024 年上半年天津港集装箱吞吐量同比增长 4.6%。这一增长得益于港口自动化和智能化水平的提升，以及智慧物流协同平台的应用。天津港通过智慧化升级，不仅提升了港口工业游项目的吸引力和体验质量，还提高了港口的吞吐量和运营效率。这一系列措施为天津港打造世界一流智慧港口奠定了坚实基础。

3. 绿色金融与节能环保产业

天津市通过出台多项政策文件，加强绿色金融体系建设。例如，中国人民银行天津分行发布了《关于进一步推动天津市绿色金融创新发展的指导意见》，提出了包括绿色信贷、绿色债券、绿色租赁等在内的 10 条措施，旨在促进绿色金融在调整经济结构和转变发展方式中的作用。此外，天津市地方金融监督管理局还发布了《天津市金融服务绿色产业发展推动碳达峰碳中和工作若干措施》，进一步推动绿色金融的发展。

在节能环保产业方面，天津市发布了《天津市"十四五"节能减排工作实施方案》，提出了完善经济政策、支持节能环保产业发展、培育专业化节能服务机构等措施，以促进绿色低碳科技创新和绿色经济新动能的形成。同时，天津市还设立了绿色金融改革创新试验区，探索碳排放权、排污权等新型业务，为绿色企业提供融资服务。天津市科技局的报告显示，2023 年在绿色低碳技术方面，天津市突破了包括风光电源全自动碳电极水解离制氢技术、空气源燃气机热泵、基于光伏绿电的城市轨道交通低碳技术等在内的多项关键技术。此外，天津市还推进了 5G、物联网、云计算、大数据、区块链、人工智能等新一代信息技术与节能环保产业的深度融合创新。在生态环境保护方面，近年来天津市在大气污染防治、水污染防治、土壤及固体废物污染防治等领域取得了重大科研成果，突破了多项"卡脖子"关键核心技术。这些技术的突破不仅提升了天津市的环保治理能力，还对城市更新、新农村建设，以及海洋资源开发与保护等产生了积极影响。

为推动绿色供应链的发展，天津市制定了《天津市绿色供应链管理暂行办法》，天津市绿色供应链协会统筹组织绿色供应链团体标准的制定和发布，支持相关方开发绿色供应链企业标准。按照创立、改进、限制、废止的原则，从产品设计、采购、生产、运输、物流、储存、销售、使用到回收制造再利用，研究建立产品全生命周期绿色管理和循环利用机制，推动绿色发展。加强绿色标准化市场建设，在落实绿色供应链管理的基础上，建立健全绿色供应链标准体系，制定绿色供应链评价标准，开展绿色供应链认证，推动绿色供应链标准化建设。天津将建设绿色供应链示范中心，以促进绿色发展和经济转型升级。目标是在 2~3 年建立有利于绿色供应链发展的体制机制，使绿色产品全生命周期管理成为共识，并初步形成产品绿色认证、核证体系。此外，天津经开区已经初步实现了区域绿色制造聚集示范效应，推动产业结构调整和新兴产业的培育。

在法律政策保障方面，天津市通过制定《天津市碳达峰实施方案》和《天津市碳达峰碳中和促进条例》等法规，明确了推动绿色低碳产业发展的财税政策和金融支持措施。这些法规鼓励金融机构开发新金融产品，增加对低碳节能项目的信贷支持，并引导社会资本参与节能减排投资和技术研发。

二、案例的思政元素

（1）通过案例展示天津在生态文明建设中的实践，强调习近平总书记提出的"绿水青山就是金山银山"理念，探讨经济增长与环境保护之间的平衡，引导学生思考可持续发展的路径和策略，使其成为坚定的共产主义追随者和中国特色社会主义事业的有力推动者。结合天津在推动绿色低碳发展、科技创新等方面的具体实践，加深学生对中国国情的了解，增强民族自豪感和责任感。

（2）结合天津在创新驱动、绿色发展、改革开放等方面的实践，分析宏观经济政策在推动地区经济发展中的作用，引导学生理解宏观经济政策的制定和执行，并展示天津在京津冀协同发展中的角色和贡献，以及在生态文明建设中的成就，激发学生的爱国情怀和社会责任感。

（3）以天津港的智慧升级和京津冀协同发展为例，分析国际经济与区域协同发展的模式和机制，引导学生理解全球化背景下的区域合作与竞争。

三、案例使用说明

（一）教学用途与教学目标

1. 教学用途

（1）本案例主要适用于《宏观经济学》一书中经济增长与经济周期等相关章节的案例分析。

（2）本案例是一个宏观经济学中的综合性教学案例，涵盖本课程中 GDP 概念及衡量标准、宏观经济政策、经济增长、经济周期等相关内容，学生通过课前案例讨论和分析达到学习相应章节内容的效果。

（3）高质量发展的理论基础主要体现在习近平新时代中国特色社会主义经济思想中，强调新时代我国经济发展的鲜明主题和战略目标。高质量发展不仅关注经济增长的速度，还注重经济发展的质量和效益，包括技术创新、产业升级、环境保护等方面。这一理念要求在经济发展过程中处理好经济、社会和生态之间的复杂关系，特别是绿色发展内涵体系中的各子系统间存在更高程度的叠加和融合。

绿色发展以马克思生态文明思想为理论基础，揭示了经济发展与生态环境保护的内在统一性。传统观点认为，经济发展与生态环境保护是对立的，但绿色发展理念科学否定了这一观点，认为保护环境就是保护生产力，改善环境就是发展生产力。这种理念推动了经济向绿色转型，强调通过技术进步和制度创新来实现可持续发展。

此外，绿色宏观经济学的发展也是推动绿色发展的重要理论基础。绿色宏观经济学试图将环境因素纳入传统的宏观经济框架，以应对全球环境挑战。尽管目前尚未形成完全适用的绿色宏观经济学框架，但已有研究探讨了如何在经济增长中平衡资本储备、短期动态及政策分析模型等方面。这些研究为绿色经济政策提供了理论指导，并强调了绿色经济转型过程中不同形式资本的重新平衡。

2. 教学目标

（1）知识目标。学生应掌握宏观经济学的基本理论和分析方法，如简单国民收入决定理论、IS-LM 模型和 AD-AS 模型等。

了解天津在推动高质量发展过程中所采取的创新驱动和绿色发展的策略，包括生物技术创新、绿色低碳发展行动方案及构建现代化绿色产业体系等内容。

掌握天津如何通过科技创新引领绿色发展，促进经济结构优化升级，实现新旧动能转换。

（2）能力目标。培养学生运用宏观经济学知识分析和解决实际问题的能力，特别是在理解经济增长和经济波动问题及其影响因素方面，培养学生识别和评估经济政策效果的能力。

培养学生的实践能力，通过模拟政策制定、经济预测等方式，提升学生的实践操作能力、数学运用与统计分析能力，以及宏观调控和政策执行的能力。

培养学生团队协作、批判思维和观察力，使其能够独立思考并提出创新解决方案。

（3）素质目标。通过学习，培养学生树立经济新发展、高质量发展的理念，增强他们的爱国、诚信和勤奋的价值追求。

弘扬国家富强、法治的精神，使学生在学习过程中形成良好的品德和正确的价值观念，成为有道德、有责任感的公民。

培养学生的创新意识和创业精神，使其能够适应未来社会的需求，并具备面对不确定性的能力。

3. 思政育人目标

家国情怀。通过天津经济发展的辉煌成就，激发学生的民族自豪感和爱国热情。引导学生树立"四个自信"，即道路自信、理论自信、制度自信、文化自信。

社会主义核心价值观。培养学生践行社会主义核心价值观。引导学生树立正确的世界观、人生观和价值观。

绿色发展理念。强化学生的绿色发展意识，倡导绿色低碳的生产生活方式。培养学生尊重自然、顺应自然、保护自然的生态文明理念。

创新精神与社会责任感。鼓励学生勇于创新，敢于担当，积极投身经济社会发展的伟大实践。培养学生的社会责任感，关注社会热点问题，为国家和社会的繁荣发展贡献智慧和力量。

(二)案例讨论的准备工作

本案例可作为专门的案例专题讨论课来进行，通过"课前任务驱动+课上知识讲授与专题讨论+课后总结提升"方式进行。课堂讲授时间控制在 120~140 分钟，之后进行案例专题讨论课。

1. 学生知识储备内容

学生知识储备内容如表 5-1 所示。

表5-1　学生知识储备内容

宏观经济学基础知识	区域经济学相关知识	新发展理念
国民收入核算体系及其指标(如 GDP)； 宏观经济政策(财政政策、货币政策)及其对经济的影响； 经济增长与经济周期的理论	区域经济发展的影响因素； 区域经济发展模式与战略； 区域经济政策及其效果	创新、协调、绿色、开放、共享发展理念的内涵； 新发展理念在宏观经济调控中的应用

2. 其他辅助资料

(1)视频资源。

[视频]习近平就组建中国资源循环集团有限公司作出重要指示强调打造全国性、功能性资源回收再利用平台推动国民经济循环质量和水平持续提升 李强作出批示

[视频]【推动高质量发展系列主题新闻发布会】天津：奋力谱写中国式现代化新篇章

[视频]【新时代新征程新伟业——实干笃行】天津瞄准新领域 塑造高质量发展新动能

（2）案例资源。

《创新驱动绿色发展：天津高质量发展的生动实践（思政案例）》《天津市2024年政府工作报告》《京津冀协同发展战略规划纲要》。

（3）学生思辨问题。

1）天津在推动高质量发展的同时，是如何平衡经济发展与环境保护的关系的？

思辨点：探讨天津在制造业发展、港口创新等方面采取的具体措施，以及这些措施对环境保护的影响。

2）中新天津生态城在绿色低碳发展方面有哪些创新实践？这些实践对其他城市有何借鉴意义？

思辨点：分析中新天津生态城在绿色建筑、绿色能源等方面的具体措施，以及这些实践对其他城市实现绿色低碳发展的启示。

（三）案例分析要点

1. 案例思考题

（1）如何理解"绿水青山就是金山银山"的发展理念？结合天津的具体实践，分析其在推动高质量发展中的作用。

（2）天津在推进绿色低碳发展过程中采取了哪些具体措施？这些措施如何促进经济的高质量发展？

（3）结合天津的绿色发展实践，探讨绿色金融、绿色技术创新在推动经济转型中的重要性。

2. 分析思路

（1）理论联系实际。首先，可以从习近平生态文明思想出发，结合天津的具体实践，解释"绿水青山就是金山银山"的理念如何在天津得到贯彻和落实。

（2）多角度分析。从产业结构调整、技术创新、政策支持等角度，分析天津市如何通过绿色低碳发展实现经济转型和高质量发展。

（3）案例对比。可以将天津的绿色发展实践与其他城市的类似实践进行对比，分析天津在绿色发展方面的独特之处和成功经验。

（四）教学组织方式

具体教学组织实施过程如表5-2所示。

表5-2 教学组织实施过程

阶段	实施步骤	教学方法
前期准备阶段	确定教学目标与内容：明确课程旨在通过天津高质量发展的实践案例，理解创新驱动与绿色发展的内涵及实践意义，同时融入思政教育，培养学生的绿色发展意识和社会责任感	确定教学大纲，包括理论学习与实践案例分析相结合。整合天津高质量发展的相关资料，包括新闻报道、政策文件、研究报告等
	学生预习与资料收集：要求学生预习创新驱动与绿色发展的理论知识，并收集天津高质量发展的相关案例，为课堂讨论做准备	发布预习任务，包括阅读指定教材和收集相关案例。 建立学习小组，鼓励学生进行小组讨论与资料分享
中期开展阶段	理论讲解与案例分析：教师讲解创新驱动与绿色发展的理论基础，结合天津高质量发展的实践案例，进行深入剖析	采用PPT、视频等多媒体教学手段，直观展示天津高质量发展的成果。 引导学生分析案例中的成功经验与潜在问题，培养其批判性思维能力
	课堂讨论与互动：组织学生进行小组讨论，分享预习成果与案例分析心得，鼓励学生提出疑问与见解	教师提问引导，激发学生思考。 小组汇报与点评，促进学生间的交流与学习
	情景模拟与角色扮演：设定与天津高质量发展相关的情景，让学生扮演不同角色，模拟政策制定、项目实施等过程	设计具体的情景模拟任务，如模拟天津绿色金融创新项目的申报与审批过程。 学生分组进行角色扮演，体验不同角色的职责与挑战
后期展示阶段	小组课题汇报：各小组展示研究成果，包括天津高质量发展的某一方面或某一案例的深入分析	制作PPT、海报或视频等展示材料。 邀请其他小组与教师进行点评与提问，促进交流与反馈
	成果展示与评价：对学生的研究成果进行展示与评价，包括课堂表现、小组讨论、课题汇报等方面	制定详细的评价标准，包括内容质量、创新性、团队合作等。 采用学生自评、互评与教师评价相结合的方式，确保评价的客观性与公正性
	总结与反思：总结课程学习成果，反思学习过程中存在的问题与不足，提出改进措施	组织学生进行课程总结，分享学习心得与收获。 教师总结课程的亮点与不足，提出后续课程的改进建议

(五)总结

1. 教学内容

在"宏观经济学"课程中,我们将思政元素与经济学理论、天津发展实践、时事热点及学生成长需求相结合,实现了教学内容有机融合。通过深入分析天津在创新驱动和绿色发展方面的具体实践,如设立智能制造财政专项资金、推动新一代人工智能科技产业发展、开展绿色低碳转型等,我们将这些实际案例与宏观经济学的理论知识点相融合,使学生在学习经济学理论的同时,深刻理解国家发展战略和政策导向。同时,结合时事热点,如"双碳"目标、京津冀协同发展等,引导学生关注国家大事,增强民族自豪感和责任感。此外,我们还注重将思政元素与学生成长需求相结合,引导学生树立正确的世界观、人生观和价值观,为其未来的职业发展和社会责任担当奠定坚实基础。

2. 教学模式

在教学模式上,我们以天津高质量发展的生动实践为案例,引导学生进行小组讨论和深入探究。通过设定开放性的问题,如"天津在创新驱动和绿色发展方面取得了哪些成就?""这些成就对天津乃至全国的经济社会发展有何影响?"等,激发学生的思考热情,培养其分析问题和解决问题的能力。在研讨过程中,鼓励学生提出自己的观点和见解,并通过互相交流和辩论,深化对知识点的理解和掌握。这种教学模式不仅提高了学生的学习兴趣和参与度,还培养了其团队协作和沟通表达的能力。

3. "教学科研成果的案例化"实现"知行合一"

在"宏观经济学"课程教学中,我们注重将教学科研成果的案例化,以天津高质量发展的生动实践为案例,将其融入课程教学,实现"知行合一"。通过将科研成果转化为教学资源,我们使学生能够接触到最新的学术研究成果和实践经验,从而更深入地理解经济学理论和国家发展战略。同时,我们还鼓励学生积极参与科研项目和社会实践活动,将所学知识应用于解决实际问题中,培养其创新精神和实践能力。通过"教学科研成果的案例化",实现理论与实践的有机结合,使学生能够在实践中深化对理论的理解,在理论中指导实践的创新。

综上所述,通过教学内容有机融合、教学模式创新,以"教学科研成果的案例化"方式实现"知行合一"。这些措施不仅提高了学生的学习兴趣和参与度,还培养了其分析问题和解决问题的能力、团队协作和沟通表达能力及创新精神和实践能力。未来,将继续深化课程思政改革,不断探索和实践更多有效的教学方法和手段，为培养具有坚定理想信念、高尚道德情操、扎实专业基础和较强实践能力的社会主义建设者和接班人贡献力量。

参考资料

（一）使用教材

《西方经济学》编写组.《西方经济学》（下册）［M］. 北京：高等教育出版社，2019.

（二）参考书目

高鸿业编著：《西方经济学》宏观部分（第8版）［M］. 北京：中国人民大学出版社，2022.

徐高编著：宏观经济学二十五讲：中国视角［M］. 北京：中国人民大学出版社，2019.

（三）教学资源

1. 视频资源

［视频］习近平就组建中国资源循环集团有限公司作出重要指示强调打造全国性、功能性资源回收再利用平台 推动国民经济循环质量和水平持续提升 李强作出批示

［视频］【推动高质量发展系列主题新闻发布会】天津：奋力谱写中国式现代化新篇章

［视频］【新时代新征程新伟业——实干笃行】天津瞄准新领域 塑造高质量发展新动能

2. 案例资源

《创新驱动绿色发展：天津高质量发展的生动实践（思政案例）》《天津市2024年政府工作报告》《京津冀协同发展战略规划纲要》。

第六章 "区域经济学"课程思政案例

下好"一盘棋"跑出"协同"加速度

——京津冀协同发展的历史演变、现实成效与未来思考

一、案例正文

(一)京津冀协同发展的历史演变

京津冀协同发展有着漫长而丰富的历史演变过程。在历史上,京津冀地区地缘相接、人缘相亲,地域一体、文化一脉。自古以来,三地在经济、文化、社会等方面就有紧密的联系和互动。随着时代的发展,特别是进入现代以来,京津冀地区的重要性日益凸显。从早期各自独立发展,到逐渐认识区域合作的重要性。近年来,国家大力推动京津冀协同发展,明确三地功能定位,疏解北京非首都功能,加强交通一体化建设,促进产业升级转移,推动生态环境保护协同推进,公共服务共建共享。在一系列政策推动下,京津冀协同发展不断取得新突破,三地在协同发展的道路上稳步前行,为区域经济社会的可持续发展注入强大动力。

1. 区域合作发起阶段(1981~2003 年)

1981 年,原国家计委牵头编写制定了《京津唐地区国土规划》,涵盖范围包括北京、天津和唐山,此规划正式拉开了政府部门对京津冀一体化深度探索与研究的宏伟序幕。这份文件代表着计划经济以"工业"为重点带动城市发展的观念。1984 年,《全国城镇体系规划纲要》首次以"城市密集区"定义京津唐地区。这一

概念在当时的背景下具有重要的战略意义，标志着国家对这一区域的城镇发展和规划给予了特别的关注。京津唐地区包括现在的北京市、天津市及河北省的唐山市等地。这一地区在当时已被视为中国北方重要的经济增长极，具有丰富的资源和工业基础，同时也是中国重要的交通枢纽和工业生产基地。因此，将其定义为"城市密集区"，旨在通过统筹规划，促进该地区的协调发展，发挥其在国家经济发展中的重要作用。1986 年，环渤海地区 15 个城市共同发起成立了环渤海地区市长联席会，这是国内最早成立的地方政府间的区域性合作机制，为后续京津冀区域合作的深入开展奠定了良好的基础，成为推动区域合作迈向新高度的关键起始点与重要里程碑。

2. 三地达成共识全面启动阶段（2004~2013 年）

2004 年 2 月，国家发展改革委召集京、津、冀 3 省份发改部门齐聚廊坊，隆重召开了京津冀区域经济发展战略研讨会，各方成功达成"廊坊共识"，这一共识堪称京津冀三地政府在区域合作领域中达成的极为关键的思想结晶，为后续持续深入合作筑牢了坚实的思想根基，犹如一盏明灯，照亮了京津冀协同发展的思想前行之路。

2004 年 6 月，国家发展改革委、商务部携手京、津、冀、晋等 7 省份领导再次汇聚廊坊，共同达成《环渤海区域合作框架协议》，此次会议精心商定成立环渤海合作机制的三层组织架构，这一举措为环渤海区域合作搭建稳固的组织大厦，推动区域合作在组织建设方面迈上了新台阶，进一步完善了区域合作的制度保障体系。

2008 年 2 月，"第一次京津冀发改委区域工作联席会"盛大召开，京津冀发改委郑重共同签署了《北京市、天津市、河北省发改委建立"促进京津冀都市圈发展协调沟通机制"的意见》，彰显出三地在区域协调沟通机制构建进程中取得了重大突破与显著进展，为三地之间的信息互通、资源共享及协同决策开辟了高效、便捷的通道。

2010 年 8 月 5 日，《京津冀都市圈区域规划》上报国务院，该区域发展规划按照"8+2"的创新模式制订，涵盖北京、天津两个直辖市，以及河北省的石家庄、秦皇岛、唐山、廊坊、保定、沧州、张家口、承德 8 个地级市，为京津冀协同发展绘制极具前瞻性的区域规划蓝图，为京津冀区域发展明确了方向与路径指引。

2011 年 3 月，国家"十二五"规划纲要重磅提出"打造首都经济圈"，这一战略部署进一步明确了京津冀地区在国家经济发展中的重要地位，为京津冀协同发展注入了强大的政策动力与战略支撑。

2014年1月，《北京市政府工作报告》提出，落实国家区域发展战略，积极配合编制首都经济圈发展规划，主动融入京津冀城市群发展，充分展现出北京市对京津冀协同发展坚定不移的积极态度与责任担当，为区域协同发展起到了良好的示范引领作用。

3. 协同发展上升国家战略加速落实阶段(2014年至今)

2014年2月26日，习近平总书记主持召开京津冀三地协同发展座谈会，将京津冀协同发展上升为国家战略，并对三地协作提出七项具体要求，这一举措为京津冀协同发展明确了方向，具有极其重大的战略意义，成为京津冀协同发展的重要里程碑，标志着京津冀协同发展进入了快速推进的新阶段。

2015年4月30日，中共中央政治局召开会议，审议通过了《京津冀协同发展规划纲要》，明确了推动京津冀协同发展的核心是有序疏解北京非首都功能，要在京津冀交通一体化、生态环境保护、产业升级转移等重点领域率先取得突破。

2017年4月1日，中共中央、国务院决定设立河北雄安新区，这是推进京津冀协同发展的一项重大决策部署，对集中疏解北京非首都功能、探索人口经济密集地区优化开发新模式、调整优化京津冀城市群布局和空间结构具有重大意义。

2018年4月14日，中共中央、国务院批复《河北雄安新区规划纲要》，为雄安新区的建设提供了具体的规划指导。

2023年5月，习近平总书记到河北视察，主持召开高标准高质量推进雄安新区建设座谈会、深入推进京津冀协同发展座谈会，发表重要讲话并作出重要指示，进一步为京津冀协同发展把脉定向、指路领航。

(二)京津冀协同发展的现实成效

1. 率先突破三个重点领域的创新与探索

在京津冀协同发展进程中，交通、生态、产业三个重点领域率先突破，进行了诸多创新与探索。

(1)产业领域。产业高质量协同发展不仅是京津冀协同发展朝着纵深维度持续迈进的核心关键支撑力量，还在京津冀打造中国式现代化建设先行区与示范区进程中发挥着极为关键的作用。产业链协作无疑是京津冀区域产业协同领域的重中之重。在全球产业竞争日益激烈的背景下，单一城市的产业力量相对有限，而京津冀产业高质量协同发展能够整合三地的产业优势，形成产业集群效应。加强京津冀地区的服务集聚、辐射和创新功能，完善产前研发、中期管理、市场营销及售后服务等方面能力，拓展生产性服务业发展空间延伸产业价值链。发展上游区域经济要发挥物流优势，承接京津区域电子信息制造业和高端装备制造业的下游产业转移，协调区域产业链上下游"堵点"事项，实现京津冀产业链上下游协同发展。改善制造业与服务业的耦合发展，高端行业在产业转型升级中发挥主导作用，突破关键装备制造能力；提高关键基础设施材料自给率。推进跨区域产业合作与协调，加强重点工业园区与产业集聚的互动合作。

在京津冀协同发展进程中，充分激发产业协同市场化力量。应积极发挥大型会展招商平台的独特效能，京津冀三地携手共同举办一系列高质量招商引资活动，全方位开展京津冀产业推介行动、深入细致地进行政策宣讲，以及全面展示产业链的整体风貌，借助招商推介、成果发布等丰富多样的活动形式，持续构建京津冀面向全球的招商推介与资源聚合的综合性平台，为京津冀地区在全球范围内吸引优质资源创造有利条件，从而有效引导国内外企业资源向京津冀地区合理布局。重点聚焦"六链五群"的产业布局框架，进一步广泛集聚并深度整合行业商协会联盟所蕴含的丰富资源，大力开展企业资源的精准链接工作。围绕区域"六链"的关键环节，积极鼓励三地现有的龙头企业召开供应商大会，在大会上及时发布应用场景的详细信息、配套需求的精准要点及成功的典型案例，以此吸引更多优质企业及配套项目落地京津冀地区，并逐步实现集聚发展、成链成群的良好产业格局，推动京津冀产业协同发展迈向更高水平的市场化运作新阶段，增强京津冀产业协同发展的内生动力与市场活力，促进区域产业整体竞争力的显著提升。

（2）交通领域。"轨道上的京津冀"加速形成。京津城际延长线、京雄城际、京唐（京滨）城际及津兴城际等多条高速铁路相继开通运营，以北京、天津两大核心枢纽为关键节点，全面贯通河北各个地市的全国性高速铁路网络已基本建成。京津冀区域内高铁的总里程已大幅增长至 2624 千米，达成对区域内所有地级市的无缝覆盖。由此，京津冀地区极具标志性的"1 小时交通圈"已初步成型，京津雄核心区半小时通达，京津冀主要城市 1~1.5 小时交通圈加速形成，多节点、网格状、全覆盖的综合交通网络基本形成；通勤人员乘坐定制快巴从河北燕郊出发，1 小时到达北京国贸；快递从河北发往京津，最快当天送达。这一交通圈的形成，极大缩短了区域内城市间的时空距离，显著提升了区域交通的便捷性与通达性。京津冀三地主要城市间 2 小时通达交通圈基本形成,"轨道上的京津冀"主骨架基本成型。京津城际开行重联列车、长编组列车,实行公交化运行,最短发车间隔 3 分钟,为唱好京津"双城记"提供了坚实的交通保障。无论是商务出行、旅游还是人才流动等,人们在区域内的活动便利性大幅提升,使京津冀三地的联系更加紧密,城市间的互动交流频率显著增加,有利于打破地域壁垒,促进资源共享与协同合作。例如,北京的企业可以更便捷地与天津、河北的合作伙伴开展业务往来,减少沟通成本和时间成本,提高经济活动的效率。

京津冀互联互通向纵深迈进。京台、京雄、京昆、津石等一大批具有重要战略意义的高速公路顺利建成并通车运营,促使区域范围内以北京为核心枢纽,由 7 条首都放射线、2 条纵线及 3 条横线共同构建而成的国家高速公路主干网络已基本成型。截至 2023 年底,京津冀三地高速公路总里程达 10990 千米(其中北京市 1211 千米、天津市 1358 千米、河北省 8421 千米),相较于 2014 年的 7983 千米增长了 37.7%,高速公路密度达 5.06 千米/百平方千米,为全国平均水平的 2.7 倍。高速公路网在京津冀地区不断扩展,形成了密集的公路网络。通过打通省界"断头路"、扩容"瓶颈"路段等措施,进一步提升了区域内公路运输的效率,为经济发展提供了坚实的基础。

世界级港口群建设纵深推进。京津冀港口群的发展离不开三地间的紧密合作。2023 年,津冀两地签署了《津冀世界一流港口联盟合作协议》,共同推动港口间的资源共享和功能互补。通过优化资源配置,提高整体运营效率,形成了协同发展的新格局。此外,三地政府还加强了政策沟通和协调,为港口群建设提供了有力的政策支持。秦皇岛港、唐山港和黄骅港作为全国重要港口,在服务保障国家能源、资源运输安全中发挥着"压舱石"作用。秦皇岛港拥有世界一流的现代化煤码头,获评全国首家"五星级"绿色港区。唐山港服务重大国家战略的能源原材料主枢纽港地位进一步巩固,2023 年货物吞吐量超 8 亿吨、跃居世界港口第 2 位。黄骅港成为我国西煤东运、北煤南运重要出海口,2023 年完成货物吞吐量 3.3 亿吨。

京津冀世界级机场群初步格局已形成。大兴机场、北戴河机场、普宁机场建成投用,京津冀 10 个规划机场全部实现通航。2023 年,北京"两场"的旅客吞吐量高达 9228 万人次,彰显出其强大的航空运输能力与区域吸引力。天津机场积极拓展航线网络,其执行的国内国际航线数量已达 188 条,有力促进了区域与国内外各地的航空往来。河北省内机场的通航城市亦多达 91 个,极大提升了区域航空运输的覆盖范围与通达性。由此,京津冀"双核心"(北京"两场")+"双辅助"(天津机场与石家庄机场)+"多节点"(其余机场)的三级机场梯队已初步建立,这一格局有效助推三地航空枢纽成为衔接国际、畅通国内国际双循环的关键战略支点。首都国际机场货运口岸勇于创新,成功推出"连程直转"业务模式,显著提升了货物转运效率,国内货物在落地后转运至出口拼装库并完成安检流程仅需 4~8 小时,增强了首都国际机场在国际货运领域的竞争力。伴随天津航空口岸大通关基地正式投入运营,天津机场的货运枢纽地位得到进一步巩固与提升,其在区域航空货运体系中的影响力持续攀升。石家庄机场积极开拓进取,成功打通多条进出口新通道,进一步密切了"三地四场"之间的协同合作关系,使机场群之间的联动效应更为显著,已成为驱动区域经济社会蓬勃发展的强劲"新引擎",为京津冀地区的协同发展注入源源不断的航空动力,在促进区域产业升级、贸易往来及文化交流等方面发挥着日益重要的引领与支撑作用。

(3)生态领域。京津冀山水相连、地域相接,同处一个生态系统,是生态和经济共同体。良好的生态环境,是京津冀协同发展的重要基础,是实现京津冀区域经济可持续发展的重要支撑,也是提升人民群众生态环境获得感、幸福感的具体体现。

生态协同发展走深走实。京津冀地区在地理上紧密相连,生态系统相互依存。随着京津冀协同发展战略相关政策的落地生效,京津冀生态协同发展走深走实,三地先后签署了《京津冀协同发展生态环境保护率先突破合作框架协议》和《"十四五"时期京津冀生态环境联建联防联治框架协议》,此框架协议为区域生态环境治理构建了稳固且有力的保障体系。此外,京津冀三地还齐心协力共同健全并完善了涵盖多领域、多层次的协同工作机制,其中包括大气污染联防联控机制,通过统一规划、协同监测与联合执法等手段,有效应对区域内的大气污染挑战;重点流域联保联治机制,针对永定河、潮白河等重要水系开展全流域的综合治理与生态修复工作;信息共享机制,实现生态环境数据的实时互通与精准分析,为科学决策提供有力依据;执法联动机制,整合三地执法力量,形成强大的监管合力,严厉打击各类生态环境违法行为;突发水环境事件联合应急演练机制,提升区域应对突发水环境危机的能力与效率;环评会商机制,确保重大项目在环境影响评估方面的科学合理性与区域协调性;信访举报机制,畅通公众参与渠道,及时回应并处理生态环境相关诉求;生态环境损害赔偿机制,明确责任界定与赔偿标准,强化对生态环境的法律保护等 10 余项协同工作机制。这些机制相互配合、协同发力，全方位确保了生态环境治理工作得以深入、有序地推进，为京津冀地区生态环境的持续改善与可持续发展奠定了坚实基础。

区域生态环境质量同步改善。京津冀地区作为我国重要的经济增长极和人口密集区，近年来在生态协同发展方面取得了令人瞩目的显著成效，为区域可持续发展奠定了坚实基础，也为全国区域生态合作提供了典范范例。

在大气污染治理领域，京津冀三地通过联防联控机制，实现了空气质量的大幅改善。统一的污染物排放标准促使众多工业企业投入大量资金进行技术革新，更新废气处理设备，降低了污染物排放强度。例如，钢铁、化工等传统高污染行业积极采用先进的脱硫、脱硝、除尘技术，有效减少了颗粒物、二氧化硫和氮氧化物等污染物的排放量。同时，区域空气质量监测网络的全面覆盖，实时共享的精准数据为科学决策提供了有力支撑。联合执法队伍的常态化巡查，严厉打击了各类违法排污行为，形成了强大的环保威慑力。重污染天气应急响应预案的有效实施，在雾霾高发季节通过机动车限行、工业企业限产停产等综合措施，显著降低了污染物浓度，蓝天白云逐渐成为常态，曾困扰京津冀地区的雾霾天气得到了有效遏制，居民的生活质量和健康水平得到了切实保障。

水环境协同治理成果斐然。以永定河、潮白河等重要水系为重点，京津冀三地携手开展了全流域综合治理工程。通过跨区域的生态补水行动，干涸多年的河道恢复了水流，河水奔腾不息，不仅改善了河流的生态基流，还为周边地区的农业灌溉和生态用水提供了保障。河道整治工程全面推进，大规模的淤泥清理和堤岸加固工作，使河道行洪能力显著提升，河流的自净能力也得到了增强。在区域交界地带，共建共享的污水处理设施高效运行，有效处理了大量生活污水和工业废水，确保了污水达标排放，使河流水质稳步提升。如今，河流中的水生生物多样性逐渐恢复，鱼类、鸟类等生物种群数量明显增加，水生态系统的稳定性和健康状况得到了极大改善。

生态空间共建共享成效显著，有力推动了区域生态环境的整体提升。大规模的植树造林工程在京津冀三地广泛开展，通过荒山绿化、廊道绿化、城市绿地建设等形式，森林覆盖率持续增长，一道道绿色长城拔地而起，有效阻挡了风沙侵袭，涵养了水源，调节了区域气候。雄安新区的白洋淀湿地保护与修复工程成为生态建设的亮点工程，通过一系列生态修复措施，白洋淀的水质明显好转，水面面积逐步扩大，芦苇荡随风摇曳、荷花盛开、众多候鸟栖息觅食，形成一幅美丽的生态画卷。生态补偿机制的建立和完善，充分调动了生态涵养区保护生态环境的积极性，实现了生态保护与经济发展的良性互动。

京津冀生态协同发展的显著成效彰显了区域合作的强大力量。在未来的发展进程中，三地应继续巩固现有成果，进一步深化体制机制创新，加强生态科技创新合作，拓展生态产业协同发展模式，推动京津冀生态环境持续优化，向建设生态优美、人与自然和谐共生的现代化区域目标奋勇迈进。

2. 京津冀协同发展的体制机制创新与探索

（1）政策措施。

协同发展规划体系。2015 年，《京津冀协同发展规划纲要》，三地出台了《关于贯彻落实〈京津冀协同发展规划纲要〉的意见》。2016 年，《"十三五"时期京津冀国民经济和社会发展规划》。2017 年，设立河北雄安新区；《北京市总体规划（2016—2035 年）》。2018 年，《关于建立更加有效的区域协调发展新机制的意见》《河北雄安新区规划纲要》《河北雄安新区总体规划（2018—2035 年）》。2019 年，《北京城市副中心控制性详细规划（街区层面）（2016 年—2035 年）》。

产业发展联动政策。2015 年，《京津冀协同发展产业转移对接企业税收收入分享办法》《京津冀协同发展产业升级转移规划（2015—2020 年）》和《关于推进京津冀产业协同发展战略合作框架协议》。2016 年，《京津冀产业转移指南》；北京制定了《关于进一步健全京津冀协同发展产业疏解配套政策意见》。2019 年，三地签署了《进一步加强产业协同发展备忘录》，截至 2020 年底，河北省累计承接京津转入产业活动单位 9000 余个。

科技协同创新机制。2015 年，《京津冀协同发展产业升级转移规划（2015—2020 年）》。2016 年，《京津冀系统推进全面创新改革试验方案》。2017 年，《京津冀人才一体化发展规划（2017—2030 年）》。2018 年，三地签署了协同创新共同体建设的合作协议。

生态协同治理机制。2015 年，《京津冀区域环境保护率先突破合作框架协议》《京津冀协同发展生态环境保护规划》《京津冀及周边地区工业资源综合利用产业协同发展行动计划（2015—2017 年）》。2017 年，《京津冀能源协同发展行动计划（2017—2020 年）》。2017 年，国家发展改革委联合多部门制订了专项生态保护计划，加大了三地生态协同治理的力度。

基本公共服务共享机制。在医疗方面，三地试点医疗机构建立临床检验结果互认和医学影像资料共享机制。目前，60 多家定点医疗机构已实现异地就医门诊费用直接结算。区域脱贫攻坚取得决定性胜利，京津在河北实施的 757 个帮扶项目帮助 8.1 万贫困人口就近就业。北京市的教育、医疗等公共服务资源将继续向河北延伸布局。

在基础设施建设方面，2015 年发布《京津冀协同发展交通一体化规划》，2016 年，《京津冀地区城际铁路网规划》获批，到 2030 年将基本形成"四纵四横一环"城际铁路网。

（2）京津冀高质量协同发展的体制机制探索。构建"市场主导+政府引导"机制。理顺政府和市场的关系，坚持市场主导、政府引导，切实转变政府职能，大幅减少政府对资源的直接配置，强化事中事后监管，给市场发育创造条件。创新利益协调机制。充分发挥政府的积极作用，通过制定利益协调和互动合作框架，把利益协调机制内化到政府的结构和功能之中，借此激发市场力量，协调三地不同部门的分工与合作。构建跨区域合作发展机制。加强区域协同发展体制创新的顶层设计，完善各专题协调工作机制，建立专题联席会议制度、联络员制度、工作小组制度。完善科技创新体制机制。加快推进创新驱动发展战略，构建创新驱动机制，打造市场导向的协同创新体系，培育科技优势。解除体制机制障碍，完善科技创新资源共建共享机制，重视人才在创新驱动中的意义。

（三）京津冀协同发展的未来思考

实施京津冀协同发展战略以来，京津冀三地齐心协力、携手奋进，突破行政分割和市场壁垒的束缚，以"疏解北京非首都功能"为基本出发点，着力调整优化区域职能结构和空间结构，在区域交通一体化、生态环境保护、产业结构优化升级转移、公共服务创新共享等重点领域建立了多层级、常态化的对接机制，在多方面与多领域深入践行体制机制的深度改革创新，为区域协同发展注入源源不断的强大动力，也为全国其他地区提供了极具借鉴价值的成功范例与宝贵经验启示。京津冀三地协同发展中还存在若干问题。未来，要以疏解北京非首都功能为主向提升河北发展水平转变，以产业链为抓手推动京津冀产业协同，以"一核双城"的中心城市格局向"一主两副"转变，以城市群为主向城市群与都市圈并重转变。

1. 目标定位

京津冀协同发展是在以习近平同志为核心的党中央于新的历史时期所作出的极具战略意义的重大决策部署，这一战略由习近平总书记亲自谋划、亲自部署、亲自推动的重大国家战略，是党的十八大以来的第一个重大区域发展战略。明确京津冀协同发展中的功能定位是科学引领京津冀协同发展进程的核心前提与根本遵循准则。《京津冀协同发展规划纲要》作为纲领性文件描绘了京津冀协同发展的宏伟蓝图，并对京津冀协同发展的功能定位进行了明确规定。整体功能定位主要有以下四点：第一，致力于构建以首都为核心的世界级城市群，通过整合区域资源、协同城市建设与功能互补，在全球城市体系中展现强大竞争力与独特魅力；第二，打造区域整体协同发展改革引领区，积极探索跨区域协同治理新模式、体制机制创新路径，为全国区域协同发展提供可资借鉴的先行范例；第三，塑造全国创新驱动经济增长新引擎，凭借京津冀三地的创新资源集聚与协同创新合力，激发经济增长新动能，推动创新成果高效转化与产业化应用；第四，建设生态修复环境改善示范区，三地携手攻克生态环境难题，实施全方位生态修复工程与协同治理举措，为全国生态保护与环境改善贡献典范经验。

京津冀三地依据各自的特色与优势，也被赋予精准且独特的定位。北京市作为国家首都，定位为"全国政治中心、文化中心、国际交往中心、科技创新中心"，着重政治引领、文化传承与国际交流合作职能的强化，以及科技创新核心能力的打造与辐射带动；天津市则聚焦"全国先进制造研发基地、北方国际航运核心区、金融创新运营示范区、改革开放先行区"的建设目标，充分发挥其制造业底蕴、港口航运资源、金融创新活力与改革开放先锋优势；河北省定位于"全国现代商贸物流重要基地、产业转型升级试验区、新型城镇化与城乡统筹示范区、京津冀生态环境支撑区"，在商贸物流领域构建枢纽网络，推进产业结构优化升级，探索新型城镇化道路与城乡融合发展模式，同时筑牢京津冀区域生态安全屏障。

近期发展目标为到 2030 年京津冀区域一体化格局基本形成。具体来说，首都核心功能更加优化，京津冀区域的经济结构将更加合理，生态环境质量总体良好，公共服务水平趋于均衡，形成具有较强国际竞争力和影响力的重要区域，并在引领和支撑全国经济社会发展中发挥更大作用。

2. 基本原则

面对京津冀协同发展的新形势、新任务、新要求，要以习近平新时代中国特色社会主义思想为指导，深入贯彻党的二十大和党的二十届二中、三中全会精神，坚决落实并践行党中央、国务院针对京津冀协同发展所制定的战略规划部署，紧紧围绕推动高质量发展这一核心主题，以改革创新作为强劲驱动力，深入推进供给侧结构性改革，兼顾发展与安全两大关键要素，稳健扎实地开展京津冀产业领域的各项工作。在推进过程中，需把握四个方面的原则：第一，坚持市场主导与政府引导相结合。切实保障市场在资源配置进程中决定性作用的充分彰显，全力塑造高效有序、竞争公正且开放包容的市场环境。积极发挥政府的引导职能，通过政策制定、规划引领等手段，持续为产业协同发展营造优良环境，促进市场机制与政府调控的有机融合，推动京津冀产业协同发展沿着健康、有序的轨道前行。第二，坚持协同创新与开放合作之路。深度挖掘京津冀科技创新潜力，强力推动其与产业发展的紧密融合，借创新驱动之力促使产业向价值链高端攀升。积极鼓励三地企业、高校、科研机构等多元主体开展协同创新合作，共建共享创新平台与资源，加速科技成果转化应用。第三，坚持分工协作与优势互补相结合。依托京津冀三地的资源禀赋、产业基础等特点，大力强化跨区域产业协作的深度与广度，明确各自的产业定位与分工，形成优势互补的协同发展格局。通过产业转移、产业链上下游协作等方式，稳固并提升区域产业链供应链的现代化水平，构建活力强劲、协作紧密的区域产业生态。第四，坚持转型升级与提质增效相结合。深入贯彻京津冀产业高端智能绿色化发展理念，积极引导传统产业借助新兴技术实现转型升级，提高产业智能化水平，培育绿色产业新动能。同时，加速推进质量、品牌、标准一体化建设进程，以全面提升京津冀制造业的质量效益与核心竞争力，打造具有国际影响力的先进制造业集群。

3. 重点路径

（1）以首位城市为辐射的核心，缩小区域发展差距。京津冀一体化最终是要疏解北京非首都功能，带动周边地区发展。以高水准、系统化的方式全力推进北京非首都功能疏解的工作，精心打造"一核两翼"的京津冀协同发展新空间格局。北京坚持减量发展是对北京"四个中心"这一城市战略定位的积极主动回应，也是着力治理"大城市病"的核心策略。在有序开展北京非首都功能疏解进程中，精准妥善处理好疏解与承接二者之间的关系至关重要。需深入探究并拟定新一轮非首都功能疏解的行动规划方案，创新性地设立"京内"与"京外"相互配合的组合式疏解模式，以此为强劲动力带动现代化首都都市圈的建设进程，并有力促进京津冀协同发展迈向更高水平。全方位健全非首都功能承接布局架构，凭借大力推动北京城市副中心与雄安新区的高质量发展路径，加速非首都功能集中承载地的建设步伐，助力催生多中心网络化的空间布局结构。京内，北京城市副中心充分发挥其近邻优势与独特定位，积极承接适宜的非首都功能转移，不断优化城市功能布局，提升城市品质与服务水平；京外，河北雄安新区凭借高起点规划、高标准建设，大规模吸纳北京疏解出的各类非首都功能，打造成为创新驱动发展示范区与高质量发展样板城市，与北京城市副中心遥相呼应、协同共进，共同构建"一核两翼"的空间发展新格局，为京津冀协同发展注入强大动力与无限活力，实现区域整体的协调可持续发展。

（2）以多节点为支撑，优化空间布局。《京津冀协同发展规划纲要》确定了"功能互补、区域联动、轴向集聚、节点支撑"的布局思路，提出要构建"一核、双城、三轴、四区、多节点"的空间格局。要形成以北京为核心，确立北京与天津作为京津冀协同发展的核心引擎力量，以京津、京保石、京唐秦三条产业发展带及城镇聚集轴为骨架脉络，凭借区域性中心城市如石家庄、唐山、保定、邯郸，以及关键节点城市包括张家口、廊坊、承德、秦皇岛、沧州、邢台、衡水等地级市为坚实支撑，构建独具特色的复合型空间发展架构。借助多节点、多增长极、多产业发展带所形成的多元复合结构，全面统筹并优化京津冀协同发展的空间布局规划。在此过程中，达成承接区域的产业转型升级与首都人口的有序疏解转移双重目标，催生京津冀区域内部整体产业分工明确且上下游产业联动紧密的协同机制。既高度重视城市中心增长极的引领辐射效能，又充分兼顾周边支撑区域以及经济腹地的发展提升需求，实现区域协同发展的全面均衡推进。

（3）以北京世界级科创中心为引领，完善区域创新体系。为切实推进京津冀协同创新共同体建设进程，将科技创新确立为引领京津冀区域转向高质量发展的关键驱动力，促使京津冀协同发展迈向更深层次、更具实效的新阶段，全力将京津冀打造成为中国式现代化建设征程中的先行示范标杆区域。紧紧围绕科技创新这一核心要素，全方位构建并健全区域创新体系架构，整体性提升区域协同创新的综合能力水平，携手共创我国自主创新的关键发源地及原始创新的核心策源高地，铸就引领全国高质量发展的强劲动力源泉。在推进京津冀协同创新共同体建设的实践中，应着重加快北京国际科技创新中心的建设步伐，充分彰显其在区域创新领域的引领示范与辐射带动效能；持续完善创新功能相互补充的协同机制，精心塑造产学研深度协作的全新模式范例；积极推动创新资源在京津冀区域范畴内实现有序顺畅的流动转移、科学合理的优化配置、开放包容的共享合作及高效集约的充分利用，全力促进创新链、产业链、资金链与人才链的深度交融贯通，形成有机整体，为京津冀协同创新发展提供坚实有力的支撑保障，推动区域创新生态系统的繁荣昌盛与可持续发展。

（4）"以人为中心"，实现基本公共服务均等化。推进京津冀协同发展，其根本宗旨与最终落脚点在于切实增进人民福祉、有力促进共同富裕。京津冀协同发展过程中要始终秉持以人民为中心的发展理念，大力促进基本公共服务的共建共享，致力于解决百姓密切关心且关乎切身利益的诸多热点、难点问题，着重对教育医疗资源布局予以优化完善。随着京津冀协同发展战略的深入实施，三地积极主动地在民生领域补短板、强弱项，使基本公共服务均等化水平持续稳步提升，人民群众切实感受到了日益增长的获得感、幸福感与安全感。

在医疗领域，协作关系越发紧密牢固。多达 65 所京津冀知名医疗卫生机构与河北雄安新区的 48 家医疗卫生机构及乡镇卫生院结成帮扶对子，众多名医专家深入河北雄安新区医疗卫生机构，助力重点学科建设，成功填补了多项技术空白，促使雄安新区医疗保障及公共卫生服务能力实现了快速跨越性提升。

教育合作层面同样逐步走向深入。北京以"交钥匙"模式全力支持河北雄安新区建设的"三校一院"中的中学项目已正式移交。至此，北京支持河北雄安新区的"三校"项目全面交付完成。过去十年间，京津冀高校间实现优质课程的广泛共享、优势科研资源的开放互通，中小学教师互派交流频繁。河北累计选派上千名骨干校长教师前往京津优质学校进行跟岗培训，促进了区域教育质量的均衡提升，为京津冀协同发展在民生教育领域奠定了坚实基础，有力推动了以人民为中心的协同发展进程向更高质量、更具内涵的方向迈进。

二、思政元素

本课程紧密结合中国区域经济发展的实践创新和政策创新，通过案例研讨、专题研讨、角色模拟、应用场景创设等方式，使学生掌握马克思主义区域经济研究的基本理论、观点与方法，形成正确的区域观、人生观、价值观，形成历史思维、比较思维、系统思维；通过学习中国改革开放和新时代区域经济发展的最新成果，学生能够树立牢固的新发展理念和可持续发展理念，具有经世济民的家国情怀、民族自豪感和历史使命感，增强制度自信；通过经典学术论文研讨与导学，学生能够养成严谨、端正、创新、求真的学术诚信精神和工匠精神。本案例中的思政元素如下。

通过课程理论知识的学习，使学生掌握区域经济研究的基本理论与方法，形成正确的区域观、人生观和价值观，同时培养学生的历史思维、比较思维、系统思维、辩证思维；从实践层面，使学生掌握区域产业结构演进规律、中国区域产业结构变迁、区域产业结构配置与优化路径，完善知识结构，自觉运用所学的区域经济理论与方法，拥有对当前区域经济现象和经济问题的分析、判断和决策能力。

通过介绍京津冀协同发展战略的调整和实践发展的最新成果，培养学生树立牢固的新发展理念、可持续发展理念，培养学生经世济民的家国情怀、民族自豪感和历史使命感；通过调研京津冀产业协同发展的最新成果，主动思考中国区域经济发展现实问题，关注国家重大发展战略和地方经济发展，形成正确的区域观和价值观，培育情怀意识和社会责任感。

通过经典学术论文研讨与导学，培养学生严谨、端正、创新、求真的学术诚信精神。

三、案例的使用说明

（一）教学用途与教学目标

1. 教学用途

（1）本案例主要适用于《区域经济学》一书中的区域协调发展、区域发展战略与区域决策等部分章节学习的案例分析。

（2）本案例是一个"区域经济学"课程中的综合性教学案例，涵盖本课程中区域产业发展、区域协调发展、区域发展战略与决策等相关的内容，学生通过课前的案例讨论和分析来达到学习相应章节内容的效果。

（3）本案例是一篇分析京津冀协同发展战略的历史脉络与阶段性特征，以及对应的战略调整和政策选择的教学案例，教学目的在于使学生对区域发展战略、区域决策及京津冀协同发展战略的历程等相关内容具有感性的认知和深入的思考。

2. 教学目标

（1）知识目标。通过本部分的学习，使学生能够熟知区域系统分析常用的方法、区域协调发展战略的主要内容、主体功能区及其开发战略、区域经济政策的主要目标及工具。

（2）能力目标。能够客观分析京津冀协同发展重大国家战略的历史、现状和趋势，客观、系统认识我国区域经济协调发展战略的实践状态和演化趋势，提高学生历史分析、比较分析的能力。

（3）素质目标。能够运用所学理论和方法评价区域经济政策效应、中国区域经济政策实践；通过案例分析，使学生了解中国理解全面深化经济体制改革与区域经济政策的关系，使学生形象地认识中国区域发展战略和区域协调发展的实践成果。

3. 思政育人目标

通过对京津冀协同发展战略和区域经济政策调整案例的分析，培养学生对区域经济协同发展和经济政策的全面认识，理解京津冀协同战略提出以来取得的成就，增强学生的自豪感和爱国情怀；帮助学生理解区域经济发展中的政府与市场的参与及如何兼顾效率与公平的辩证关系。

（二）案例讨论的准备工作

本案例可作为专门的案例专题讨论课来进行，通过"课前任务驱动+课上知识讲授与专题讨论+课后总结提升"方式进行。课堂讲授时间控制在 120～140 分钟，之后进行案例专题讨论课。

课前学生需要完成如下教学资源的观看和学习。

（1）视频资源。

《百年求索》系列微纪录片——《区域协调发展战略》。

（2）论文导学。

"南北差距"：中国区域发展格局演化的事实、成因及政策响应，经济理论与经济管理，2021 年第 4 期。

（3）案例资源。

下好"一盘棋"跑出协同"加速度"——京津冀协同发展的历史演进、现实成效、未来思考（思政案例）、《河北省战略性新兴产业"十四五"发展规划》、《京津冀协同发展战略规划纲要》。

（4）学生思辨问题。

思考我国从新中国成立以来都有哪些区域性的协调发展战略？与之相适应的区域发展政策有哪些？

（三）案例分析要点

1. 案例思考题

（1）京津冀协同发展战略调整与政策选择的理论支撑是什么？

（2）京津冀协同发展的现实成效、历史演进及未来协调发展的对策建议。

（3）假如您是河北省政府的主要领导人，如何借"京津冀协同发展"东风发展河北，以缩小河北与北京、天津的差距？

2. 分析思路

（1）重点从区域发展战略与国家战略关系、区域决策与区域战略关系入手分析。

（2）结合案例资料和查阅相关文献进行专题分析。

（3）从产业转型升级、承接北京非首都功能、河北雄安新区建设等方面进行分析。

（四）教学组织方式

坚持知识传授、实践拓展、思维建构、情感孕养的"四位一体"的教学思想，遵循"以区域经济发展现实阐释知识、以知识系统建构提升思辨能力、以思辨能力训练培养家国情怀"的教学理念，以思想引领、理论阐释、实践解析为设计主线，以"专题学术研讨+课堂思辨"的"非标准化结构式研讨"为主要教学形式，并以任务驱动、应用场景创设、论文研学、角色模拟为实现路径，通过"《百年求索》系列微纪录片——《区域协调发展战略》"的视频资源和"由弹钢琴引申处理好局部与全局的关系"引出区域协调发展模块中的"区域协调与政策"相关内容的教学重难点，并通过多个应用场景创设和教学案例，实现"串珠成链""知行合一"的知识系统建构。教学过程采用"导、定、研、辩、总"的"三阶五步式"行课模式。"区域经济学"课程思政的教学组织过程如表6-1所示。

表6-1 "区域经济学"课程思政的教学组织过程

阶段	步骤	教师任务	学生任务
前期准备阶段	导：引导学习	提供学生研学的课程视频（《百年求索》系列微纪录片——《区域协调发展战略》）、教学案例（河北省战略性新兴产业"十四五"发展规划、京津冀协同发展规划纲要）和思政案例（京津冀协同发展战略的调整与政策完善）、经典文献（"南北差距"：中国区域发展格局演化的事实、成因及政策响应）等相关资料并引导学生学习、回答既定问题	要求学生分组，预习课本和案例中相关知识，及时完成教师布置的课前视频学习、文献和政策文件的研读、前沿热点内容的收集等相关学习任务，了解案例中京津冀协同发展的历史背景、过程和取得的成果，并对思辨问题进行讨论
	定：确定研讨主题	从京津冀协同发展：历史演进、现实成效、未来思考，确定研讨主题，解析研讨主题、明确研讨规则。思考京津冀协同发展、区域战略与区域政策、区域协调发展中的局部与整体的关系。这个课前学习任务的效果，以任务小组形式，会在第二次专题研讨课中进行检验	学生根据确定的主题与理论知识的掌握情况，自由组成研讨小组，并随机确定小组，进行小组内成员研讨思辨

续表

阶段	步骤	教师任务	学生任务
中期开展阶段	研：展开研究性学习	在2周内对同题小组分别进行不少于2次的专题辅导，帮学生明题、思题、识题、辩题	学生查找资料、独立分析、团队整合，在2周内进行不少于3次的小组集中研讨，形成小组调研报告、展示文本、个人学习报告
后期展示阶段	辩：同题两组互辩、主辅互辩、师生同辩	严格按照非标准化结构式研讨规则把握研讨方向、节奏，及时纠偏学生研讨思路，保证研讨成效	每次专题研讨课为90分钟，由同题两个主发言小组进行15分钟汇报展示，辅答小组同题发言并点评，主发言小组互评、回应辅发言小组、教师质疑
	总：总结专题研讨成果	对学生汇报、点评和答辩等情况进行点评，对研讨主题的核心内容进行凝练总结。请学生持续关注京津冀协同发展相关内容	小组根据同学、老师的点评与总结，形成最终研讨观点，撰写成学术论文并在期刊发表

（五）总结

1."四维融合"实现教学内容集成

立足课程承前启下的基础性和理论与实践相结合的专业性特征，形成了"马工程教材理论框架+区域经济理论前沿+团队科研成果+区域经济发展实践"的"四维融合"整体教学方案，构建了涵盖基本课程资源、教学案例库、国家政策汇编、课程思政材料库、习题库、论文导学资源库、视频资源库在内的系统化、数字化教学资源库，培养学生的家国情怀、道路自信、理论自信、制度自信、文化自信，显著提高了课程内容的高阶性、前瞻性。

2."非标准化结构式研讨"实现教学模式创新

聚焦课程内容的重点和难点，实行"专题学术研讨+课堂思辨"的"非标准化结构式研讨"教学模式，以任务驱动、应用场景创设、论文研学、角色模拟为实现路径，打造可视化案例教学和思辨课堂，形成"导、定、研、辩、总"的"三阶五步式"授课模式，激发学生抬头、讲话、思辨、互辩，课堂创新性、挑战度显著提高。

3."教学科研成果的案例化"实现"知行合一"

依托课程团队科研项目和科研成果，立足京津冀区域经济研究成果和实践，编写"京津冀协同发展"等教学案例，提高学生运用所学理论剖析、解决区域经济实际问题的能力，达成了"知行合一"的人才培养诉求。

参考资料

(一)使用教材

《区域经济学》编写组：《区域经济学》马克思主义理论研究和建设工程重点教材，高等教育出版社，2018 年版。

(二)参考书目

(1)孙久文、叶裕民编著：《区域经济学教程》(第三版)(普通高等教育"十一五"国家级规划教材)，中国人民大学出版社，2020 年版。

(2)吴殿廷主编：《区域经济学》(第四版)(普通高等教育"十一五"国家级规划教材)，科学出版社，2019 年版。

(三)教学资源

1. 视频资源

《百年求索》系列微纪录片——《区域协调发展战略》

2. 论文导学

"南北差距"：中国区域发展格局演化的事实、成因及政策响应，经济理论与经济管理，2021 年第 4 期。

叶振宇：京津冀协同发展十年：成效经验与难题应对，河北师范大学学报(哲学社会科学版)，2024 第 5 期。

3. 案例资源

下好"一盘棋"跑出协同"加速度"——京津冀协同发展的历史演进、现实成效与未来思考(思政案例)、《河北省战略性新兴产业"十四五"发展规划》、《京津冀协同发展战略规划纲要》。

第七章 "产业经济学"课程思政案例

"双碳"目标下科技创新驱动河北省钢铁产业绿色化发展的路径

一、案例正文

在全球气候变化和环境压力日益加剧的背景下,中国作为世界上最大的碳排放国之一,正积极应对挑战,致力于实现"双碳"目标。这一宏伟目标的实现,不仅是对国际社会的庄严承诺,还是推动我国经济结构优化升级、实现高质量发展的内在要求。钢铁产业作为国民经济的重要支柱,是工业体系中不可或缺的一环。然而,传统钢铁生产过程中的高能耗、高排放问题,使其成为碳排放的主要来源之一。在"双碳"目标的约束下,钢铁产业的绿色化发展已成为必然趋势。2024年5月《钢铁行业节能降碳专项行动计划》的发布,对加快钢铁行业节能降碳改造和用能设备更新作了详细的部署,助力钢铁行业绿色低碳高质量发展。

河北省作为我国的钢铁大省,其钢铁产业的绿色转型对全国乃至全球的碳减排事业都具有重要意义。近年来,河北省在钢铁产业的绿色化发展方面取得了一定进展,但仍面临诸多挑战。如何在保障钢铁产业稳步发展的同时实现绿色低碳转型,成为亟须解决的问题。

科技创新作为推动产业变革的重要驱动力,为钢铁产业的绿色化发展提供了强大的技术支持和动力源泉。通过引入新技术、新工艺和新设备,可以有效提高钢铁生产的资源利用效率，降低能耗和排放，推动钢铁产业向更加绿色、低碳、可持续的方向发展。因此，本案例旨在探讨"双碳"目标下，科技创新如何驱动河北省钢铁产业的绿色化发展。通过对河北省钢铁产业的现状进行分析，结合科技创新在钢铁产业绿色化发展中的作用，提出相应的路径和策略，对河北省乃至全国钢铁产业的绿色转型具有重要的意义。

（一）河北省科技创新与钢铁产业绿色化发展现状

1. 河北省钢铁产业现状分析

（1）产业规模与产量。河北省钢铁产业是当地的支柱产业，产能约占全国的1/5、世界的1/10，主要分布在唐山、邯郸、秦皇岛、石家庄等地。经过多年的发展，河北省已经建成了集铁矿石开采、钢铁炼化、钢铁制品加工生产于一体的全产业链，产业实力非常雄厚。2023年，河北省钢铁产业主营收入达15647.44亿元，占全省工业企业营业收入的30.33%，体现了强大的经济贡献力。

2010~2023年河北省粗钢、生铁、钢材产量如图7-1所示，2023年河北省粗钢产量为2.11亿吨，占全国粗钢产量的19.53%；钢材产量为2.98亿吨，排名全国第一。从去产能的效果来看，河北省粗钢与生铁产量在2014年、2017年及2021~2023年略有下降，尽管降幅不大，但下降是必然趋势。2023年，河北省粗钢产量为2.11亿吨，相对于2010~2023年的最高值2.50亿吨，同比下降了15.6%；生铁产量为1.95亿吨，同比下降1.6%。

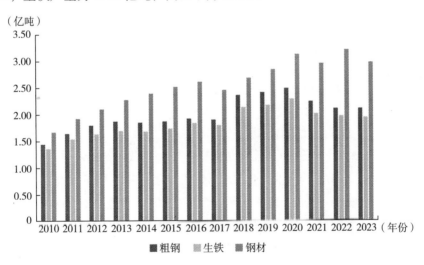

图7-1 2010~2023年河北省粗钢、生铁、钢材产量

资料来源：2010~2023年《河北统计年鉴》、中商产业研究院数据库。

（2）绿色发展进程。近年来，河北钢铁产业不断推进技术革新和设备升级，这些新技术和新设备往往具有更高的能效比，能够在降低能耗（如煤炭和水资源）的同时提高生产效率。由表7-1可以看出，河北省钢铁产业的吨钢综合能耗由2011年的0.57吨标准煤下降为2022年的0.54吨标准煤，吨钢耗新水量也由2.97吨降到2.10吨，降幅不是很大，仍有提升空间。由于某些高效的生产设备更加依赖电力驱动，从而使吨钢耗电量上升，吨钢耗电由2011年的419.67千瓦·时增长到2022年的473.30千瓦·时，增长了12.8%。

表7-1 2011~2022年河北省钢铁产业能耗指标情况

年份	吨钢综合能耗（吨标准煤）	吨钢耗新水（吨）	吨钢耗电（千瓦·时）
2011	0.57	2.97	419.67
2012	0.57	2.96	418.45
2013	0.56	2.87	423.06
2014	0.55	2.80	419.93
2015	0.54	2.70	404.40
2016	0.56	2.45	404.19
2017	0.55	2.39	410.46
2018	0.54	2.22	398.16
2019	0.56	2.10	439.70
2020	0.55	2.00	435.10
2021	0.52	2.00	451.20
2022	0.54	2.10	473.30

资料来源：《河北统计年鉴》。

从炼钢工序能源消耗占比来看，炼铁工序单位能耗占比最大，2022年能源消耗占比达72.84%，约占整体能耗的2/3；其次是铁矿烧结工序，占该行业总能源的8.43%。近年来，钢铁行业在冶炼和烧结工序中采用了更先进的技术和设备，提高了生产效率，降低了能耗，所以炼铁工序和铁矿烧结工序单位能耗呈明显的下降趋势。在炼钢过程中，回收的能量（如转炉煤气、蒸汽等）远大于消耗的能量，使转炉炼钢工序单位能耗呈现负值。河北省积极推广"负能炼钢"以实现节能减排目标，取得了积极效果。2013~2022年钢铁各工序能耗占比如表7-2所示。

表 7-2 2013~2022 年钢铁各工序能耗占比

年份	炼铁工序 单位能耗	铁矿烧结工序 单位能耗	转炉炼钢工序 单位能耗	轧钢工序 单位能耗	其他工序 单位能耗
2013	94.25	10.96	-1.42	12.20	-15.99
2014	95.27	11.00	-2.04	12.17	-16.40
2015	72.00	8.40	-1.84	9.34	12.10
2016	70.76	8.35	-2.13	8.77	14.25
2017	71.96	8.47	-2.07	8.89	12.76
2018	74.29	8.79	-2.79	8.33	11.37
2019	72.37	8.50	-2.88	8.46	13.56
2020	72.11	8.53	-3.14	8.42	14.07
2021	75.89	9.20	-3.21	8.76	9.35
2022	72.84	8.43	-3.36	8.12	13.98

资料来源：根据历年《河北统计年鉴》整理。

作为全国钢铁生产大省，河北省的粗钢产量连续多年居全国首位，因此也是全国钢铁行业低碳转型升级的主战场。钢铁行业的二氧化碳排放主要来自化石燃料的燃烧及各道生产工序。如图 7-2 所示，2012~2014 年二氧化碳排放量逐年增加，到 2014 年该行业二氧化碳排放量达 681.13 吨；随后由于环境约束、产能过剩等因素的影响，碳排放量略有下降。从 2019 年至今，由于粗钢产量不断增加，能耗也不断上升，二氧化碳排放量也持续上升。总体来看，河北省钢铁行业二氧化碳排放量波动幅度不是特别大，意味着该行业存在一定的减排空间。

2022 年 6 月，河北省在全国率先启动钢铁企业环保绩效全面创 A 行动，通过这一行动，倒逼钢铁行业转型升级，实现绿色发展。截至 2024 年 9 月 23 日，河北省重点行业环保绩效 A 级企业总数为 90 家。其中，钢铁企业 42 家，完成环保创 A 的钢铁企业数量位居全国第一，成为行业内的标杆。

(3)面临的机遇与挑战。河北省钢铁行业的发展面临的机遇表现为以下四点：第一，近年来国家对环保问题日益重视，出台了一系列针对钢铁行业的环保政策，如超低排放标准和环保绩效创 A 行动。政府为鼓励钢铁产业绿色转型，提供了财政补贴、税收减免、项目审批等方面的政策扶持。这些政策支持在推动钢铁企业加强环保治理的同时，也有利于降低企业转型成本。第二，随着制造业和建筑业的快速发展，对高品质、高性能钢材的需求不断增加。消费者对环保、低

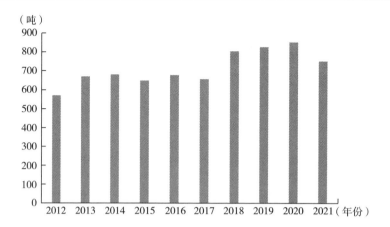

图 7-2　2012~2021 年河北省钢铁行业碳排放量

资料来源：CEADs 数据库。

碳产品的需求日益增强，绿色钢铁产品市场前景广阔。这为钢铁企业提供了市场机遇。第三，现代科技的不断进步为钢铁产业提供了更多技术创新的可能性。如氢冶金、CCUS 等低碳技术的研发和应用，有利于降低钢铁生产过程中的碳排放和资源消耗，提高生产效率。第四，随着"一带一路"倡议的深入推进，河北省钢铁企业可以抓住机遇，拓展海外市场，提高国际竞争力。

　　面临的挑战表现为以下三点：第一，钢铁产业是高能耗、高排放的产业。在"双碳"目标下，河北省钢铁企业需要加快能源结构调整，降低单位产品能耗和碳排放。这需要企业投入大量资金进行技术改造和设备升级，加强能源管理，提高能源利用效率。这些都会增加企业的运营成本，对企业的盈利能力造成一定影响。同时，技术革新和产业升级需要企业具备强大的研发能力和技术储备，对一些实力较弱的钢铁企业来说，无疑是一个巨大的挑战。第二，我国钢铁市场竞争激烈，尤其是在产能过剩的背景下，钢铁企业间的竞争愈加激烈。伴随国内钢铁行业的整合重组加速，大型钢铁集团的竞争力不断增强，对河北省钢铁企业构成了更大的市场压力。第三，河北省钢铁企业也面临来自全球钢铁生产商的竞争，加上国际贸易摩擦和关税壁垒等因素对河北省钢铁企业的出口业务构成了挑战。

　　2. 河北省科技创新发展情况

　　（1）河北省研究与试验发展（R&D）经费情况。从图 7-3 可以看出，近年来，河北省在研究与试验发展（R&D）方面的经费投入不断增加，占河北省生产总值的比重也在提升。《2022 年河北省科技经费投入统计公报》显示，2022 年河北省共投入研究与试验发展（R&D）经费为 848.9 亿元，R&D 经费投入强度首次突破 2%，较 2021 年提高 0.15 个百分点，仍低于 2.54% 的全国平均水平，但差距在缩小。2023 年增长达 912.1 亿元，投入强度为 2.08%。

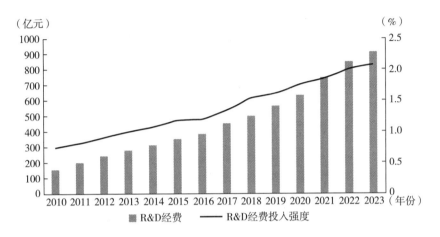

图 7-3　2010~2023 年河北省研究与试验发展（R&D）经费情况

注：R&D 经费投入强度＝地区 R&D 经费/地区生产总值×100%

资料来源：2010~2023 年《河北统计年鉴》、《2022 年河北省科技经费投入统计公报》和《2023 年全国科技经费投入统计公报》。

（2）发明专利申请与授权数。图 7-4 表明，2010~2022 年，河北省发明专利申请数量和专利授权数量均实现了较快增长，整体上呈稳步增长态势。2022 年，河北省发明专利授权数量为 12022 件，首次突破万件，同比增长 39.45%。截至 2022 年底，河北省有效发明专利申请数量达 51946 件，每万人口发明专利拥有量达 6.97 件。专利转化运用增速也较快，2022 年，河北省专利转化许可次数达 16567 次，同比增长 19.54%，增速远高于全国平均水平。

（3）综合算力指数。综合算力是数字经济时代，集算力、存力、运力于一体的新型生产力。综合算力指数共选取了 32 个指标，从算力、存力、运力、环境四个维度衡量我国 31 个省份（不含港澳台地区）算力发展的综合水平。根据中国信息通信研究院发布的《中国综合算力指数（2024 年）》，截至 2023 年底，河北省综合算力指数排名全国第一，廊坊市、张家口市在城市算力分指数排行榜上分别位居全国第一、第二。

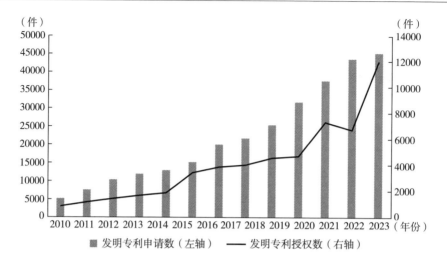

图7-4 2010-2022年河北省发明专利申请与授权数

资料来源：2010~2023年《河北统计年鉴》《2022年河北省科技经费投入统计公报》。

2024年5月，河北省出台的《关于进一步优化算力布局推动人工智能产业创新发展的意见》提出，到2025年，算力基础设施布局进一步优化完善，智能算力供给能力显著提升，智能算力占比达35%左右。

（4）科技创新水平。根据《中国区域科技创新评价报告2024》，河北省综合科技创新水平指数在全国的排名从"十三五"初期的第24上升到2024年的第19（56.79分），但与全国综合科技创新水平指数（78.43分）仍有很大的差距。其中，科技活动投入指数上升2位，科技创新环境和高新技术产业化指数排名均上升1位，显示出河北省的科技创新能力显著提升。

（5）规模以上工业企业新产品开发及生产情况。规模以上工业企业新产品销售收入可以直接反映出企业高技术产品的生产能力和市场竞争力。如图7-5所示，2010~2022年河北省规模以上工业企业新产品开发项目和销售收入整体呈上升趋势。2010年，新产品销售收入为1385.71亿元，2022年达9474.63亿元，约是2010年的7倍，新产品市场潜力巨大。2022年新产品开发项目数量也约是2010年的7倍，呈迅速上涨趋势。

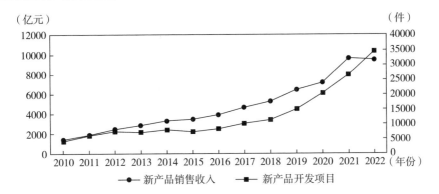

图7-5 2010～2022年河北省规模以上工业企业新产品开发项目和销售收入

注：规模以上工业企业是指年主营业务收入为2000万元及以上的法人工业企业。

资料来源：2010～2023年《河北统计年鉴》。

(二)科技创新在钢铁产业绿色化发展中的作用

1. 推动节能降碳，助力钢铁产业绿色转型

科技创新为钢铁产业的节能降碳提供了有力支持。一方面，通过研发和应用先进的节能技术，如高炉余压发电(TRT)、烧结余热发电等技术，钢铁企业能够回收利用生产过程中的余热余压，减少能源消耗；另一方面，科技创新还推动了低碳冶金技术的发展，如氢冶金、电炉短流程炼钢等，这些技术能够显著降低炼铁和炼钢过程中的碳排放，为钢铁产业的绿色转型提供了重要途径。

此外，通过引入智能化、数字化等先进技术，钢铁企业能够实现生产过程的自动化控制和智能化管理，推动钢铁企业向高端、绿色、智能化方向发展，实现产业的转型升级。

2. 优化生产流程，提高生产效率和产品质量

一方面，通过引入自动化、智能化设备和技术，钢铁企业能够实现生产过程的自动化控制和智能化管理，减少人工干预和误差，提高生产效率和产品质量。例如，通过采用机器人进行自动焊接、切割等操作，钢铁企业能够显著提高生产效率和产品质量，同时降低工人的劳动强度和安全风险；另一方面，科技创新还推动了钢铁生产流程的变革和创新。例如，通过采用直接还原铁—电弧炉短流程炼钢工艺，钢铁企业能够减少对焦炭的依赖，降低炼铁过程中的碳排放和污染物排放。

3. 促进绿色产品开发，满足市场需求

科技创新为钢铁企业开发绿色产品提供了有力支持。一方面，通过研发和应用绿色制造技术，如生态设计、绿色材料替代等技术，钢铁企业能够生产出符合环保标准和市场需求的绿色产品；另一方面，科技创新还推动了钢铁产品的差异化发展。通过引入新材料、新工艺等技术，钢铁企业能够开发出具有独特性能和品质的产品，满足市场对高性能、高品质钢铁产品的需求。

4. 提高资源利用效率，实现可持续发展

一方面，通过研发和应用资源高效利用技术，如高炉喷煤、废钢回收利用等技术，钢铁企业能够实现对原料和能源的充分利用，减少资源浪费和环境污染。另一方面，通过引入循环经济理念和技术，钢铁企业能够实现对生产过程中产生的废弃物和副产品的再利用和再资源化。例如，通过采用焦炉煤气回收利用技术，钢铁企业能够将焦炉煤气转化为能源和化工原料，实现资源的循环利用和高效利用。

(三)"双碳"目标下河北省钢铁产业绿色化发展的路径

1. 加强绿色低碳技术创新

技术创新是实现钢铁产业绿色化发展的关键。河北省应加大绿色低碳技术的研发和应用力度，具体表现在以下两点：第一，加大对氢冶金技术的研发力度，使用氢气作为还原剂，可以实现铁还原环节对煤、焦的规模化替代，减少二氧化碳排放；第二，积极推广碳捕集利用技术，建设碳捕集利用项目，实现钢铁产业碳排放的深度脱碳。同时，还可以探索将捕集的二氧化碳用于化工生产、建材制造等领域，实现资源的循环利用，以及加大对高效节能技术的研发力度，如高炉大富氧冶炼、冶金熔渣显热回收及综合利用等技术。

2. 强化数字化平台赋能

数字化平台是实现钢铁产业绿色化发展的重要手段。一方面，利用大数据、云计算等技术，建设碳核算管理系统，对钢铁产业全生命周期的碳排放进行实时监控和管理。通过数据分析和挖掘，发现高排放环节和潜在减排空间，为制定减排措施提供科学依据。另一方面，运用互联网技术、数据挖掘技术、人工智能技术，推动钢铁产业数字化升级。通过数字化平台，实现钢铁生产全流程的智能化监控和管理，降低能耗和排放，提高生产效率。同时，数字化平台还可以帮助钢铁企业优化供应链管理，实现上下游企业的协同增效，构建绿色低碳供应链。

3. 完善创新激励机制与人才培养

通过制定税收减免、财政补贴等政策措施，鼓励企业加大研发投入力度，支持科研人员开展科技创新活动。同时，建立科技成果评价和奖励机制，对在科技创新中取得突出成果的企业和科研人员进行表彰和奖励。

在人才培养方面，要加强与高校、科研机构的合作，培养一批懂技术、善管理的专业人才；开展绿色技能培训，使从业人员掌握先进的绿色低碳技术和管理方法，提高钢铁产业从业人员的环保意识和技能水平；通过实施人才引进和培养计划，吸引国内外优秀人才来河北创新创业，加强钢铁产业绿色创新人才队伍建设。

4. 推进产业结构优化调整

产业结构优化调整是实现钢铁产业绿色化发展的基础。河北省应进一步调整优化钢铁产业结构，推进传统工艺技术的改造和升级，降低能源消耗和碳排放。首先，河北省应继续巩固钢铁去产能成果，严禁以任何名义、任何方式违规新建扩建冶炼产能项目，通过严格控制新增产能，为钢铁产业的绿色化发展腾出空间。其次，鼓励具有废钢、电价、市场等优势条件地区的"高炉—转炉"长流程钢铁企业就地改造，有序发展电炉短流程炼钢。通过提高短流程炼钢的比例，降低钢铁产业的碳排放。再次，河北省应大力延伸钢铁产业链条，促进"钢铁向材料、制造向服务"转型。通过发展高端钢材、特殊钢材等附加值高的产品，提高钢铁产业的盈利能力，为绿色化发展提供资金支持。最后，河北省应完善政策支持体系，出台一系列支持钢铁产业绿色化、低碳化发展的政策措施，包括财政补贴、税收优惠、信贷支持等，推动钢铁企业加大技术改造和环保投入力度。

二、案例的思政元素

(1)河北省钢铁产业绿色化发展是可持续发展的重要体现，通过科技创新推动产业转型升级，实现经济、社会和环境的协调发展。通过此案例，学生可以深刻理解可持续发展的理念，形成对环境保护的强烈意识。同时，引导学生思考如何通过科技创新推动绿色化发展，激发学生对科技创新的兴趣和热情，培养学生的创新意识。

(2)引导学生分析钢铁产业绿色化转型过程中遇到的难点和挑战，如技术瓶颈、资金压力、市场接受度等。通过这些分析让学生认识到，绿色化转型不仅是一个技术革新的过程，还是一个需要全社会共同努力的艰巨任务，以激发学生的责任感和使命感，让他们意识到自己在推动绿色化转型中应担当的责任和扮演的角色。

（3）通过分析钢铁产业如何通过科技创新实现绿色转型，学生可以深入理解创新的本质和重要性，激发创新思维；钢铁产业面临的环保压力和"双碳"目标挑战，为学生提供了一个真实的问题解决场景，学生可以通过分析案例中的具体措施和成效，学习如何识别问题、分析问题并解决问题；案例中提到的各种技术创新和绿色转型措施都有其优劣之处，学生可以通过对这些措施进行批判性分析，培养独立思考和评估的能力。

三、案例使用说明

（一）教学用途与教学目标

1. 教学用途

通过这一案例的学习，学生可以清晰地看到钢铁产业在科技创新的推动下，如何从传统的高污染、高能耗产业转变为绿色、低碳、可持续发展的产业。这有利于学生理解产业结构变动的趋势，以及科技创新在其中起到的关键作用。

钢铁产业的绿色化发展离不开产业政策的支持。通过分析这一案例，学生可以深入了解国家关于推进绿色制造、低碳发展的产业政策背景，以及这些政策对钢铁产业转型升级的重要意义。

本案例适用于经济学专业本科生"产业经济学"课程中产业结构优化、产业关联、产业政策、技术创新与产业发展等部分章节知识点的教学。通过案例分析学生可以加深对经济学相关理论的理解，提高理论联系实际的能力。

此外，通过案例学习，学生将深刻理解绿色发展的重要性，强化学生对社会和谐、生态文明的认同，理解绿色发展对构建美丽中国的意义。认识科技创新对国家经济发展的重要性，坚信科技创新是国家强盛的必由之路，增强学生对中国特色社会主义道路的信心。

2. 教学目标

（1）知识目标。通过本案例的学习，学生熟知产业关联的主要内容、产业结构高度化的机制、创新对产业高度化的影响、SCP理论，了解产业结构生态化的实践路径、产业技术政策的重要性和必要性。

（2）能力目标。通过本案例的学习，学生将能够批判性地思考钢铁产业绿色转型过程中遇到的挑战和障碍，提出针对性的解决方案，提升学生批判性思维与解决问题的能力。同时，学生将学会如何评估科技创新对钢铁产业绿色转型的推动作用，以及这种转型对产业竞争力、经济效益和环境保护的综合影响，提高学生的综合分析与评估能力。除此之外，由于钢铁产业绿色化发展涉及多个学科领域（如工程学、环境科学、经济学等），学生应具备跨学科整合知识的能力。

（3）素质目标。通过深入了解钢铁产业绿色转型的必要性和紧迫性，培养学生的环保意识和社会责任感，使其意识到个人行为对产业可持续发展的影响。鼓励学生积极学习科技创新知识，提升创新思维，能够针对钢铁产业绿色化发展过程中遇到的具体问题，勇于探索新技术、新方法，为钢铁产业的绿色升级贡献力量。

3. 思政育人目标

通过介绍钢铁产业在绿色化发展过程中的成就和挑战，激发学生民族自豪感的同时，引导学生思考个人成长与国家发展之间的关系，培养学生的社会责任感和使命感。

学生在学习过程中，能够深刻认识钢铁产业对环境的影响，以及绿色化发展的紧迫性和必要性。这有利于培养学生的环保意识，使他们意识到每个人都有责任和义务保护环境，促进可持续发展。

通过介绍科技创新在钢铁产业绿色化发展中的应用，激发学生的创新精神和实践能力。学生将学会如何运用所学知识解决实际问题，如何在实践中不断探索和创新，以推动钢铁产业的绿色化发展。

此外，通过团队合作学习，培养学生的集体主义精神，学会在集体中发挥作用。

（二）案例讨论的准备工作

课前学生需要完成如下教学资源的观看和学习。

（1）视频资源。

科普视频：《硬核科普：什么是绿色钢铁？》《绿色钢铁是怎样炼成的》。

纪录片：《绿水青山中国行》第 10 集：追梦"双碳"钢铁铸魂。

（2）论文导学。

李毅仁，邢奕，孙宇佳，等．钢铁工业低碳绿色发展路径与实践[J]．工程科学学报，2023，45（9）：1583-1591.

姜维．科技创新推动钢铁行业高质量发展［J］．中国发展观察，2023（6）：64-67．

（3）案例资源。

《"双碳"目标下科技创新驱动河北省钢铁产业绿色化发展的路径（思政案例）》《关于印发河北省支持钢铁行业创新发展若干措施的通知》《关于促进钢铁工业高质量发展的指导意见》。

（4）引申思考问题。

河北省钢铁企业发展的历程及特点。钢铁产业进行绿色化转型的迫切性与必要性。

（三）案例分析要点

1．案例思考题

（1）科技创新在钢铁产业绿色化转型中扮演什么角色？

（2）河北省钢铁产业在绿色化发展方面正面临哪些机遇与挑战？

（3）如何构建钢铁产业绿色供应链？

2．分析思路

（1）明确科技创新和钢铁产业绿色化发展的定义，以及当前全球和国内对绿色钢铁的需求和趋势。从节能减排、资源循环利用、产品升级等角度进行分析。

（2）从技术路径依赖、固定资产投资巨大、产业链协同不足、政策与市场驱动不足等角度入手分析挑战。从政策引导与支持、市场需求变化、技术创新等角度分析机遇。

（3）查找整理文献资料，从原材料采购、生产过程、物流运输、产品销售和回收利用的角度进行分析。

（四）教学组织方式

基于新时代对于培养具有创新思维、团结协作、解决问题能力的新型人才的要求，在"产业经济学"课堂中，采用 PBL 教学法，以项目或问题为起点，引导学生主动学习，采用小组合作解决问题的方式，在学习实践中不断提高学生的合作能力及对产业经济学知识的理解和应用。"产业经济学"课程思政的教学组织实施过程如表 7-3 所示。

表7-3 "产业经济学"课程思政的教学组织实施过程

阶段	步骤	具体活动
提出问题	引入话题（课前一周）	向学生提供《绿色钢铁是怎样炼成的》和《绿水青山中国行》第10集：追梦"双碳"钢铁铸魂等视频资料，以及案例资源《"双碳"目标下科技创新驱动河北省钢铁产业绿色化发展的路径(思政案例)》《关于印发河北省支持钢铁行业创新发展若干措施的通知》《关于促进钢铁工业高质量发展的指导意见》等相关资料，引导学生了解钢铁产业绿色化发展的迫切性及科技创新在其中的关键作用
	确定讨论问题（课前一周）	科技创新在钢铁产业绿色化转型中扮演什么角色？ 河北省钢铁产业在绿色化发展方面面临哪些机遇与挑战？ 如何构建钢铁产业绿色供应链？ 这将作为案例分析时要讨论与解决的问题，有必要的情况下，教师可提供解题思路
分析问题	分组讨论（课前一周内）	自愿组队的原则，学生分为9个小组，每3个小组负责对一个问题进行分析，小组成员整理收集相关资料进行研讨，不少于两次，每次不少于30分钟，并形成文字报告，做成PPT
	成果展示与课堂讨论（课中）	各小组派代表展示分析结果，时间为10~15分钟，每个问题3个小组汇报完后，再进行全班讨论，及时发现与补充相关内容，务必做到对每个问题都能全面深入地进行分析。老师要对讨论的问题进行凝练总结，对学生汇报情况进行点评，帮助学生总结经验教训
	成果评估（课中）	评分标准：讨论内容40分，内容的准确性、全面性、创新性各占10分；团队合作30分，分工明确、沟通顺畅、协作精神各10分；表达与展示20分，包括逻辑清晰10分、语言准确5分、形式新颖5分；思政元素融入10分。 具体打分流程：教师根据以上维度对各小组的讨论和展示进行初步评分；学生进行互评，让他们从同学的角度评价各小组的表现；将教师评分和同学互评的结果进行加权平均，得出最终的综合评分
解决问题	论文报告（课后）	各个小组结合课上讨论的结果，修改并提交文字报告最终版，字数不少于1000字。 每位同学基于课堂案例分析，撰写个人心得体会，字数不少于500字，占平时成绩的10%
	社会实践（课后）	鼓励并带领学生利用课余时间参与相关社会实践活动，如参观钢铁企业、与行业专家或企业领导进行座谈等。通过实践活动，加深对产业经济学理论知识的理解和应用
	反馈与评估（课后）	教师及时批改学生提交的报告与心得体会。同时，通过问卷调查、学生座谈等方式收集学生对本案例教学的意见和建议，以便不断改进和完善教学方法

（五）总结

1. 教学成果

（1）通过本次教学实践，学生深刻认识到钢铁产业绿色化发展的重要性，增强了环保意识和社会责任感，纷纷表示将积极投身到环保事业中，为国家的可持续发展作出贡献。

（2）学生在分析钢铁企业绿色化发展的挑战和机遇时，展现出较强的创新思维和解决问题的能力，能够从多角度思考和分析问题，提出具有创新性的解决方案。

（3）通过本案例分析，学生对钢铁产业的现状、发展趋势及绿色化转型的路径有了深入的了解。不仅加深了对产业关联、产业结构优化、产业政策等相关经济学知识点的学习，还学会了如何将这些知识应用到实际问题中。

2. 反思与改进

（1）加强理论与实践的结合。虽然本案例教学取得了一定的成果，但是在理论与实践的结合方面仍有待加强。未来，可以邀请更多的钢铁企业高管和科研人员走进教室，与学生进行面对面的交流和互动，让学生更直观地了解钢铁产业绿色化发展的实际情况和面临的挑战。

（2）丰富教学方式和手段。本案例教学主要采用了 PBL 教学法，让学生通过解决具体问题来深入理解科技创新如何推动钢铁产业绿色化发展，教学方式和手段仍有进一步丰富和完善的空间。例如，可以利用虚拟现实（VR）技术，让学生身临其境地体验钢铁企业的生产过程和绿色化转型的历程。

（3）加强对学生实践能力的评估。本次教学实践虽然注重了对学生实践能力的锻炼，但在对学生实践能力的评估方面仍有待加强。今后可以制定更加科学合理的评估标准和方法，对学生的实践能力进行全面、客观的评估。

（4）加强对学生创新能力的培养。虽然学生在本次教学实践中展现出了较强的创新思维和解决问题的能力，但仍需进一步加强对学生创新能力的培养，如鼓励学生积极参加大学生创新创业比赛锻炼创新思维。

第八章 "国际经济学"课程思政案例

碳关税实施及其对国际经济的影响

一、案例正文①

2021 年 3 月 10 日，欧洲议会以 444 票赞成、70 票反对、181 票弃权通过了一项关于欧盟碳边界调整机制（Carbon Border Adjustment Mechanism，CBAM，简称碳关税）的决议。2021 年 7 月 14 日，欧盟委员会正式公布了关于碳边界调整机制的立法提案。欧盟认为，欧盟严格的气候政策与非欧盟国家相对宽松的气候政策形成的反差会导致"碳泄漏"的风险，即欧盟公司可能将碳密集型生产转移到气候标准较为宽松的国外，或欧盟产品可能会被碳密集型进口产品取代，从而严重破坏欧盟和全球的气候行动努力。CBAM 将平衡国内产品和进口产品之间的碳价格，确保欧盟的气候目标不会因生产转移到政策宽松的国家而受损害。根据该立法提案，欧盟进口商在进口 CBAM 涵盖的商品时需购买与应支付的碳价格相应的 CBAM 证书。如果能够证明非欧盟生产商在第三国生产该进口商品时已支付了碳价，则欧盟进口商可全额扣除相应的成本。为确保法律上的确定性和稳定性，欧盟碳边界调整机制将逐步实施。2023~2025 年为过渡期，这个阶段的适用行业有水泥、钢铁、铝、肥料、电力。原因是这些行业位于供应链上游，存在

---

① 本案例的案例正文资料摘自中金公司的研究报告和联合国新闻稿。

"碳泄漏"和高碳排放的风险较大。CBAM 将于 2026 年起全面生效，届时欧盟进口商每年均需申报其上一年的进口商品数量和嵌入进口商品的碳排放量，并提交相应数量的 CBAM 证书。

（一）关于 CBAM 的主要争议

国际上和欧盟内部对欧盟 CBAM 都有较大的争议，主要集中在是否符合 WTO 规则、是否符合国际气候治理的"共同但有区别的责任原则"、是否具有技术可执行性等方面。

关于与 WTO 规则冲突的争议，主要集中在《关税及贸易总协定》(GATT) 中的最惠国待遇原则、国民待遇原则和一般例外条款。其中，最惠国待遇原则禁止对来自不同出口国的"同类商品"之间的歧视，国民待遇原则要求不应区别对待进口和国内生产的"同类产品"。这两个原则要求不能依据不同国家的国内减排计划对不同生产地的"同类产品"提供差别待遇，但是否可以根据生产过程中的碳排放量来区分不同产品是一个争议较多的学术问题，在法律上也存在较大分歧。欧盟 CBAM 如果想绕过关于最惠国待遇原则和国民待遇原则的争议，则需要引用一般例外条款。在欧洲议会的自发决议中，已明确引用了 GATT 例外条款中的"允许 WTO 成员采用必要方式保护人类、动植物生命健康，以及自然资源"。但是，自 WTO 成立以来，成功引用 GATT 例外条款的案例数量极少，并且没有与气候变化、碳排放直接相关的先例。如果欧盟尝试引用例外条款，至少需要对所有出口国的碳减排政策进行全面评估，并在 WTO 框架下与各方协商达成一致，以保证与 WTO 规则相兼容。

关于"共同但有区别的责任原则"的争议，主要是考虑到气候问题的公平性。尽管多数观点认为"共同但有区别的责任原则"尚未成为一项惯例国际法，但从《京都议定书》到《巴黎协定》，共同但有区别的责任已成为国际气候治理的基石，即要求不同国家承担不同程度的法律义务，以反映各国的实际发展情况和对气候变化问题的历史责任。欧盟单方面推动的 CBAM，将欧盟境内的减排政策的成本转移给发展中国家，这种方式与"共同但有区别的责任原则"相冲突。因此，欧盟 CBAM 应在政策设计中充分考虑对于发展中国家，特别是最不发达国家的负面冲击，以保证和"共同但有区别的责任原则"一致。

关于技术复杂性的争议，主要是集中在欧盟 CBAM 将采用全生命周期排放测算的操作难度。全生命周期排放的核算需要考虑生产过程中各类中间投入产品背后的碳排放，本身就是一个难题。一方面，计算过程需要大量的基础数据投入，且很多基础数据取决于整体国家的核算能力(如不同地区电力部门的碳排放强度),并非单独企业可以决定。很多发展中国家也尚未建立与 EUETS 水平相当的排放数据的监测、报告与核查(MRV)体系,无法提供可靠的基础数据。另一方面,即使有可靠的基础数据,进行统计、编制、计算往往还需专业人员较长时间的工作。例如,计算电力部门排放强度的基础数据主要来自能源平衡表,而能源平衡表的编制往往是滞后一年的。再者,相较于基于行业的全生命周期排放核算,基于产品的核算工作量更大、需要考虑其生产流程和各类中间投入。如果不能对同一行业不同工艺的产品进行区分,就无法有效激励企业转向清洁生产技术。但如果对各类产品都进行区分,则核算的工作量又会大增。目前,欧洲议会的相关决议鼓励进口商提供核算数据,否则将采用全球或各地区产品平均排放量的默认值。如此一刀切的核算会给 MRV 体系薄弱的国家带来额外的核算成本,并引发国际贸易中新的纷争。

(二)CBAM 的经济影响

2021 年 7 月 14 日,联合国贸易发展组织(贸发会议)的报告表示,欧盟碳边界调整机制可能会改变贸易模式,有利于资源效率高、工业生产碳排放较低的国家,但对发展中国家的出口可能产生不利影响,且 CBAM 对缓解气候变化作用不大。

报告证实,引入欧盟碳边界调整机制将减少部分由欧盟和其他国家之间发生的基于不同气候变化差异方案产生的"碳泄漏"。但是报告指出,欧盟碳边界调整机制将在发展中国家和发达国家之间产生类似的福利差距,发达国家的处境会比发展中国家更好,而且该机制无法完全弥补碳税对欧盟经济产生的负面影响。对于减缓气候变化的目标,报告称尽管欧盟碳边界调整机制在减少"碳泄漏"方面非常有效,但在缓解气候变化方面的价值十分有限,因为该机制只能减少全球 0.1%的二氧化碳排放。贸发会议敦促欧盟考虑部署能够缩小并最终消除发达国家和发展中国家之间差距的碳边界调整机制辅助政策。

(三)各方对 CBAM 的反应

鉴于欧盟内部的欧盟委员会等主要机构和法德等主要国家已表态支持 CBAM,CBAM 在欧盟内部立法遇到的政治阻力可能不会过大。目前,中国、印度、南非等发展中国家成员表达了反对意见,美国对欧盟的 CBAM 展现出顾虑。

二、案例的思政元素

本案例的思政元素主要有以下两个。

（一）人与自然和谐共生

认识当前全球气候变暖的严峻形势和人为气候改变的重要事实。在全人类面临的全球气候变暖带来的生存环境威胁下，各国应实际考虑经济行为对自然环境、动植物产生巨大影响，及时制定环境保护法律法规遏制全球环境的恶化趋势，降低碳排放和加快经济低碳转型，推进经济和社会的可持续发展。对于个人来说，每个人都应以身作则、肩负保护环境的重要职责。

把握人与自然和谐共生观蕴含的矛盾思维、辩证思维等的哲学思维，分析人与自然间的对立统一关系，联系与发展的辩证关系。

（二）爱国主义情怀和家国责任意识

了解我国面临的国际经贸局势及我国采取的国家政策和外交策略，培养学生的爱国主义情怀和家国责任意识，认识碳关税可能对我国出口产生的不利影响。目前，我国出口产品的附加值较低、碳排放较高，是隐含碳的净出口国。短期内，欧盟的碳关税将会影响我国产品的出口竞争力，尤其是焦炭、钢铁、石油冶炼、纺织业等产业。相比之下，像欧盟这样的发达经济体的低碳产品的国际竞争力会有所上升，出口会大幅增长。总之，欧盟碳边界调整机制可能会使得我国的高碳产品出口明显下滑，全球贸易地位及竞争力有所下降。

三、案例使用说明

（一）教学用途与教学目标

1. 教学用途

本案例为"课下预习+课上讲授"型案例，适用于经济学专业的"国际经济学"课程中"非关税壁垒"章节的教学。

课时量：1课时。

2. 教学目标

（1）知识层面。第一，非关税壁垒的类型。理解案例原文中的碳边界调整机制的实质为新型贸易壁垒。第二，WTO 的基本原则。掌握 WTO 的最惠国待遇原则和国民待遇原则。

（2）能力层面。提高学生的批判性思维能力，使学生了解欧盟提出 CBAM 会对全球气候变暖形势产生有利作用的同时，意识到欧盟实施CBAM对发展中国家的不公平性。由于低碳技术的使用和相应设备的更新，企业成本将被大幅推高，从而会对发展中国家的出口产生强大的不利冲击。

（3）素质层面。使学生了解变幻多端的国际形势，强化学生的国民忧患意识，触动学生思考个人发展与国家命运的关系，帮学生树立与时代同心同向的远大理想和崇高信念，主动把个人理想融入实现中华民族伟大复兴的中国梦。

3. 课程思政目标

使学生掌握分析国际经济现实问题的基本方法和思路，提高学生对现实问题的认知能力和思辨能力；引导学生正确认识我国的国家政治经济形势和国家的大政方针政策，强化学生的国民忧患意识，培养学生的爱国主义情怀和家国责任意识；引导学生成为拥护中国共产党领导和中国社会主义制度、立志成为中国特色社会主义奋斗终身的有用人才。

（二）案例分析的准备工作

（1）学习关税壁垒和非关税壁垒的主要类型，理解贸易壁垒产生的经济影响，使学生提前了解全球的保护贸易主义形势。

（2）要求小组课下阅读案例正文，收集案例相关资料，掌握必要的背景知识。

（三）案例分析要点

1. 启发性思考题

（1）欧盟CBAM与以往的贸易壁垒有何不同？

（2）欧盟CBAM是否违背了WTO的基本原则？为什么？

（3）欧盟CBAM会对中国产生哪些影响？

（4）中国应采取什么样的态度或对策？

2. 分析思路

（1）欧盟CBAM与以往的贸易壁垒有何不同？

理论知识点：非关税壁垒的类型及其特点。

分析思路提示：理解欧盟的碳边界调整机制与关税的类似之处，帮学生举一反三，利用经济工具分析碳关税的经济影响。

（2）欧盟CBAM是否违背了WTO的基本原则？为什么？

理论知识点：WTO的最惠国待遇原则和国民待遇原则。

分析思路提示：这两个原则要求不能对不同生产地的"同类产品"提供差别待遇，但是否可以根据生产过程中的碳排放量来区分不同产品是一个争议较多的学术问题，在法律上也存在较大的分歧。

（3）欧盟 CBAM 会对中国产生哪些影响？

理论知识点：经济理论的现实应用。

分析思路提示：目前，我国出口产品的附加值较低、碳排放较高，是隐含碳的净出口国。短期内，欧盟的碳关税将会影响到我国产品的出口竞争力，尤其是焦炭、钢铁、石油冶炼、纺织业等产业。欧盟碳边界调整机制可能会使我国的高碳产品出口明显下滑，全球贸易地位及竞争力有所下降。

（4）中国应采取什么样的态度或对策？

理论知识点：经济理论的现实应用。

分析思路提示：正确认识全球气候变暖的形势，及时采取相应政策，但对欧盟的 CBAM 应尽可能争取缓冲期，避免对我国出口贸易产生严重影响。

（四）教学组织方式

建议使用本案例补充非关税壁垒章节的教学。在课上安排时间为非关税壁垒知识点讲授结束后的 1 课时（45 分钟）。

首先，要求学生课下分为 8 个小组学习案例正文，收集相关资料，了解背景知识。其次，在课上采用小组讨论与教师讲授相结合的方式展开教学。"国际经济学"课程思政案例的教学组织安排如表 8-1 所示。

表 8-1 "国际经济学"课程思政案例的教学组织安排

学习阶段	学习内容	时间	学习要求和目标
课前	预习案例正文，收集相关资料，自行了解背景知识	提前一周	熟悉与本案例相关的基本知识点
课中	教师介绍案例，并提出案例分析启发思考题	10 分钟	学生根据问题，阅读案例正文并收集资料，为案例分析做准备
	各小组结合启发思考题分析案例；教师随时参与	10 分钟	小组讨论，达成组内意见。培养学生的自主探究能力和团队协作能力
	随机选取 4 个学习小组展示启发思考题的解决方案	15 分钟	鼓励学生主动展示，培养学生的主导性
	课堂小结，教师对各小组的分析结果进行点评，并融入思政元素	10 分钟	使学生准确把握分析思路，吸收思政元素

续表

学习阶段	学习内容	时间	学习要求和目标
课后	要求学生就案例的思政视角撰写心得体会，老师查阅		巩固学生的课程思政效果，教师针对学生的体会进行课后反思

（五）总结

在整个案例教学中，紧紧抓住"以学生为中心"的教学理念，采用小组讨论和教师讲授相结合的方式，提高学生学习和思考的主动性，培养学生的团队协作能力。在案例教学过程中，通过启发式提问引起学生的主动思考，一方面可帮助学生开阔视野、了解经济现实问题、培养科学的认识论和方法论、提高学生的综合思辨能力；另一方面可引导学生正确认识我国的经济形势、国际环境及国家的政策方针，培养学生的爱国情怀，触动学生思考个人发展与国家命运的关系、树立与时代同心同向的远大理想和崇高信念，增强学生对中国特色社会主义的道路认同、理论认同、情感认同。

第九章 "金融学"课程思政案例

熠熠千年的中国货币史与货币发展新篇章

一、案例正文

中国的货币发展已有几千年的历史，形成了灿烂的货币历史文化。中国古代货币在形态、制度和思想上都具有先进性，为国家经济社会发展乃至推动世界货币金融的进步都作出了重要贡献。但是，近代中国内忧外患，货币发展也受到了阻滞。而当代中国，在中国共产党的领导下，政治经济社会焕然一新，货币领域重新焕发生机，为国家发展注入源源动力，人民币走向国际化，数字人民币工作正在积极稳妥开展，货币文化再次绽放光华。对货币文化的自信是文化自信的重要方面，通过梳理中国货币史，不仅能够让学生更加深入地理解课程中"货币"这一章，从中汲取丰富的知识，提升专业学习兴趣，还能够增强文化自信、厚植爱党爱国爱社会主义的情感。

（一）熠熠千年的中国货币史

1. 秦朝以前的时期

西汉史学家司马迁在《史记·平准书》中提到"农工商交易之路通而龟贝金钱刀布之币兴焉"，东汉经学家许慎在《说文解字》中也提到"古者货贝而宝龟，至秦废贝而行钱"。近代以来，科学考古出土的甲骨文、金文的相关记载，以及海贝、铸币等文物的发掘都为秦朝以前的中国货币使用情况提供了坚实的佐证材料。根据这些实证材料推断，我国的货币使用可以追溯至高辛氏之前，已有四五千年的历史，而海贝是最早演变为货币的。在殷周时期出现了铜铸、银铸、金铸、鎏金、包金等仿贝，在春秋战国时期发展出布币、刀币、环钱和蚁鼻钱四大铜铸币体系，其中，楚国的造币还在重量和形式上有固定的标准。在这个阶段，中国货币发展从时间、工艺和体制方面在世界上都处于相对领先的地位。

2. 秦朝到宋元时期

（1）货币形态的演进。与西方的金银铸币文化不同，我国的铜钱文化长达2000余年。秦始皇用铜铸的半两钱统一了全国币制，而汉武帝始铸的五铢钱在之后的700多年间成为主要货币，唐代开元通宝更是影响了以后1000多年间的中国钱币形制。

在此期间，中国开启了纸币作为信用货币的伟大探索。为了解决铁钱携带不便等问题，北宋时期四川地区发行和流通交子，这在中国乃至世界的货币发展历史中写下浓墨重彩的一笔。交子不仅是中国最早的纸币，也是世界上最早被使用的纸币。而南宋发行了纸币会子，主要在东南地区代表铜钱流通，纳税和市场交易都可使用，是不可兑换的信用货币，靠国家信用支撑。《户部乞免发见钱札子》中记载，"小郡在山谷之间，无积镪之家，富商大贾足迹不到，货泉之流通于廊肆者甚少，民间皆是出会子往来兑使"，由此可见，会子的流通范围之广、影响范围之大。

（2）货币制度的完善。《汉书·食货志·下》记载，"秦兼天下，币为二等：黄金以溢（镒）为名，上币；铜钱质如周钱，文曰'半两'，重如其文。而珠玉龟贝银锡之属为器饰宝臧（藏），不为币，然各随时而轻重无常"，体现了在先秦时期国家就对货币的材料、单位、种类、流通进行了规范。

货币制度在北宋时期有了新变革。北宋初期，在益州（今天四川成都地区），有商家设立交子铺户开出的兑换券就是交子——"私交子"。而后，政府指定专由十六家富商联保经营发行交子。天圣元年十一月二十八日，政府在成都设立益州交子务主持交子发行这是中国最早由政府正式发行的纸币——"官交子"。官交子发行之初就"置抄纸院，以革伪造之弊"，严格其发行和流通，从1贯到10贯进行等级划分，首届交子发行1256340贯，有现金准备360000贯（以四川的铁钱为钞本），准备金大致相当于发行量的28%。官交子分界发行，三年为一界，界满用新交子换回旧交子。根据上述史料，交子的发行权不仅由中央垄断，而且发行限额和现金准备是保障兑付现金的制度安排，交子的回笼和投放是对流通中的交子存量进行调节的制度安排。这套制度不仅提高了交子的可信度，还在一定程度上保障了交子的价值。

（3）货币管理的探索。北宋交子后来因供应军需超额发行导致贬值严重，对此，周行己提出朝廷必须"以所收大钱，桩留诸路，若京师以称之则交钞为有实，而可信于人，可行于天下"，这就是著名的"称提论"（"称提"是指不同物品之间达到对等平衡关系）。

南宋政府也曾借鉴这一思想，采用"称提之政"给会子以信用支持——通过增加金属货币供给来回笼和减少纸币会子的流通量，并在结构政策上规定特殊用途（如纳税和大宗商品购买）时强制使用因子，具体做法包括以铜钱兑付会子并调整铜钱与会子的比例、换届发行以新兑旧时按成倍数的比率收回旧会子、保证在征税、购盐中必须有一定比例的会子、通过政府出售专卖物资或行政许可资产（如黄金、官诰、度碟或盐、茶等重要生活物资）出售来收回会子。

元朝初年，忽必烈统治时期，朝廷拟定并颁布实施《至元宝钞通行条画》，不仅规定了至元宝钞和中统元宝交钞的折价比例等制度，还对私自买金银、商人私抬物价、伪造宝钞及官吏营私舞弊行为分别规定治罪标准。

（4）货币思想的进步。战国时期的《管子》一书中记载，"币重而万物轻，币轻而万物重，两者不衡立"，这是世界上最早对货币价值和商品价值关系进行的探讨，指出货币数量会影响商品价格。

西汉贾谊早于亚里士多德在《政治学》中对货币问题的论述，他在《谏放民私铸疏》中就主张国家要加强对货币的管理和垄断，不足值的货币会让足值货币退出流通，这与伊丽莎白一世时期的格雷欣法则十分类似。

东汉班固提出货币不仅可以衡量价值，还是财富再分配的重要手段，这符合了马克思主义政治经济学中的观点。

唐代陆贽提出"物之贵贱系之于钱之多少，钱之多少，在于官之盈缩"，进一步阐述货币数量的影响。

北宋沈括在《续资治通鉴长编》中写道："钱利于流借。十室之邑，有钱十万而聚一人之家，虽百岁故十万也。贸而迁之，使人飨十万之利，遍于十室，则利百万矣。迁而不已，钱不可胜计。"体现出货币流通速度和货币数量密切相关。

回望历史，中国一直在货币形态、货币管理和货币思想的钻研探索和改革创新的道路上砥砺前行，取得了一系列举世瞩目的成就，这些伟大的货币实践和深刻的货币思想对后世仍然有着深刻的启迪。

3. 明朝至新中国成立之前的货币史

(1)明清时期。明朝中期，欧洲国家进入了大航海时代，在货币形制上开始赶超。到了清朝中后期，朝廷腐败、政治崩坏、社会动荡，经济更是日渐衰落。这个时期的中国币制已经不能维持统一了，外国货币进入国内货币流通领域，并且外国侵略者扶持一些伪政权发行货币，为掠夺中国财富提供便利。

(2)北洋政府时期。北洋政府颁布《国币条例》，规定"以库平纯银六钱四分八厘为价格之单位，定名为圆(元)"，其中"一圆银币，总重七钱二分，银八九，铜一一"，在流通上"一圆银币用数无限制"，由于币面镌刻袁世凯头像，俗称"袁大头"。这一时期，和银圆并行流通的还有银两、铜元、纸币。各地方银行、官银钱号等机构都发行纸币，纸币滥印滥发导致地方纸币贬值、物价上涨。

(3)南京国民政府时期。1933年，南京国民政府推行"废两改元"，结束了银两和银圆并用的局面，确立了银圆本位制。但是，由于受国际金价及银价波动的影响，中国国内的白银不断外流，银本位币制无法持续，且国内货币发行杂乱不堪。

1935年，国民政府实行法币改革，规定中央银行、中国银行、交通银行所发行的钞票为法币(后加中国农民银行)，并禁止银圆的流通，将白银收为国有。但在抗日战争和解放战争期间，国民政府为筹集军费大量发行法币，导致法币急剧贬值，最终彻底崩溃。

1948年，国民政府再次进行币制改革，规定金元为本位，开始发行金元券(每金元含纯金0.22217克)。金圆券膨胀速度极快，10个月上涨170万倍，民间自动重新使用银圆，但后来国民政府发行银圆券也未能挽救其货币体系的崩溃。

这段时期虽然国民政府多次改革货币制度，但由于政治、经济等因素，都没有获得真正的成功，国内币制十分混乱，对当时的经济社会发展产生了诸多负面影响。

(4)红色政权时期。自1921年中国共产党诞生后，党团结领导广大人民开展反帝、反封建、反压迫的斗争并建立红色政权，红色货币应运而生。在第一次国内革命战争、第二次国内革命战争、抗日战争、解放战争时期，在很多地区建立了苏维埃政权、抗日根据地、解放区政府等红色政权，这些地区由党领导建立的造币厂、银行等金融机构发行的各种货币统称为"红色货币"。红色货币于第一次国内革命战争时期形成，在第二次国内革命战争时期逐步发展，在抗日战争时期日益壮大，在解放战争时期走向成熟。根据发行时间的先后，红色货币被分为"苏维埃币""抗币"（边币）和"区币"三种类型，种类繁多、版别复杂、币材多样、印刷图文带有鲜明革命色彩。红色货币在宣传革命精神、支援革命战争、巩固人民政权，对红色根据地的经济发展和货币金融稳定起到积极作用。

（二）谱写货币发展新篇章

新中国成立至今，在中国共产党的领导下，我国货币形制实现了真正的统一和稳定，对政治经济社会发展产生了积极影响。

1. 中华人民共和国的货币及货币制度

1948 年 12 月 1 日，中国人民银行在河北省石家庄市正式成立并开始统一发行人民币，标志着我国独立、统一的货币制度开始形成。中国人民银行是人民币唯一合法的发行机构并集中管理货币发行基金。货币发行量需根据国家经济发展的需要进行确定，并报经国务院批准。人民币属于不兑现的信用货币，主币的单位为"元"，辅币单位为"角"和"分"，在国内具有无限法偿能力，严禁伪造、变造和破坏。

在"一国两制"背景下，我国为"一国多币"的特殊货币制度。在内地实行人民币制度，在香港特别行政区实行港币制度，在澳门特别行政区实行澳门元制度。不同地区的货币限于本地区流通，但各种货币之间可以按照一定的汇率进行兑换。这展现出中国共产党兼收并蓄的开放胸怀和中国特色社会主义制度的优越性。

2. 大国货币的成长

大国崛起伴随大国货币的成长，国家在货币工作上始终坚持问题导向、市场导向和民生导向，我国货币工作取得了一系列令人瞩目的成绩。

（1）人民币技术的发展与创新。从形态和技术上看，人民币的印制技术和防伪标准不断提升，目前流通的为第五套人民币。国家对货币流通和管理不断加强，反假货币机制不断完善。数字人民币被研发 DC/EP 并推广使用。数字人民币被纳入 M0，在试点地区逐步覆盖餐饮、购物、娱乐、交通、教育等多种场景，可作为政府平台的基础支付工具，如缴纳税费、公积金汇缴仅有利于降低实物现金运行成本、提高支付安全性、稳定金融市场秩序，能更好地维护国家货币发行权、提高大国货币竞争力。

从金融产品上看，包括人民币外汇远期、外汇掉期、债券远期、利率互换、远期利率协议等在内的人民币衍生品不断发展和完善，为市场参与者提供了更多的风险管理工具和投资选择；以数字人民币为媒介，发行的绿色债券等绿色金融产品为绿色产业发展提供了新的融资渠道。

（2）人民币的国际化。人民币的国际影响力日益增强。2015年，人民币被纳入特别提款权（SDR）货币篮子，权重位列美元与欧元之后，排名第三；2016年，国际货币基金组织在"官方外汇储备货币构成"（COFER）中首次扩展货币范围，单独列出人民币；我国在全球多个重要金融中心设立人民币清算行，不仅提高了人民币的清算效率和境外市场的流动性，更为人民币的国际化提供了重要的基础设施支持；我国还与多个国家和地区签署了货币互换协议，扩大了人民币在国际市场上的使用范围和影响力。当前，全球多个国家的中央银行或货币当局把人民币纳入了外汇储备，人民币国际地位显著提高。

人民币在跨境经济中起到积极作用。人民币跨境支付系统（CIPS）从支持人民币单币种跨境支付扩展到支持人民币和港币双币种跨境支付，新选择路径能够更好地满足跨境支付需求。它的网络技术标准走在世界前列，报文标准在不断升级和变更，提高系统的兼容性和互操作性，为人民币跨境支付的进一步发展奠定了基础。

（三）总结

抚今追昔，中国的货币形制发展历史悠久、跌宕起伏，形成璀璨独特的货币历史文化。通过梳理我国的货币历史，可以从中汲取宝贵营养，不仅能够体会到货币的力量、"以史为鉴"，还能够感受到当前我国货币形制的科学性，坚定文化自信，增强国家认同感。

二、案例的思政元素

第一，介绍具有我国特色的货币形制、灿烂的货币文化和先进的货币思想，让学生丰富货币领域的学识、增长见识，感受金融魅力，同时感受我国人民的智慧和创造力，引导学生传承中华文化，富有中国心、饱含中国情，增强文化自信，厚植爱国主义情怀。

第二，中国货币史是一部货币创新的历史，介绍中国货币形制从古至今的重要变革创新，引导学生分析货币创新的背景、原因和影响，弘扬以改革创新为核心的时代精神，让学生感受货币创新在经济发展和社会进步中的重要作用，让学生感受货币发展在传承中创新，培养学生的创新思维和创新能力。

第三，介绍货币制度变革与国家命运的紧密联系，让学生体会到中国特色社会主义制度的优越性，同时感受到货币制度的科学制定和依法落实对国计民生的重要影响，弘扬以爱国主义为核心的民族精神和社会主义核心价值观，增强学生的政治认同、家国情怀、法治意识。

第四，结合中国货币史从古至今的发展脉络，引导学生以历史唯物主义的观点看待中国货币史的发展。通过教学和研讨，让学生明白每个时期的货币制度和货币现象都不是孤立存在的，而是受当时的政治、经济、文化等多种因素的影响，是社会经济关系的反映，培养学生的辩证思维、系统思维、比较思维，历史思维。

第五，通过经典学术资料导学与研讨，布置课后学习任务，引导学生通过自主学习文献资料感受货币与历史学、经济学、社会学等学科的结合，拓宽学生的学术视野，提高学生的研究能力和对科学方法的运用能力。

三、案例使用说明

(一)教学用途与教学目标

1. 教学用途

(1)本案例为描述性案例，主要适用于"金融学"课程中的货币与货币制度这章部分知识点的教学。适用于 6 课时学习。

(2)本案例是一个金融学中的综合性教学案例，涵盖了本课程中货币的出现与货币形式的演进、货币的职能与作用、货币制度及货币供应量相关的内容，学生通过课前预习学习资料、课上案例导学与讨论、课后文献阅读和学习任务来达到学习相应章节内容的效果。

(3)本案例是一个分析中国货币历史和当前货币发展的教学案例，其教学目的在于让学生对中国货币发展历程从形态、制度、思想等相关内容具有感性的认识及深入的思考，弘扬以爱国主义为核心的民族精神和以改革创新为核心的时代精神，厚植爱国主义情怀，拓宽学生的学术视野和国际视野。

2. 教学目标

(1)知识目标。使学生能够记住货币形式的演进和未来发展、货币的职能，记住国家货币制度的内容及演变；领会货币的起源、货币的作用。

(2)能力目标。能够用发展的眼光辩证看待货币历史和未来发展趋势，能够透过现象认识货币本质和货币制度反映出的深层问题，培养学生对科学方法的运用能力，特别是唯物辩证的历史分析、综合分析能力，培养学生的创新能力。

（3）素质目标。从货币角度塑造学生的金融历史观，提升学生的包括独立思考、对比分析、辩证分析、知识点联系、归纳总结的专业学习素养，提升学生团队工作素养，增强金融意识，塑造金融思维，培养创新思维和创新意识。

3. 思政育人目标

使学生充分认识我国货币形态、制度和思想的先进性、科学性、包容性，树立正确的货币观，传承中华文化，富有中国心、饱含中国情，增强文化自信，厚植爱国主义情怀增强国家认同感，增强学生的政治认同、家国情怀、法治意识，拓宽学生的国际视野。

（二）案例讨论的准备工作

本案例作为专题讨论课来进行，通过 BOPPPS 教学模式，结合讲授法、案例法、讨论法进行。在 6 课时学时中，将课堂整体讲授时间控制在 180 分钟以内，其余时间用于问题讨论。

课下学生需要在学习通完成博物馆资源、视频资源、文献资源和案例资源的观看和学习，具体内容请在学习通查看。

（三）案例分析要点

1. 案例思考题

（1）中国货币从"实物货币→金属货币→信用货币"、发行流通从杂乱到统一、从地方铸币向中央垄断，有哪些推动因素？

（2）从中国货币历史的发展中，我们可以总结出哪些经验教训，对现代货币制度的建设和管理有何启示？

（3）对比数字人民币与其他电子支付方式（如微信支付、支付宝），数字人民币的独特之处体现在哪里？

（4）调查身边人群对数字人民币的认知程度和接受意愿，影响社会接受度的主要因素有哪些？你有什么好建议？

（5）金融科技的发展为人民币国际化带来了哪些新的机遇和挑战？

2. 分析思路

（1）根据案例里中国货币形制发展，结合时代特征，从政治、经济、技术、文化等方面分析。

（2）结合案例资料和查阅相关文献进行专题分析。

（3）基于教材、案例和查阅资料，从技术基础、账户体系、发行方式、支付流程、安全性等方面对数字人民币的独特之处进行分析。

(4)通过访谈、问卷等方式调研身边不同年龄段、职业、地区的人群对数字人民币的认知程度和接受意愿。

(5)基于案例和查阅相关资料,分析金融科技对人民币的影响。

(四)教学组织方式

结合课程和学情分析,遵循教学规律,以"中国金融故事"为教学案例选取的主基调,把弘扬"以爱国主义为核心的民族精神和以改革创新为核心的时代精神"作为指导思想,形成"两层渐进,四面齐围"的教学理念。其中,"两层"指专业知识层面和分析方法层面,"四面齐围"指实现知识、能力、素质和思想四个方面的教学目标。以理论知识阐释、思想文化熏陶、问题解决实践为设计思路,通过 BOPPPS 法将思政元素融入课程的全链条设计中,围绕"熠熠千年的中国货币史与货币发展新篇章"专题案例,通过"课前资料导入、学习目标明确、预习情况摸底、参与式案例教学、课堂任务驱动、归纳总结评价"六个环节形成闭环教学,在课上运用"讲授+引导+研讨+总结"四步法,实现学生在知识、能力、素质和思想上的全面提升。

"金融学"课程思政案例的教学组织实施过程如表 9-1 所示。

表 9-1   "金融学"课程思政案例的教学组织实施过程

环节	步骤	教师任务	学生任务
B:课前资料导入	发布资料	通过学习通平台发布(提前 1 周): (1)中国钱币博物馆馆藏展览的线上平台链接。 (2)视频资源链接:央视纪录片《人民币》《百家讲坛——中国古代货币发展史》《中国国宝大会第二季》(关于秦半两、交子、明朝中期白银等片段);短视频《相约服贸共赴未来——什么是数字人民币》《数字人民币应用场景多样化多地公布"成绩单"》。 (3)文献资源:王信(2018)的《坚定货币文化自信深入推进央行数字货币研发》;黄益平和肖筱林(2024)的《数字货币研究述评:私人数字货币、央行数字货币与数字人民币》	要求学生预习课本,完成教师布置的中国钱币博物馆馆藏在线参观任务、视频学习任务,初步了解本章知识,初步了解中国货币发展,并进行思考和笔记
	设置问题	(1)中国货币在形态上是如何演进的?有哪些重大突破? (2)货币形态和制度的演进跟它所处的时代有什么联系?	

续表

环节	步骤	教师任务	学生任务
O：学习目标明确	课前发布阶段分解	通过学习通发布学习目标（知识、能力、素质、思想政治四个层面）。并在开始授课的前 5 分钟围绕学习目标进行初阶、中阶、高阶三个阶段的分解	引导学生明晰学习目标：①分解学习目标，明确学习重点，提高听课效果；②克服学习畏难情绪，激发学习动力，在不同阶段达标中获得成就感
P：预习情况摸底	线上+线下	线上检查：查看学习通后台的浏览学习记录留痕。线下检查：课前抽查笔记，课上随机抽查约 20% 学生回答课前布置的问题	学生按要求做好预习和学习笔记，并思考问题
P：参与式案例教学	讲授+引导	结合视频、文献，讲授"熠熠千年的中国货币史与货币发展新篇章"，具体分为四大阶段：秦朝以前、秦朝到宋元时期、明朝中期至新中国成立之前、新中国成立至今。 引导：讲授过程，通过提问、设问环节引导学生参与课程	学生要集中注意力、让思维紧跟教学节奏；做好课堂笔记；独立思考、辩证分析，积极参与课堂互动
P：课堂任务驱动	主题研讨+调研+小组互评	在 6 课时教学期间，围绕案例设置 5 个不同主题，以任务小组形式进行讨论。在研讨过程中，教师把握研讨节奏，查看每组、每人是否积极参与，并就讨论中学生的困惑提供指导。 其中，数字人民币普及的问题是需要学生课下调研，在调研前，教师为小组查看问卷设计或问题设计并提出建议，小组撰写调研报告并在课上进行汇报	学生自由结组，根据每轮的问题团队合作、查找资料、独立调研、充分讨论、整合分析、撰写汇报稿。每轮主题研讨，以抽签方式抽取 2 组进行 10~15 分钟汇报展示，主发言小组之间互评，其他小组点评、教师点评
S：点评总结思考	总结+思考	教师总结点评：①基于本次专题案例和主题研讨活动，围绕"思政+专业+科技"进行核心内容的总结，请同学继续关注中国金融历史和发展；②对学生汇报、小组互评和提问中的共性问题和优点进行点评；③通过课堂观察和学习任务完成情况，对学生三个阶段学习目标的完成情况进行点评。 学生总结思考（每组各抽签 2 名）：①思考总结案例的学习心得；②在研讨过程中的自我评价和反思；③对从其他组获得的经验反思；④思考如何改进研讨观点	学而思： ①对专题案例的思考；②在研讨过程中的自我评价和反思；③对从其他组获得的经验反思；④小组形成最终的研讨观点，汇总整理成报告上传到学习通分组任务

（五）总结

（1）专题案例有温度、有态度。立足课程的基础性、理论性特征，结合学情分析，把弘扬"以爱国主义为核心的民族精神和以改革创新为核心的时代精神"作为指导思想进行案例的选取与课程设计，通过讲述中国货币历史和人民币发展创新，引导学生把知识应用于实践，在实践中感受国家金融魅力，把"思政+专业+科技"落到实处，实现"润物细无声"的思想价值引领。

（2）运用BOPPS教学模式实现"两层渐进，四面齐围"的教学理念。通过"课前资料导入、学习目标明确、预习情况摸底、参与式案例教学、课堂任务驱动、归纳总结评价"六个环节形成闭环式教学，拓展知识的宽度和挖掘知识的深度，激发学生的思想情感共鸣，学进去、用出来，在沉浸式学习中掌握专业知识和科学方法，提升能力素质，树立正确的货币历史观，切实感受中国特色社会主义的比较优势，增强"四个意识"、坚定"四个自信"、做到"两个维护"，增强国家认同感，实现思想和价值引领。

（3）师生共同成长。从教师层面，在编写案例和教学设计的过程中，通过查阅相关资料、编辑整理案例、挖掘研讨主题、设计教学环节不仅丰富了这门课程的教学资源（如教学案例库、视频资源库、文献导学资源库、课程思政材料等），不仅提高了教师的教学水平，还提升了教师的思想水平，促进了教学改革。从学生层面，在三个阶段的目标中，不同水平的学生都能够从专题案例讲座和参与主题研讨中从知识、能力、素质和思想上实现学有所得。

参考资料

（一）使用教材
李健．金融学（第四版）[M]．北京：高等教育出版社，2022.

（二）参考书目
（1）彭信威．中国货币史[M]．北京：中国人民大学出版社，2020.
（2）陈学彬．金融学（第五版）[M]．北京：高等教育出版社，2023.

（三）教学资源
1. 博物馆资源
中国钱币博物馆馆藏展览线上平台。

2. 视频资源
央视纪录片：《人民币》、《百家讲坛——中国古代货币发展史》、《中国国宝大会第二季》（关于秦半两、交子、明朝中期白银等片段）；央广网《中国红色政权的经济生命线：红色货币》；央视网短视频《相约服贸共赴未来——什么是数字人民币》《数字人民币应用场景多样化多地公布"成绩单"》。

3. 文献资源

（1）王信．坚定货币文化自信深入推进央行数字货币研发［J］．金融会计，2018（12）：26-28．

（2）黄益平，肖筱林．数字货币研究述评：私人数字货币、央行数字货币与数字人民币．经济管理学刊．2024，3（3）：57-82．

（3）中国人民银行．2024 年人民币国际化报告［R］．http：//www.pbc.gov.cn/huobizhengceersi/214481/3871621/5472873/index.html.2024.9.

（4）中国人民银行．中国数字人民币的研发进展白皮书［R］．http：//www.pbc.gov.cn/goutongjiaoliu/113456/113469/4293590/index.html.2021.7.

4. 案例资源

熠熠千年的中国货币史与发展新篇章（思政案例）。

第十章 "金融经济学"课程思政案例

金融的本质与利率市场化改革之LPR

一、案例正文

在社会上对金融的两种误解：一是认为金融就是一群不事生产的人，一群对社会毫无正贡献的人，互相对赌的零和游戏，其本质和赌场没有区别；二是把金融说得像天一般高，似乎主宰了人类社会，好像在整个人类文明的顶尖。那么，金融到底做什么呢？

金融按照字面意思是资金融通的缩写，按照维基百科的定义，"金融是资产和负债随着时间的推移在确定及不确定状态下分配的动态过程"。金融时常被归属虚拟经济，而虚拟与实体经济相对应。经济的本质是一套价值系统，包括物质价格系统和资产价格系统。实体经济涉及生产原料、生产设备、能源消耗、工艺流程、生产产品和销售市场等。与由成本和技术支撑定价的物质价格系统不同，资产价格系统是以资本化定价方式为基础的一套特定的价格体系，这也就是虚拟经济。虚拟经济具有高度流动性、不稳定性、高风险性和高投机性的特征。虚拟经济是市场经济高度发达的产物，以服务实体经济为最终目的。实体经济是国民经济的支柱，金融是国民经济的血脉，二者需要形成良好的互动关系。金融的本质和宗旨是服务实体经济。如果金融不为实体经济服务，就是毫无意义的泡沫，即金融业是服务业，金融从业人员提供的是服务。

我国有一个中国特色的金融指标叫作社会融资规模（Total Social Financing, TSF），又称社会融资总量，这一指标是由中国人民银行统计和发行的。按照中国人民银行给出的定义，"社会融资规模是指实体经济（境内非金融企业和住户）从金融体系获得的资金"。具体来说，它衡量了非金融企业及居民从银行信贷、股票市场、债券市场等渠道所获得的融资总量。截至 2021 年 7 月，我国的社会融资规模的存量为 302.49 万亿元，接近 2020 年 GDP 的 3 倍。在这 302.49 万亿元中，各类银行信贷占 71.5%，非金融企业债券和政府债券融资占 25.6%，非金融企业股票融资占 2.9%。显然，我国实体经济所获得融资的大多是通过银行渠道获得的。我国的金融市场在改革开放初期才开始发展，改革之前我国处于"大一统"的格局。在我国从计划经济向市场经济的转型过程中，银行是所有金融行业中最先发展起来，银行又通过其数量庞大的网点及和工商企业建立起来的合作关系，增强其在金融业的竞争力。银行业的率先发展，再加上我国居高不下的储蓄率，使我国形成了以间接金融为主导的金融格局。从现在的数据来看，就是中国在整个金融方面 100% 的盘子里，间接金融仍然高达 70% 左右，直接金融只有 30% 左右，而且在这 30% 中，还有 16% 为政府债券融资。

银行信贷是一种债权型融资方式，而这种融资方式并不适合所有实体经济的融资需求。另外，我国的银行大多是国有银行，在发放贷款时更倾向大型国有企业，对民营企业的信贷支持力度相对较弱。中小型企业融资难是全球性难题，而"融资贵"在我国尤为显著。根据 2018 年 2 月发布的《中国社会融资环境报告》，中国社会融资（企业）平均融资成本为 7.16%，银行贷款平均融资成本为 6.6%，承兑汇票平均融资成本为 5.19%，企业发债平均融资成本为 6.68%，融资性信托平均融资成本为 9.25%，保理平均融资成本为 12.1%，小贷公司平均融资成本为 21.9%，互联网金融（网贷）融资成本为 21.00%，上市公司股权质押的融资成本为 7.24%。该报告表示，企业在实际融资过程中的融资成本一般会比我们公布的数据要高一些，因为企业不仅需要承担融资利率对应的成本，还需要承担包括手续费、评估费、担保费、居间费、律师费、差旅费、招待费等大量的隐性费用，这些费用往往也不低。拓宽企业融资渠道，提升直接融资规模比例，持续推进利率市场化改革，有利于降低实体经济的融资成本，降低杠杆率，拓宽实体经济融资渠道，激发市场创新创业的活力。

2020 年的《政府工作报告》提出，要推进要素市场化配置改革。利率是最重要的金融要素价格，推进利率市场化改革是金融领域重要的改革之一。利率的本质是资金的时间价值补偿。利率可以看成使用资金的价格。货币作为商品具有一般性。具体的商品价格发生变化影响这种商品的小市场，但货币的价格发生变化会影响所有的商品市场。近年来，我国的利率市场化改革加速，2013 年 7 月 20 日，中国人民银行宣布取消贷款利率浮动限制，贷款利率可以自由浮动。2015 年 10 月 22 日，中国人民银行取消了存款利率浮动限制，存款利率可以自由浮动。至此，我国进入存贷款利率自由浮动状态。没有了利率基准，很容易造成市场混乱，这时我国推出了贷款基础利率（Loan Prime Rate，LPR），促进定价基准由中央银行确定向市场确定平稳过渡 LPR 是指金融机构对其最优质客户执行的贷款利率，其他贷款利率可根据借款人的信用情况，考虑抵押、期限、利率浮动方式和类型等要素，在贷款基础利率的基础上加减点确定。2019 年 8 月，中国人民银行决定改革完善贷款市场报价利率（LPR）形成机制，利率市场化改革取得了重要进展。LPR 起源于美国，1929 年的美国经济大萧条，大量企业倒闭，银行间竞争加剧，银行只能压低贷款利率、压低贷款门槛，大量的不良贷款涌入银行。后来，"低息+坏账"压垮了美国银行业，大量银行倒闭，后来美国政府出台法律防止恶性竞争，其中规定了一个最优的贷款利率。

自 2020 年以来，中国人民银行继续综合采取多种措施促进贷款利率明显下行，支持企业复工复产和经济发展。改革措施包含：第一，持续推进 LPR 改革，有序推进存量浮动利率贷款定价基准转换，完善 LPR 的传导机制，以改革促进降低贷款实际利率下行；第二，引导银行体系适当向实体经济让利，降低企业融资成本，激发企业活力，畅通经济金融的良性循环；第三，充分发挥存款基准利率作为整个利率体系"压舱石"的作用，维护存款市场竞争秩序。2020 年 9 月 15 日，中国人民银行发布报告，称经过一年来的持续推进，LPR 改革取得了重要成效。LPR 充分体现了市场化特征，发挥了方向性和指导性作用。LPR 已经成为银行贷款利率的定价基准。以改革的办法促进降低贷款利率成效显著，企业贷款利率明显下行，银行对中小微企业的支持力度持续加大，金融结构进一步优化。

二、案例的思政元素

本案例的思政元素主要是以下三点。

（一）马克思主义唯物辩证法的认识论和方法论

客观事物不仅包括现象和本质两个方面，本质自身还具有层次性，人们对事物的认识总是由现象到本质、由不甚深刻的本质到较深刻的本质的无限深化的过程。事物的本质存在于现象之中，离开事物的现象就无法认识事物的本质，事物现象和本质的统一提供了科学认识的可能性。可以说，金融自身发展如何、对促进经济发展发挥了多大作用，取决于金融与实体经济的结合程度。因此，推动金融发展，应从根本上纠正金融的不良发展方式，促使金融和产业、虚拟经济和实体经济更好结合，进而推动经济平稳健康发展。

（二）制度自信与责任担当

在改革开放实践中，我国"摸着石头过河"，逐渐形成了政府主导型现代化模式。这个模式是我国在经济全球化背景下将自身优势与世界趋势有机结合后，走出的一条有别于他国现代化路径的独特发展道路。2019 年新年前夕，习近平主席通过中央广播电视总台和互联网，发表了 2019 年新年贺词。贺词再一次指出："我们改革的脚步不会停滞，开放的大门只会越开越大。"此前，习近平主席多次强调："中国开放的大门不会关闭，只会越开越大。"金融是现代经济的核心，是国家重要的竞争力。金融改革发展是国家改革发展的重要内容。LPR 改革是中国金融业引入国际经验并与中国实践相结合的成果。

LPR 是由具有代表性的报价行，根据本行对最优质客户的贷款利率，以公开市场操作利率加点形成的方式报价，由中国人民银行授权全国银行间同业拆借中心计算并公布的基础性的贷款参考利率。利率市场化是中国金融领域核心的改革之一，是建设社会主义市场经济体制、深化金融供给侧结构性改革的重要内容，是建设现代中央银行制度的关键环节，是健全基准利率和市场化利率体系、完善金融机构自主经营机制的必要条件。LPR 改革坚定了中国金融业深入改革开放的信心，履行金融服务实体经济的天职和宗旨，充分展示了我国的道路自信和制度自信。

（三）自身修养与专业素养

金融相关专业是近年来相对热门的专业，金融专业毕业生就业稳定、就业岗位较高端、工作环境好、职业发展前景好，是金融专业持续热门的主要原因。金融学院经济学专业的特色是金融特色，很多学生毕业后从事金融或金融相关工作。"金融经济学"是经济学专业的特色课程，是金融领域的微观经济学，研究对象即为资本资产，要解决的核心问题是资本资产如何定价，分析的前提依然是完全竞争和理性人假设。"金融经济学"的课程特点和课程假设给了学生"金融脱离了实体经济""钱就能生钱"的假象。这样的假象会使学生偏离马克思主义劳动价值论的轨道。通过了解中国金融业的发展，坚定学生金融服务实体经济的宗旨，坚定马克思主义劳动价值论观点。

"LPR 改革"是 2020 年的热门词，其实诸多家庭对 LPR 也不了解，通过对新名词 LPR 的解读，使学生了解中国金融业的改革路程及中国改革道路的艰辛和改革的光明前景，使学生将专业所学和实践相结合，做好家庭住房贷款是否转 LPR 的问题，普及相应的金融知识，提升专业素养。

三、案例使用说明

（一）教学用途与教学目标

1. 教学用途

本案例为分析型案例，适用于本科生"金融经济学"课程中金融的本质与核心问题相关知识点的教学。

课时量：3 课时。

2. 教学目标

（1）知识层面。

1）会描述金融这一概念。

2）能辨析金融经济学、微观经济学之间的区别与联系。

3）能深入理解金融的本质和利率在经济运行中的作用。

4）掌握资本资产定价的两种思路。

（2）能力层面。

1）培养学生理论联系实际的能力。将金融的本质与学习金融的意义联系起来，把金融资产的定价问题与在我国的利率市场化改革相联系。

2）培养学生知识迁移的能力。从微观经济学生产要素的定价—金融资产的定价—LPR 改革，将微观经济学知识迁移到金融经济学的学习上。

（3）素质层面。

1）提升学生专业意识，掌握金融经济学解决核心问题的分析方法和思维框架。

2）培养学生的学科价值认同感，学会欣赏金融经济学的重要贡献，坚守金融职业道德。

3. 课程思政目标

（1）认同马克思主义劳动价值论。

（2）树立金融的本质是服务实体经济的理念。

（3）树立中国必将由金融大国发展为金融强国的理想信念。

（二）案例分析的准备工作

（1）事先发放问卷，调查学生对本课程的学习心理、对金融的相关认知、对金融经济学的学习兴趣点等。

（2）做好学生分组。

（三）案例分析要点

1. 启发思考题

（1）请结合案例，根据金融的定义和功能反驳社会上对金融的两种误解。

（2）请结合案例，根据金融经济学的核心问题论述我国 LPR 改革的原因及 LPR 改革的意义。

2. 分析思路

（1）请结合案例，根据金融的定义和功能反驳社会上对金融的两种误解。

金融是资金融通的简称，是资产和负债随着时间的推移在确定及不确定状态下分配的过程。在现代经济生活中，货币资金作为重要的经济资源和财富，成为沟通整个社会经济生活的命脉和媒介。金融是现代经济中调节宏观经济的重要抓手。现代金融具有三个核心功能：第一，推动实体经济发展的功能；第二，对金融风险的管理功能；第三，对内部缺陷的自我修复功能。因此，这两种观点都是不对的。金融既不是赌桌上毫无益处的赌博工具，也不是高人一等的特殊技巧。金融为实体经济服务，金融提供的是一种服务，是一种为社会所需要的服务。习近平总书记曾多次指出，为实体经济服务是金融的天职，是金融的宗旨，也是防范金融风险的根本举措。

（2）请结合案例，根据金融经济学的核心问题讨论我国 LPR 改革的原因及 LPR 改革的意义。

资金融通是否实现，取决于资金的供需双方能否在回报率上达成一致。金融经济学要解决的核心问题是资本资产的定价，因此资本资产的定价可以简单理解为资本资产的回报率，即我们平时所说的利率。资本资产的定价在金融经济学中有以下两个思路：一个是均衡定价，就是从资产的供给和需求入手，通过分析资产市场的均衡来确定资产的价格；另一个是无套利定价，即从一些已知的资产价格出发，给出另一些相关资产的价格。利率是配置金融资源的指挥棒。我国是银行主导的金融格局，这种间接融资占主导的金融结构会导致监管和控制比较严格和保守，如我国长期存在"利率双规"，对新兴产业、小微企业、高风险项目一般难以及时足量满足，企业融资成本高。利率市场化是中国金融领域核心的改革之一，LPR 改革打破了之前长期以来形成的定价惯性，也打破了贷款利率隐性下限和协同定价，增强了货币政策的传导效率。LPR 改革后疏通利率传导，建立了"MLF 利率—LPR—贷款利率"的利率传导机制，有效引导实体经济信贷成本下行，降低企业融资成本，使金融更好的服务实体经济。此外，LPR 改革还打破了隐性下限，降低了给大企业发放贷款的吸引力，这会引导银行将更多的信贷资源配置于中小微企业，解决中小微企业的"贷款难"问题。LPR 改革加速了我国利率市场化的进程，使金融更好地服务实体经济。

3. 总结与反思

通过事先对学生的问卷调查，掌握学生的学习态度、学生对金融的基本认知和学生的学习金融经济学兴趣点等情况，可以及时通过课堂引导学生端正学习态度，消除学生对金融的一些误解，以及针对学生的兴趣点部分定制课程相关知识。教师通过课程内容的介绍，以案例为引导，实现学生思想的拨乱反正，实现课程内容的精准输入，实现国家金融政策的良好宣传，培养学生坚定金融的本质是服务实体经济，认同马克思主义劳动价值论，树立以后金融从业者的服务意识，做好金融知识普及。

（四）教学组织方式

建议用本案例完成金融的本质与核心问题知识点的教学。采用课下问卷调查、教师课堂引导，学生讨论、教师答疑解惑相结合的形式。一般安排 3 个课时（每课时 45 分钟，共 135 分钟）。"金融经济学"课程思政案例的教学组织安排如表 10-1 所示。

表 10-1 "金融经济学"课程思政案例的教学组织安排

学习阶段	学习内容	时间限制	学习要求和目标
课前	做好问卷调查，了解学生的学习态度、学科认知和课程内容的兴趣点等情况	提前一周	了解学生与本案例相关的基本情况，有利于精准输入相关观点
课中	教师课堂总结问卷调查结果，设置疑问，介绍金融的定义、金融经济学的核心问题、目前的解决思路、金融经济学的发展历程等知识点	45 分钟	要求熟悉并基本掌握与案例相关的知识点
	教师介绍案例，并提出案例分析启发思考题	15 分钟	学生带着问题阅读案例，为案例分析做准备
	针对启发思考题分组讨论，并完成小组手写案例分析报告单	20 分钟	让学生运用理论知识分析现实问题，培养学生的沟通能力

续表

学习阶段	学习内容	时间限制	学习要求和目标
课中	随机抽取两个小组对两道启发思考题进行主答辩，其他小组进行质疑和辅答。主答小组时间控制在 7 分钟，其他小组的质疑和辅答时间控制在 5 分钟。教师对各小组的讨论发言进行点评，并将问题进行深入引导	35 分钟	培养学生敢于表达自己观点和看法的能力，以及团队合作意识，培养学生敢于质疑、精于探索的科学精神
	修正、完善小组案例分析报告单，并在学习通完成课后小测	20 分钟	学生通过完善案例分析报告单总结自己的收获，通过完成课后小测检验自己的学习效果。教师通过课后反思，总结经验，修正教学设计
课后	督促学生查阅我国利率市场化的历程、关注我国的金融供给侧结构性改革、绿色金融工具的发展情况		培养学生关注学科行业发展动态的习惯，提升专业素养

（五）总结

通过"金融经济学"课程绪论部分的学习，引导学生深入思考金融的本质是什么？学习"金融经济学"课程的最终目的是什么？通过对金融经济学的核心理论——资本资产定价理论的讲解使学生关注我国的利率市场化改革及 2020 年我国的存量贷款转 LPR 问题。通过对案例的学习分析讨论，让学生学会运用马克思主义唯物辩证法的认识论和方法论，培养学生透过现象看清事物本质的能力，坚定金融的本质是服务实体经济的宗旨，坚定马克思主义劳动价值论，引导学生体会我国作为大国的制度自信与责任担当，明确自己以后金融从业的责任担当。

第十一章 "保险经济学"课程思政案例

揭秘医保基金流失"黑洞"

——我国基本医疗保险中的道德风险与控制

一、案例正文

社会基本医疗保险作为一个复杂且高度关联的社会险种，其道德风险问题尤为突出。道德风险不仅加重了医疗保险基金的负担，还影响了医疗服务的质量，导致资源的浪费和不合理的医疗行为，严重威胁了我国社会保障体系的公平性。因此，为保障医疗保险基金的安全与制度的良性运行，有必要进行有效的控制与约束。本案例首先从我国医疗保险基金的现状出发，深入分析患者、医院与社保机构之间存在的信息不对称，以及由此引发的道德风险问题。基于此，借鉴美国的管理式医疗经验，提出促进健康管理融合发展，动态调整居民医保费率，建立医保控费和医疗行为的激励相容机制，改革医疗保险支付方式等对策。这些措施旨在控制医保基金面临的道德风险问题，推动医疗保险市场的健康有序发展，确保社会保障体系的稳定与公平，从而提升全民的健康水平和生活质量。

（一）我国医保基金的现状

基本医疗保险统筹基金又称基本医疗保险基金（以下简称医保基金），是国家为保障参保职工的基本医疗待遇而设立的一项专项基金。该基金由医疗保险经办机构按照国家相关规定，向参保单位和参保职工进行筹集，旨在为职工提供基本的医疗保障。具体来说，该项基金的资金来源于参保单位和参保职工个人按照一定比例共同缴纳的保险费。医保基金在社会保障体系中具有举足轻重的地位，作为人民群众的"看病钱"和"救命钱"，其充足与否直接关系到医疗服务的可及性和质量，影响到每个参保人员的基本医疗权益。因此，基金池能否汇集足够的资金，对于医保制度能否充分且持续地发挥保护全民生命健康的重要作用至关重要。

2024 年 7 月 25 日，国家医疗保障局发布了《2023 年全国医疗保障事业发展统计公报》。公报显示，截至 2023 年，我国有 13.34 亿人口参加了基本医疗保险。2023 年，居民医保基金总收入达 10569.71 万亿元，支出为 10457.65 万亿元，当期结存 112.06 亿元，2019～2023 年居民医保基金收支情况如图 11-1 所示。整体来看，2023 年我国参保人数、总收入均创历史新高，医保基金保持可持续状态。但结合过往 5 年来看，2023 年是医保基金总支出增速最快的一年，同样也是居民医保结余最低的一年。与此同时，2023 年，我国参保人的住院率首次突破了 20%，2019～2023 年居民医保次均住院费用和住院人次如图 11-2 所示，而全球 OECD 国家的住院率平均为 14%，中国的住院率不仅高于大部分发达国家，还高于很多发展中国家。其中，住院费用几乎是 2022 年的 2 倍，门诊费是 2022 年的 4 倍，我国医保基金进入紧平衡时代。

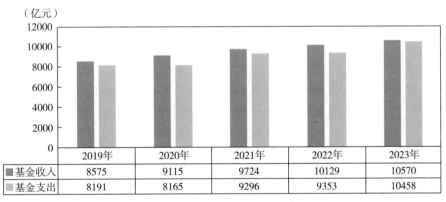

（亿元）

	2019年	2020年	2021年	2022年	2023年
基金收入	8575	9115	9724	10129	10570
基金支出	8191	8165	9296	9353	10458

■ 基金收入 ■ 基金支出

图 11-1 2019～2023 年居民医保基金收支情况

资料来源：《2023 年全国医疗保障事业发展统计公报》。

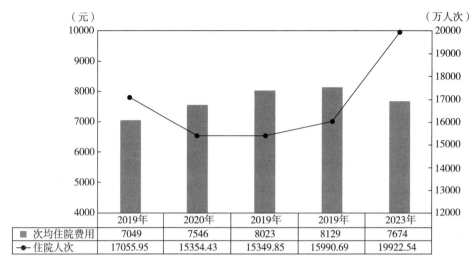

	2019年	2020年	2019年	2019年	2023年
■ 次均住院费用	7049	7546	8023	8129	7674
● 住院人次	17055.95	15354.43	15349.85	15990.69	19922.54

■ 次均住院费用　　● 住院人次

图 11-2　2019~2023 年居民医保次均住院费用和住院人次

资料来源:《2023 年全国医疗保障事业发展统计公报》。

目前,我国住院率和医保基金支出快速增长,一方面与医保待遇保障的提高,医疗机构、床位等医疗服务增多有关;另一方面与医、患、保三者间信息不对称从而引发的医疗资源浪费和医保基金滥用。

通过分析近年来曝光的违法违规使用医保基金的典型案例发现,违法行为五花八门,让人触目惊心。例如,黑龙江省哈尔滨市 4 家药店现上万张假处方、金额过亿元;新疆维吾尔自治区于田县一家医院的本院工作人员全部全勤,却在一年内发生住院结算 63 次;四川省达州市一家医院核定床位数为 30 张,最高日住院人数达 108 人;江苏省无锡市虹桥医院涉嫌伪造病历骗取医保 1179.2 万元。2023 年,医保部门检查定点医药机构 500 家,查出涉嫌违规金额 22.1 亿元,医疗机构通过自查自纠,主动退回医保基金近 36.2 亿元。2024 年,我国加大了监管力度,仅 1~9 月,各级医保部门追回医保基金 160.6 亿元,同比增长 38.7%。为了维护基金的稳定性和可持续性,确保其真正发挥应有的作用,必须对道德风险进行有效控制与约束。

(二)医疗保险中道德风险问题

1. 参保患者(医疗需方)的道德风险

医疗保险作为一种准公共物品,在提升社会福利中扮演着至关重要的角色。其特性使其具备部分非排他性和非竞争性,进而可能产生外部性。这种外部性使医疗保险的提供不仅依赖市场机制,还需政府有效调控,以解决市场失灵所带来的诸多问题。基于"理性人"假设和期望效用理论，参保患者(医疗需方)往往会因为追求风险规避和个人效用的最大化，而表现出一定的道德风险行为。

具体而言，这些道德风险行为包括将医保凭证借给他人使用或冒用他人身份就医，甚至在某些情况下选择不必要的医疗检查和治疗，从而导致医疗资源的浪费。这种不负责任的行为不仅影响了医保基金的健康运行，还可能对患者的健康产生负面影响。此外，患者可能会伪造诊断证明，试图与医生串通进行骗保，或利用医保基金购买药品和医疗耗材后进行倒卖，这些行为无疑加重了医保基金的财务负担。

更严重的是，这些道德风险行为破坏了医疗保障制度的公平性和可持续性。由于一些人滥用医疗资源，真正需要帮助的人难以获得应有的医疗服务，加剧了社会的不平等。为了应对这些挑战，亟须采取有效措施加以遏制。

2. 医疗机构(医疗供方)的道德风险

在信息不对称的环境下，医患关系容易出现供给诱导需求的问题。在这一背景下，医疗机构及其从业人员在追求自身利益最大化的过程中，可能会利用其专业优势，采取不正当手段，损害患者权益或滥用医疗保险资源。这类风险通常与信息不对称、利益驱动及监管不足密切相关，这种医患关系问题给医疗保险体系带来了严峻挑战。具体表现形式多样，主要体现在以下几个方面。

第一，过度医疗。这种情况表现为医生开具不必要的药物、进行不必要的检查和治疗，在导致资源浪费的同时，也增加了患者的经济负担。这种行为不仅影响患者的身心健康，还加大了医疗保险的财务压力。

第二，医疗欺诈行为。虚构住院和伪造医疗文书是常见的欺诈形式，某些医院或医生将应由患者个人承担的费用转嫁给医保基金，这种行为不仅违反了法律法规，还进一步侵蚀了医疗保险的可持续性。

第三，为了缓解运营成本压力，一些医院可能会优先服务高利润患者，忽视公平性原则。这种做法不仅会损害其他患者的合法权益，还会加剧医疗资源的不均衡分配，使弱势群体在医疗服务中面临更多的困难。

3. 医保机构(监管机构)的道德风险

医保机构的道德风险主要体现在其在管理和监督医疗保险基金的过程中，可能采取的不当行为或决策，从而导致基金的滥用或资源的浪费。

第一，医保机构与医院和患者之间存在严重的信息不对称。医保机构可能对医疗服务和患者提供者的信息掌握不全，无法有效识别不必要的医疗服务，导致对过度医疗行为缺乏有效监控。在某些情况下，部分医保机构可能与医疗机构形成利益共同体，共同牟取利益，这不仅损害了医保基金的合理使用，还使医疗资源的配置更加不公平。

第二，在医疗费用的审核过程中，医保机构可能存在疏漏。这些疏漏可能导致不合规的医疗费用被报销，从而给医院或医生提供了滥用医保基金的机会。例如，一些医院可能会利用复杂的医疗费用清单或技术性报销申请，获得超出实际服务价值的补偿。这种现象不仅加重了医保基金的财务压力，还影响了整个医疗系统的效率和透明度。

第三，目前，医保机构的激励机制往往未能有效鼓励合理用药和医疗服务，可能导致对过度消费行为的默许。由于缺乏有效的激励与约束机制，医保机构可能在一定程度上对不必要的医疗服务选择持沉默态度，进而加重基金负担。在这种情况下，不仅影响了医保基金的可持续性，还让真正需要医疗服务的患者面临更大的挑战。

（三）美国管理式医疗经验借鉴

美国管理式医疗（Managed Care）的雏形可以追溯到20世纪初，并与保险之间有密切的关系。管理式医疗通常由特定的健康保险计划提供，主要通过健康维护组织（HMO）、优先提供组织（PPO）等形式实施。这些保险计划旨在通过对医疗服务的管理来降低成本、提高效率和改善患者护理。在管理式医疗中，保险公司不仅提供医疗保险，还承担了管理和协调医疗服务的责任。保险公司会与医疗服务提供者合作，制定医疗服务的标准和协议，促进预防保健和健康管理。通过网络内的医生和医院，保险公司还能够监控医疗费用，限制不必要的治疗和检查，从而控制医疗支出。此外，管理式医疗的保险计划通常会通过设定共付额、年度免赔额等方式来鼓励患者选择成本更低的服务，并提高对健康生活方式的重视。这种整合使管理式医疗不仅是保险覆盖的工具，还成为推动医疗服务质量和效率的机制。其中，众多手段可以有效控制道德风险问题，可为我国完善医保体系和管理医保基金提供经验借鉴。

首先，管理式医疗通过设立严格的成本控制机制，有效降低了不必要的医疗支出。关键措施之一是按病种付费（DRG）和预付费模式。在这种模式下，医院根据患者的诊断类型和治疗情况获得固定的报销金额。这种机制鼓励医院在预算范围内控制医疗费用，避免过度治疗和不必要的检查，提升了医院的运营效率。中国可以借鉴这一方法，设定合理的支付标准，推行包括 DRG 在内的多元支付方式。目前，按项目付费的传统模式在中国普遍存在，容易导致医疗机构通过增加检查和治疗项目来获取更多收入，进而导致过度医疗的现象。通过推广按病种付费的机制，能够有效遏制滥用医保资源的现象，确保医疗费用的合理使用。此外，通过加强医院的预算管理和绩效考核，中国的医疗体系可以进一步提高资源的使用效率，减少医保基金的浪费。

其次，美国管理式医疗高度重视初级医疗机构和家庭医生的作用，作为患者进入医疗系统的"守门人"。家庭医生的职责不仅是提供基础医疗服务，还负责对患者进行初步诊断，判断是否需要专科医生或医院的进一步治疗。这种分级诊疗制度能够有效合理地分配医疗资源，减少不必要的专科医院服务，降低医疗费用。中国当前的医疗资源分配不均，大城市的医院常拥挤不堪，而基层医疗机构的作用相对薄弱，许多患者直接选择进入大医院寻求高端医疗服务，导致资源浪费。因此，中国可以学习美国的分级诊疗模式，推动以社区医疗中心和家庭医生为主的初级医疗服务体系。通过将更多的医疗服务集中在基层医疗机构，既能为患者提供方便的基本医疗保障，又能有效分流大医院的压力。

最后，美国管理式医疗的另一个显著特点是以患者为中心的健康管理理念，强调整合医疗服务、预防护理和个性化健康计划的制订。管理式医疗通过鼓励患者定期健康检查、提供健康教育资源、指导日常健康管理，使患者能够更好地预防疾病。此外，家庭医生制度进一步增强了医患关系，患者在医疗系统中有了稳定的健康管理联系人，能够获得持续的医疗照顾和个性化的健康建议。电子健康记录(Eeletronic Health Records，EHR)和移动应用的广泛应用也是管理式医疗的优势，这些技术促进了患者与医疗提供者之间的沟通，确保了信息的及时共享和反馈。移动健康应用还鼓励患者通过自我监控管理慢性疾病，减少了频繁就诊的需求，降低了医疗成本。中国的医疗体系可以借鉴这一健康管理模式，逐步从"以疾病治疗为主"转向"以预防为主、兼顾健康管理"的方向。推动全民健康管理不仅能减少医保基金的负担，还可以促进国民整体健康水平的提升。

(四)医疗保险中道德风险的治理对策

1. 对参保患者道德风险的治理

首先，加强规范和健康教育，促进健康管理融合发展。媒体应向患者普及医疗知识和医保政策，解释道德风险的后果和危害，增强其对自身健康和医保使用的理解。与此同时，加强健康管理的融合发展需要将预防、诊疗、康复等多环节整合，实现医疗资源的高效利用。通过信息化手段，结合穿戴设备，推动个人健康数据共享，建立全生命周期的健康管理体系。结合家庭医生制度和个性化医疗计划，促进资源优化配置，提高整体健康水平，实现医疗服务的可持续发展。

其次，综合衡量多种因素动态调整居民医保费率。通过引入自付比例，参保患者在享受医疗服务时需要承担一定的费用，这将促使他们更加谨慎地选择医疗服务，从而减少不必要的消费和医疗资源的浪费。患者在就医时需考虑自身的经济负担，能够有效降低对不必要检查和治疗的依赖。在制定自付比例时，需要综合考虑多种因素，包括各地区的经济水平、不同病种的特点、疾病的发病率及患者对价格的弹性等。例如，在经济发展水平较高的地区，可以适度提高自付比例，促使患者更合理地评估医疗需求；在经济相对落后的地区，则应适当降低自付比例，以保障基本医疗服务的可及性，避免因费用问题影响就医选择。

2. 对医疗机构道德风险的治理

建立医保控费和医疗行为的激励相容机制是提高医疗服务质量、控制医疗成本的重要策略。激励相容机制旨在促使医疗服务提供者在控制费用的同时，仍能保持高水平的医疗服务。例如，可以采用"薪金加奖励津贴制"，将医生的薪酬与服务数量脱钩，这样可以降低供方诱导需求的问题，减少不必要的医疗操作。与此同时，还要建立科学的评价体系和专业支持体系，形成有效的防患纠错机制、评估奖惩机制、约束监督机制和导向激励机制。通过这些机制，医疗机构和医生在提供必要的医疗服务时，可以得到合理的奖励；而在进行不必要的检查和治疗时面临相应的惩罚。这种制度设计不仅能促进医疗服务的必要性和适宜性，还能有效遏制过度医疗和资源浪费。

此外，提升医疗服务过程的透明度也尤为重要，可以通过建立和完善信息系统，全面记录医疗服务的每个环节。例如，利用电子健康记录（EHR）系统将患者的就诊信息、治疗记录及费用数据实时上传并共享。这样，患者和医保机构可以随时访问这些信息，了解自身的医疗服务情况及相关费用，减少了信息不对称带来的风险。透明化还包括向患者提供清晰的费用说明和医保覆盖范围，让患者在就医时能够明确所需支付的费用及医保的报销比例。这种清晰度不仅有利于患者合理选择医疗服务，还能有效避免医疗机构为了追求利益而进行不必要的检查和治疗。同时，患者的反馈和评价也应被纳入信息系统，以促进医疗机构持续改进服务质量。通过这些措施，信息透明化将为患者和医保机构提供更好的决策支持，从而降低道德风险，提高医疗服务的效率和公正性。

3. 对医保机构道德风险的治理

首先，推进多元复合式医疗保险支付方式的改革。按病种分值付费和按人头付费等支付方式，不仅能够有效保护各利益主体的合法权益，还能够在医疗服务中形成一种统筹兼顾的机制。按病种分值付费通过明确不同病种的价值和费用标准，使医疗机构在提供服务时更加注重服务质量和效率，从而避免不必要的过度医疗。按人头付费则鼓励医疗服务提供者关注患者的长期健康管理。这种方法强调的是医生与患者之间的持续关系，促进预防医疗的实施。医生会更积极地参与到患者的健康管理中，包括定期检查、健康指导等，进而提升患者的整体健康水平。从部分地区实际改革情况来看，这种支付方式确实有效控制了医疗费用的持续上涨，减少了因过度医疗造成的资源浪费。

除此之外，还要加大信息技术应用和审核、监管力度。随着近年来执法和惩罚力度的显著加大，还需要转变监管思路，变事后监控为实时"无盲区"在线监控，防止医保基金"跑冒滴漏"，提高医保基金使用的透明度，以及管理和使用效率。因此，监管部门可以运用大数据技术来对各项数据进行全面的审查分析医疗服务的使用情况，通过数据分析识别异常模式和潜在的欺诈行为，以便及时采取措施。同时，应用数据平台，保证各方实时获取医疗服务的信息，降低信息不对称，这也是提升监管效率的重要手段。

二、案例的思政元素

（一）社会责任与诚信

医疗保险作为一种社会保障机制，强调对患者的保护和服务。道德风险的存在表明了在医疗服务中诚信的重要性，患者和医疗机构都需秉持社会责任，维护医疗资源的合理使用。

（二）集体主义精神

基本医疗保险的健康持续运营基于广大居民的共同参与，体现了保险"人人为我，我为人人"的集体主义的价值观。道德风险的治理需要强化集体意识，促使各方意识到个人行为对整个社会医疗资源分配的影响。

（三）公平与正义

医疗资源的分配应遵循公平原则，任何道德风险行为都会导致资源的不合理使用，损害其他参保患者的权益。因此，加强对道德风险的监管、维护公平与正义，是思政教育的重要内容。

（四）创新与发展

解决道德风险需要创新的管理机制和监管措施。这一过程体现了对新思想、新技术的探索和国外经验的借鉴，鼓励各方不断寻求优化和改进的方式，推动医疗保障制度的健康发展。

三、案例使用说明

（一）教学用途与教学目标

1. 教学用途

本案例为分析性案例，旨在帮助保险和精算专业本科生深入理解医保基金中道德风险的概念及其影响，特别适用于"保险经济学"课程的道德风险知识点教学。通过具体实例，学生可直观认识道德风险对医保基金的可持续性带来的潜在威胁。

此外，本案例也适用于"微观经济学"和"行为经济学"等课程，作为关于市场信息不对称的相关内容学习的补充材料。在案例中，学生将探讨信息不对称如何影响市场行为，并分析不同主体在面临不对称信息时的决策过程。通过案例分析，学生不仅能够理解道德风险的理论框架，还能够识别实际案例中的行为模式和激励机制。

本案例的教学安排为2课时学习。第一课时主要聚焦案例背景介绍和道德风险的识别。教师将通过实际案例数据展示医保基金中出现的道德风险行为，并引导学生讨论这些行为如何导致资源浪费和医疗服务质量下降。学生可分组讨论，分析案例中各方的动机、行为及其后果。

第二课时侧重对策讨论与实践应用。学生阅读材料后将探讨如何运用新机制设计理论来减少道德风险的发生，教师可以引导学生在此基础上提出创新性的解决方案并进行小组展示。通过这种互动学习方式，学生能够在实际案例分析中加深对理论的理解，同时培养他们的批判性思维和团队合作能力。

2. 教学目标

（1）知识目标。清晰定义道德风险，并识别其在医保基金中的具体表现形式；解释管理式医疗的特点和优势；阐明机制设计理论的主要内容。

（2）能力目标。通过具体案例分析医疗保险道德风险的成因和危害；运用机制设计理论提出其他控制车险道德风险方法；创新健康管理服务在医疗保险中的应用。

（3）素质目标。第一，培养学生对医疗行为的伦理判断能力，增强其对道德风险及其后果的理解，提升明辨是非的能力。第二，培养分析和解决实际问题的能力，能够从多角度理解道德风险的产生及其影响，提出合理的解决方案，提升批判性思维。第三，培养对社会和集体的关注，了解中国社会保障体系的构成和发挥的重要作用，增强参与公共事务和社会服务的意识，提升社会责任感。

3. 思政育人目标

(1)增强集体主义意识。通过案例分析，强化个体行为对集体和社会的影响，培育服务社会、关心他人的精神。

(2)树立公平正义观。教育学生关注医疗资源的公平分配和使用，理解道德风险对其他患者权益的侵害，增强公平正义意识。

(3)弘扬诚信与责任。强调诚信的重要性，引导学生树立道德责任感，抵制不当行为，维护医疗环境的良好秩序。

(4)培养创新精神。鼓励学生探索创新管理和监管机制，以应对道德风险，推动医疗保障体系的不断完善和发展。

(二)案例讨论的准备工作

本案例在讲述道德风险相关基础内容后使用，可作为专门的案例专题讨论课来进行。需要学生完成课前导读，课上讨论和课下拓展三个步骤。

1. 课前导读

学习通下发《2023年全国医疗保障事业发展统计公报》，要求学生提前阅读；通过互联网了解美国管理式医疗模式的特点与优势。

2. 课上讨论

教师播放法学博士曝光芜湖第二人民医院的新闻，引出本次案例课的主题。

学生结合视频案例讨论我国基本医疗保险中医生、患者、医保机构之间存在信息不对称和道德风险问题。

学生课堂阅读并讨论《揭秘医保基金流失"黑洞"？——我国基本医疗保险中的道德风险与控制》案例。

3. 课下拓展

学生阅读文献并进行文献综述。

(1)李惠. 医疗保险中的道德风险难题及治理对策[J]. 经济师，2021(11)：45-47.

(2)彭煊，邹亮. 商业健康险参与"阳泉模式"的路径研究及未来展望[J]. 中国保险，2024(3)：17-19.

(3)付明卫. 医疗信息不对称的解决之道[J]. 中国经济报告，2016(10)：37.

（三）案例分析要点

1. 案例思考题

案例阅读前：

我国基本医疗保险中医生、患者、医保机构之间存在哪些信息不对称和道德风险问题？

案例阅读后：

（1）医疗保险中多方之间产生道德风险的原因有哪些？

（2）医疗保险中道德风险的治理对策中是如何运用机制设计理论的？

（3）结合机制设计理论提出其他创新型控制道德风险的方案。

2. 分析思路

案例阅读前：

案例中进行了详细陈述，学生看完案例即可明确答案。

案例阅读后：

（1）参保患者过度利用医疗服务的动机加剧道德风险；医疗机构受经济利益驱动造成医疗费用持续增长；政策法规不健全和医疗保险机构管理不完善。

（2）站在机制设计理论角度的两个主要方法：信息效率、从激励相容角度进行分类。

（3）推动"互联网+医疗健康服务"发展；推广分级诊疗制度；通过信息技术，将风险预警的阈值进行量化等。

（四）教学组织方式

结合道德风险的特点，我们先确立了思政主线，即围绕"保民济世"的情怀，以解决"中国医保基金问题"为核心。这一主线强调了医疗保险的社会责任，鼓励学生关注社会问题和民生福祉。在此基础上，从"守正创新"、"诚信担当"和"公平正义"三个维度构建了思政育人框架，旨在帮助学生树立正确的价值观和责任感。

为实现这一目标，教学设计设立了"识别""认知""深入""应用"四个关卡。每个关卡都旨在引导学生通过闯关体验的方式，逐步深化对道德风险的理解和应用。在"识别"阶段，学生需要发现和分析医保基金中存在的道德风险；在"认知"阶段，学生学习机制设计理论相关知识；接着在"深入"阶段，学生通过案例分析，理解道德风险的具体表现；在"应用"阶段，学生提出创新解决方案，以实现理论与实践的结合。这种循序渐进的学习模式，有利于学生全面掌握知识，同时培养他们的批判性思维和实践能力。"保险经济学"课程思政案例课堂安排与任务设置如表 11-1 所示。

表 11-1 "保险经济学"课程思政案例课堂安排与任务设置

步骤		教师任务	学生任务	时间
课前		(1)学习通下发《2023 年全国医疗保障事业发展统计公报》； (2)学习通发布美国管理式医疗特点和优势的讨论	(1)阅读《2023 年全国医疗保障事业发展统计公报》； (2)自主通过互联网资源查阅美国管理式医疗相关信息并参与学习通讨论	1 周
课中	识别	(1)教师播放法学博士曝光芜湖市第二人民医院的新闻； (2)老师引出讨论问题：我国基本医疗保险中医生、患者、医保机构之间存在哪些信息不对称和道德风险问题。要求以画关系图的方式展现并上传学习通	(1)学生观看新闻； (2)针对老师提出的问题，学生独立思考 3 分钟后，进行小组讨论，并画关系图上传学习通	15 分钟
	认知	基于学生已经认知到道德风险的存在以及其造成的不良后果。引入机制设计理论，讲解如何利用信息效率、激励相容解决现实问题	学生听讲，掌握新的理论；并思考机制设计理论如何应用于道德风险的控制	15 分钟
	深入	下发《揭秘医保基金流失"黑洞"？——我国基本医疗保险中的道德风险与控制》案例，要求学生独立回答思考题后将答案提交学习通	学生自主阅读案例内容，并回答思考题，将答案上传学习通	35 分钟
	创新	(1)组织学生讨论：结合机制设计理论提出其他创新型控制道德风险的方案； (2)组织学生进行课堂展示分享，教师进行补充	学生小组讨论提出创新型方案并进行课堂展示	25 分钟
课后		学习通下发文献。 (1)李惠.医疗保险中的道德风险难题及治理对策[J].经济师，2021（11）：45-47. (2)彭煊，邹亮.商业健康险参与"阳泉模式"的路径研究及未来展望[J].中国保险，2024(3)：17-19. 付明卫.医疗信息不对称的解决之道[J].中国经济报告，2016(10)：37.	学生阅读文献并提交文献综述于学习通	

（五）总结

本案例以"以学生为中心"和"问题导向"为理念，紧扣"知、情、意、行"的发展规律，将思政教育自然融入专业知识的学习中。通过"润物细无声"的方式，使学生在掌握专业理论的同时，逐渐形成正确的价值观和责任感。案例讨论课堂设计了四个关键环节："识别问题"、"认知理论"、"深入案例"和"创新实践"。这些关卡引导学生通过逐步闯关的方式，循序渐进地实现学习目标。学生不仅能够掌握专业知识，还能够在思维能力、解决实际问题的能力及团队合作中得到锻炼，最终达到高阶学习成果。

从学生课堂互动的积极性、实践活动的反馈及作业成果来看，思政教育的融入明显促进了知识掌握和能力提升，教学效果显著增强。以"中国医疗保险基金面临的道德风险问题"为核心的"思政+专业"的教学主线，不仅让学生在专业领域得到系统的学习，还通过解决中国现实问题，使学生能够立足国情，有更高的思维站位。这一设计充分培养了学生的职业素养和社会责任感，鼓励他们在面对实际问题时，能够以更成熟的视角作出理性的判断。

该思政案例不仅帮学生自主掌握本章节的重难点，还展现了突出的育人效果，具有较强的应用价值。

第十二章 "财政学"课程思政案例

"十三五"时期我国大规模减税降费的政策实践

一、案例正文

(一)主要内容

"十三五"时期,我国实施了大规模减税降费政策,就具体内容说来,由如下构成:2017~2019 年,以增值税税率较大幅度下降为代表的增值税制度简并,着力降低资本投资方面的制度性成本;2018~2019 年,以养老保险单位缴费率的大幅下调为标志的社会保险费阶段性降低,聚焦减轻劳动力市场领域中的交易成本;2019~2020 年,主要表现为个人所得税免征额提高及专项附加扣除的设置,促进居民家庭税收负担的公平进而提高税制效率,有利于税收制度的长期建设与整体优化;2020 年至今,我国政府实施了以社保费减免为代表的各类税费举措,增加了市场主体现金流,实现了疫情防控与经济社会发展的兼顾。主要举例如下内容:

1. 简并增值税,降低资本成本

作为中国税收收入中的第一大税种——增值税,自实施以来,无论是其分档税率还是其征收抵扣机制,都较为深刻地影响着处在分工链条上的市场主体及终端消费者。而增值税相关政策的调整,也对社会经济产业结构的变化起着至关重要的作用。从 2012 年在上海实施了交通运输业和部分现代服务业"营改增"试点至 2016 年 5 月 1 日全面推行，增值税最终取代营业税，实现了行业全覆盖，增值税抵扣链条得以畅通，进一步深化了市场主体间的交易分工秩序。2017~2018 年，在简并增值税税率方面，先是取消 13% 税率，将 17% 税率降至 16%、11% 税率降低至 10%。2019 年，又采取了持续性的增值税减税措施，将 16% 税率降至 13%，10% 降低至 9%，增加了 6% 的适用行业进项抵扣。

考虑到增值税作为流转税，其负税人与纳税人并不一致。而增值税税率的持续下降，是否会对企业产生实质性作用？学术界对此通常存在分歧。本章以 2019 年增值税税率出现较大幅度的下调为例，尝试实证推导增值税税率变动对企业毛利润的影响。

假设条件如下：①生产制造企业 M 是增值税一般纳税人；②增值税税率变动前，企业 M 的适用税率为 16%，变动后，企业 M 的适用税率下降至 13%；③增值税税率的变动，对企业 M 年均含税销售额 S 以及年均含税原材料采购额 C 均没有影响。也就是说，S 与 C 在一定时期内维持相对稳定。增值税税率下降对企业毛利润的影响如表 12-1 所示。

表 12-1　增值税税率下降对企业毛利润的影响

假设含税销售额不变 S			
增值税税率	16%	13%	变化值
不含税销售额	S/1.16	S/1.13	+0.02S
销项税额	0.16S/1.16	0.13S/1.13	−0.02S
假设含税原材料采购额不变 C			
原材料不含税价款	C/1.16	C/1.13	+0.02C
进项税额	0.16C/1.16	0.13C/1.13	−0.02C
当期应纳增值税税额	0.14(S−C)	0.12(S−C)	−0.02(S−C)
当期毛利	0.86(S−C)	0.88(S−C)	+0.02(S−C)

注：税率数据来自国家税务总局政策资料，由笔者整理。

由此可知，随着制造业企业 M 适用的增值税税率下调 3%，企业 M 的销项税额将下降 0.02×S，进项税额也将呈现类似的下降幅度 0.02×C。因此，企业 M 当期应缴纳的增值税将下降 0.02×(S−C)，而企业的毛利润增加额恰好为 0.02×(S−C)。由此可以说明，增值税税率的降低，将有效增加企业毛利润，且毛利润的增加值等于其增值税税负的下降值。可以说，增值税的简并改革，不仅降低了企业在缴纳增值税方面的遵从成本，而且增值税税率的持续下调，还直接促进了企业利润的增加，对保护与激发资本投资活力具有相当重要的意义。

2. 降低社保缴费名义费率，减轻用工费用

在企业的各项制度性成本中，涉及用工成本的社会保险费用支付一直是造成企业及职工负担过重、挤压企业利润及职工收入、影响市场投资及私人消费的主要因素，已引起政府、企业和社会的广泛关注。目前，降低企业和员工个人社保缴费比例已成为政府减税降费政策的重要内容。与此同时，作为社会保险重要组成的养老金"赤字亏空"问题，也被提上了相关政策调整和制度改革的日程。

在规模减税降费的区间内，政府陆续出台了社会保险制度改革的相关举措，涉及征管机构调整、促进社会保险收支平衡及调节中央与地方政府在社会保险事权和支出责任等方面，为社会保险相关问题的解决，特别是企业社保成本的有效降低，提供了较好的制度条件。2016年5月1日，阶段性降低"五险一金"的缴纳比例，企业养老保险单位缴费比例超20%的省份降至20%，结余达到一定标准的省份可降低至19%。2018年9月，国务院常务会议强调："保证现有征收政策稳定，严禁自行对企业历史欠费进行集中清缴。"自2019年5月1日起，养老保险单位缴费比例从19%再降至16%。与此同时，继续阶段性降低失业保险、工伤保险费率，各省应以本省城镇非私营单位就业人员平均工资和城镇私营单位就业人员平均工资加权计算的全口径城镇单位就业人员平均工资，核定社保缴费基数上下限。在降低社保成本方面，不仅要考虑社会保险缴纳比例的降低，还要考虑当地社会平均工资的同步下降。因为只有如此，企业社保负担才能避免不降反升。基于此，实证如下。

假设 A 为当地社会平均工资，且 A 每年保持以10%增速上涨，B 为当地社会保险缴纳比例，X 为社会保险缴纳比例降低幅度，C 为当年企业社会保险费缴纳实际负担。为实现企业社会保险缴纳负担只降不增的改革目标，A、B、C 之间的关系如下：

$$A \times B = C$$

$$A \times (1+10\%) \times (B-X) \leq C$$

根据以上公式可得

$$X \geq \frac{1}{11}B$$

由上可得，每年社会保险缴费比例下降幅度只有不低于自身的 $\frac{1}{11}$，才能保障

企业社保负担切实减轻。因此，在降低用工费用方面，既需要考虑社保名义比例的大幅降低，又需要兼顾社平工资这一费基变动情况，使社保缴费比例的降低幅度不小于同期社平工资上涨幅度。

3. 个人所得税改革凸显公平效率兼顾原则

2018 年下半年，以《中华人民共和国个人所得税法》及其实施细则修改为标志的新一轮个税制度改革推出，实现了从分类所得征收向（工资薪金、劳务报酬、稿酬、特许权使用费所得四项）综合与分类相结合的稳妥过渡。此次改革不仅将个人所得税（以下简称个税）免征额从 3500 元提高至 5000 元，对适用税率进行了税基调整，大幅提升至 3%、10%、20% 三档级距，切实降低了中低收入家庭的工薪税负，且增加住房（租房、房贷）、教育（子女与继续）、医疗、赡养老人等六项专项附加扣除及年金、商业健康保险、税延养老保险等其他扣除项，兼顾了不同家庭生活支出负担及职业发展需要。

观察可知：工资收入越高，其缴纳个税金额越多，符合个税制度的超额累进性。个税级距调整后，不同工资收入层级的个税负担均有不同程度下降。具体来说，此次个税减税改革的主要受益对象是中低收入群体，如应纳税所得额 5000~8000 元群体，个税应纳税额从 45~345 元调整至 0~90 元。高收入群体个税税负下降绝对值较大，但降幅并不大。以上制度性改革安排，在具体实施过程中也得以印证。国家税务总局相关负责人表示，受益于此次个税调整，月均收入在 2 万元以下的工薪个税纳税人新增减税幅度超 67.47%。月收入 1 万元以下的纳税人，在享受免征额及六项专项附加扣除后，约 1.2 亿人基本无须缴纳个人所得税。由此，仅个税新法实施的第一年即 2019 年，就有约 2.5 亿人因此直接受益，占全国就业人口比重超 30%，人均减税额约 1842 元。

此外，凭借信息化、数字化技术，借助个人所得税 App 及电子税务局官网等渠道，2020 年涉及数亿纳税人的汇算清缴工作顺利推进。在保障征收效率的基础上，大幅降低了纳税遵从成本，确保了个税改革减税红利的应享尽享，发挥了个人所得税制度调整收入分配差距、筹集财政收入的既定功能，促进了中低收入居民家庭可支配收入的增加，刺激了消费市场复苏及增长，并间接带动供给侧企业端等各类市场主体扩大再生产。

社保费减免新政，成为市场主体惠及率最广、满意度最高、最有效的积极财税政策着力点。参考工业和信息化部 2020 年对全国 31 个省份（港澳台除外）涉及 5478 家企业的问卷调查结果，企业对中央与地方政府推出的社会保险费减免降负这一项举措最为认可。《2020 年中国企业社保白皮书》对 178 个城市 4278 家企业的调查问卷显示，89.7%的企业人力资源部门对 2020 年社保费减免新政有明确感知。

社保费减免新政系列举措的陆续出台及落实，是中央及地方各级政府以切实行动践行减税降费初衷，轻徭薄赋，让利于民。根据人力资源和社会保障部（2021）数据，2015~2019 年，社会保险费降负规模已接近万亿元。其中，仅 2019 年的社保费缴纳比例较大幅度降低所产生的降费规模就接近 0.5 万亿元。作为既往社保费减免系列政策的一贯延续，2020 年社会保险费减免降负规模也已达 1.54 万亿元，占全年 2.6 万亿元减税降费总规模的比重达 60%。

我国以社会保险费减免为代表的大规模减税降费政策"红包"的发出，换来的是各地方经济的稳步恢复。根据国家统计局（2021）数据，2020 年全国经济增速由降转升，全年 GDP 增速为 2.3%，特别是第二产业增加值增速达 2.6%，规模以上工业增加值同比增长 2.4%，固定资产投资（不含农户）同比增长 2.9%，居民人均可支配收入实际增长 2.1%。

由此可知，我国市场主体的获得感相当明显，生产经营的信心增强，民间投资预期逐步回暖，职工就业岗位得以稳定，居民收入稳步增加，为市场需求的满足奠定了基础性条件。

（二）基本特征

第一，决策层次最高。自 2016 年 7 月 26 日中央政治局会议决议及此后的一系列政策以来，均是由党和国家领导人直接倡议，经由党和国家高层政治经济决策程序而稳步推进的，并由财政、税务、人力和社会保障等部委出台实施举措，经地方各级政府及职能部门逐一落地执行。以大幅降低社会保险费的决策推进过程为例，在领导人层面，2018 年 11 月 1 日，习近平总书记在民营企业座谈会上指出，"根据实际情况降低社保缴费名义费率"。在党和国家政治经济决策程序层面，2019 年《政府工作报告》明确提出："明显降低企业社保缴费负担。"在政策落实层面，2019 年 4 月 1 日，国务院办公厅印发了《降低社会保险费率综合方案》；在具体举措的执行层面，同年 4 月 28 日，人力资源和社会保障部、财政部、税务总局、医疗保障局等部门联合发布了《关于贯彻落实<降低社会保险费率综合方案>的通知》。各省级（直辖市、自治区）政府据此制定符合本地区实际的社会保险降费方案，以确保企业社保负担能够切实减轻。

第二，减税降费力度与规模空前。迄今为止，减税降费持续时间最长、规模最大。2016~2020 年，我国累计新增减税降费总规模已达 7.86 万亿元以上，年平均增长率为 44.28%，各年份减税降费规模依序为 0.6 万亿元、1 万亿元、1.3 万亿元、2.36 万亿元及 2.6 万亿元，占同期 GDP 的比重分别为 0.80%、1.20%、1.41%、2.39% 及 2.57%，占同期广义财政收入（剔除"四本账"中的收入重复部分）的比重分别为 2.47%、3.62%、4.14%、7.01% 及 7.92%，均呈现逐年快速递增的态势。由此可见，大规模减税降费，已成为政府实施宏观调控的关键性举措，贯穿整个"十三五"时期，并延续至今。

第三，税收征管服务高效便利。信息化、数字化技术深入税收征管领域，推行"非接触"办税，打造电子税务局、手机 App、自助办税终端等线上办税缴费平台。据国家税务总局统计，"十三五"时期，90% 以上税费业务实现线上办理，纳税申报业务网上办理率已达 99% 以上，税务行政审批、税务证明、涉税材料报送事项分别减少 93%、58% 及 50%，95% 以上税收优惠政策由"备案制"改为"备查制"，切实推动税收领域"放管服"改革。发票电子化大范围推进，全程电子化申报及退税，为纳税人节约了近 50% 的时间。智能化集成申报系统的使用，极大缩短了企业所得税的平均申报时间，由 40 分钟缩短到了 10 分钟，为数以亿计的纳税人及缴费人提供了纳税便利。

第四，以优化营商环境为目标，强调纳税人真正的获得感。作为此轮减税降费政策最终目标的受益人，微观市场主体普遍对未来生产经营预期看好，中小微企业及个体工商户制度性成本有所下降。据国家税务总局统计，"十三五"时期，新办涉税市场主体共计 5745.3 万户，较"十二五"时期增加了 2607.4 万户，增长 83.1%。制造业企业销售收入年均增长 11.2%，营业收入及利润率陆续好转，民营经济就业率稳固上升，总体上营商环境得到明显改善。

二、案例的思政元素

由此，以轻税主义为特征的大规模减税降费理论雏形逐渐显现出来，在此基础上，我们构建一个统一的理论框架以解释各阶段减税降费政策，其若干要点列举如下。

第一，税收作为政府参与市场经济再分配的主要手段，其调整过程可以视为政府与市场边界的重新划定。只有以企业为载体的市场主体才能促进技术创新与经济发展（高培勇，2021）。因此，政府在征税时给予企业的留利必须充足，能够为企业创造一个兼具风险投资、技术研发和创新的乐园。可以明确的是，有这种能力的企业越多，国家经济发展的前景就越光明。大规模减税降费的政策目标便来源于此，唯有政府在税收制度方面的积极有为，才能实现财富分配的公平，进而推动经济效率的进一步提高。

第二，借鉴供给主义经济学派观点，过重的税负会损毁资本累积和企业投资，是扰乱市场资源配置机制的破坏性工具。而大规模减税降费通过增加新型企业投资的动机而非一味刺激市场需求来发挥作用(庞凤喜和牛力，2019)，借由促进经济增长实现市场供求的良性循环，这是经济波动时期政府的最佳政策选择，其他政策无法替代。从这个意义上说，"企业没有死"不是税负的边际所在，而税费负担的合理界限大体是指税与费的征收不应对企业生产经营及技术创新产生偏向性的负面影响，且低税负国家的竞争力往往强于高税负国家。

第三，作为税收政策的主要构成要素，税率与税基是决定税负轻重的主要因素，也是影响着市场主体活力的关键指标。按拉弗曲线理论，税率从高位逐渐回归至低位，随着市场供求双方"无谓损失"的减少，税基得以稳步扩大，总体税收收入并不会显著降低，反而出现增加，这能够为持久低税机制的出现创造出有利条件。大规模减税减费的作用机制便是从这二者入手，在不影响民生刚性支出的情况下(邓力平，2019)，持续作用于市场中的资本、劳动力、土地、技术、数据等要素资源。

第四，大规模减税是宏观调控的代表性举措，在推进过程中，如何与财政支出一侧相协调以保持财政收支的大体平衡(马珺和邓若冰，2020；段龙龙和叶子荣，2021)，如何兼顾激发市场主体活力、提振投资及刺激消费等多重目标，以上问题已视为对国家治理体系的检验标准，亦是开启建构轻简税制(easy tax)的有利助推。可以说，税收制度的相机抉择是国家治理能力现代化的重要标志。

三、案例使用说明

(一)教学用途与教学目标

1. 教学用途

根据案例实际填写。参考内容：本案例为分析性案例，适用于财经类专业本科生"公共财政概论"课程中税收政策知识点的教学。

课时量：3课时。

2. 教学目标

(1)知识传授。本课程案例是总结与分析"十三五"时期我国大规模减税降费的政策实践经验，试图通过对此轮大规模减税降费实施的国内外经济社会背景及公共政策的政治决策过程的回顾和梳理，较为全面了解"公共财政概论"课程有关财政收入及税收章节中的最优收入规模、宏观税负、社会保障体系等内容知识点。由此揭示我国税收制度运行的规律性，为税收政策的相机调整提供马克思主义政治经济学理论指导，以便更好地引领我国丰富的财政经济政策实践，并深刻理解减税降费政策这一宏观调控关键性举措的作用机理。

（2）能力培养。本课程案例运用马克思主义政治经济学和经济学"死角损失"等理论方法，对我国此轮大规模减税降费系列举措"组合拳"的作用机理及实施效果进行理论诠释与经验总结，由此强化对学生理论联系实践能力、科学研究能力、公共担当意识的培养。在强化应用型课程的学习过程中，突出强调在国内外经济新常态背景下我国实施大规模减税降费的决断，体现出财税治理层面的公共责任和公共管理能力，推进国家治理能力现代化。结合此轮减税降费的运行规律及实施路径，带领学生走入企业参观考察、观摩学习，切实感受减税降费政策带来的"红利"获得感，切身体会运用减税降费这一手段和工具，促进市场主体活力及经济社会平稳增长，优化财税公共风险应对能力，有利于构建和发展中国特色财政学理论，提升具有中国风格与中国气派的财税专业认知及职业素养。

（3）价值塑造。通过对我国此轮大规模减税降费的政策实践与思辨分析，带领学生走入经济学的真实世界，扎根中国大地，尝试提出此轮大规模减税降费是马克思主义政治经济学中国化的重要理论和实践成果，是与中国传统的轻税思想的有机契合，有利于从理论和实践两个方面加深对中国式现代化国家治理体系建构过程的认识。进而，增强现实经济社会发展的国情教育与历史教育，激发学生强烈的爱国情怀和担当意识，将我国财政经济发展理论与实践有机结合。由此，在遵循"公共财政概论"课程有关财政收入以及税收制度等章节的教学目标和教学任务的同时，紧扣新时代新发展阶段减税降费这一重大问题，培养服务国家治理能力现代化和社会主义建设事业的财政税收卓越人才。

3. 思政育人目标

财政是国家治理的基础和重要的支柱，随着社会与经济管理交叉日益紧密，财政理论和实践问题日趋综合化、复杂化，由此决定了财政学科属性多元综合，不仅具有社会科学的综合性和人文特点，还具有自然科学的技术性与逻辑性特征，是社会科学、政治学、管理学、法学和技术等多学科交叉融合的综合学科，肩负着国家治理体系现代化的重任。因此，通过财政学类课程思政的主力军、主战场、主渠道建设，推进"四史"教育与财政学、税收学专业教育有机融合，实施经邦济世、国计民生、治国理政、厚生为民等思政教育，让社会主义核心价值观内化于心、外化于行，培养具有家国情怀和人文科学素养，服务于国家治理能力现代化和社会主义建设事业的财政税收卓越人才。

"公共财政概论"课程思政的总体目标：立足党的教育方针与新时代国家发展要求，坚持将思政教育、通识教育、专业教育、双创教育相结合，价值导向、知识传授、能力培养、素质提升相统一，着力培养践行社会主义核心价值观，坚持德、智、体、美、劳全面发展，具有坚定的国家认同、家国情怀，公共意识，扎实的财经素养，强烈的社会责任感与团队协作精神，优秀的职业素养。构建思想政治教育、基础理论教学、创新思维训练和社会综合实践"四位一体"的财政学创新人才培养体系。课程思政的总目标可分解为两个维度分目标，包括家国情怀、人文素养等，具体表述如下：

(1)具备强烈的家国情怀。家国情怀是中华优秀传统文化的基本内涵，是个人对国家和民族的一种认同，并促使其发展的思想和理念。即心里装着国家和民族，在党和人民的伟大实践中关注时代、关注社会、汲取养分、丰富思想。财政是国家治理的基础和重要支柱，培养家国情怀是最为重要的基础。从全球、区域、国家和历史多角度、多层次认识我们的国情，通过对学科的典型案例理解、阐述国家的重大方针政策，学会用财政学视角认识、传承中华民族优良传统与文化。

财政学类专业学习应从加强现实的国际环境、国情教育和中国历史教育等方面开展教学，引导学生关注国际环境、了解中国国情，因此促进学生形成认识中国特色社会主义财税制度的优越性，促进学生对国家和民族的认同，是本专业课程思政的另一重要的环节，并进一步强化学生将个人发展与国家需求紧密结合的思维，具有优良的思想政治素质、公民道德、职业操守和服务社会的奉献精神，践行社会主义核心价值观。

(2)优秀的人文素养。人文素养是以人为中心的精神，是社会个体在以"人"为中心的各种文化方面所表现出的素质与修养，即在所拥有的文化基础上形成先进的价值观及规范。随着科学技术的飞速发展，人们逐渐认识单一学科并非我们认识和把握世界的唯一方式。人文素养的提升，不仅是每个求知者提升自己生命境界的需要，更是人类文明进步的客观要求。对解决某些根本性的问题而言，人文素养往往起到更为关键和决定性的作用。通过发挥思想政治教育的引领作用，坚持立德树人根本任务，坚持以德为先、德智体美劳"五育并举"的理念，把思想政治工作贯穿教育教学全过程，加强社会主义核心价值观教育，坚持在通识教育基础上的宽口径专业教育，推动思政教育、通识教育、专业教育、创新创业教育融会贯通。教师思政与学生思政、思政课程与课程思政同向同行，有机协同。充分发挥每门课程的育人功能。通过课内和课外多种途径，提高学生的思想政治素质、专业业务素质、文化素质和心理身体素质，培养具有基本的人文、科学、艺术知识和精神，以人为本、知书达理，使学生成为全面发展的人才。

（二）案例讨论的准备工作

2016 年中共中央政治局会议内容（新华社公告）。

2016 年底围绕企业税费负担的大讨论，涉及政府官员、企业家及财税学者等相关观点。

2017~2021 年，历年《政府工作报告》中的财税政策内容，尤其是减税降费举措。

2017~2021 年，历次国务院常务会议有关财税政策举措（增值税税率及留抵退税、养老保险缴费、个人所得税汇算清缴、社会保险费减免缓、研发费用加计扣除政策等）。

2017~2024 年，相关学者有关减税降费政策的论文文章，重点参考《经济研究》《管理世界》《税务研究》《国际税收》《税收经济分析》《南方经济》等期刊。

（三）案例分析要点

1. 案例思考题

考虑到当前我国中央及地方各级政府依然坚持延续、优化实施减税降费政策，持续优化营商环境。因此，如何基于政治经济学视角看待"十三五"时期我国大规模减税降费政策？

2. 分析思路

该课程案例的实施过程，始终围绕"十三五"时期我国大规模减税降费政策实践展开分析，并与马克思主义政治经济学、中华传统轻税思想及中国式现代化进程有机结合。具体实施表现在以下方面。

（1）减税降费与马克思主义政治经济学原理相符合。马克思主义政治经济学认为，国家是社会在一定发展阶段上的产物，而国家又是处于社会之上，将来自经济利益对立的阶级冲突进行调节与缓和，并将这一阶级利益冲突的影响始终保持在一定秩序范围内。由此可见，国家虽然是阶级矛盾的产物，但这一矛盾的核心表现是经济利益关系。正如马克思所指出："赋税是政府机器的经济基础，而不是其他任何东西。"减税降费的本质是国家政府对经济利益的调整，只不过这一调整从酝酿、推出直至执行的整个过程带着明显的政治性。这符合马克思在《道德化的批评和批评化的道德》一文中对税收政治性的深刻认识："捐税的分配、征收和使用的方法之所以成为切身问题，不仅由于它对工商业起着作用，还因为捐税是可以用来扼杀君主专制的一条金锁链。"尽管这是在封建社会背景下税收（捐税）所表现出来的一般特征，但对当今社会税收制度的构建与健全依然有其借鉴价值。

（2）减税降费与中华传统财税思想相契合。大规模减税降费的着眼点是国民富裕而不是国家的富裕，合于中国传统"百姓足，君孰与不足"的财税治理理念。早至春秋时期，辅佐齐桓公成为春秋五霸之一的管仲就提出："上年什取三，中年什取二，下年什取一；岁饥不税。"就是说，税收的确定，要根据每一年农民收成的多寡而制定，在农民粮食丰收时，政府可以相应多征税，在农民粮食歉收时，政府需要及时减税，甚至在出现饥荒的年份，政府就不能征税。同一时期的老子，在《道德经》中阐述道"将欲取之，必先予之"及"民之饥，以其上食税之多，是以饥"。就是说，政府要想从民众那里取得税收，首先需要做的是创造有利于农业经济生产的外部环境，如和平、公正等生活秩序。而当民众出现挨饿的情况，往往是因为政府征税过多，而不是其他因素的作用。因此，如何使民众免于饥饿，政府需要做的是不要征收过多的税赋，而是减少对民众税赋的汲取，藏富于民。在现代市场经济的语境下，这层意思的表达更有借鉴意义，即当企业生产经营普遍出现问题，乃至于出现大面积破产倒闭现象时，在很大程度上是因为税费负担过于沉重，此时的政府减税降费就成为政策选择的必需。

（3）减税降费加速中国式现代化国家治理体系的健全。中国式现代化国家治理体系进程的加速，依赖政府与市场规则边界明晰，而轻税机制的建立可以助推中国式现代化。大规模减税降费，正是政府在市场经济运行机制中对自身功能的一次重新定位。

减税降费主要聚焦在征税份额的重新确定及调整，政府以降低税率及费率的方式，约束"看得见的手"，避免政府税收权力对"看不见的手"的过度干预。税收智能化数字化服务，作为减税降费实施过程中的同步改革措施，将纳税人与缴费人作为服务中心，利用大数据等现代信息技术，为市场主体在税费申报、核定、支付与结算等环节提供便利，节省税费征收成本。

由此可见，减税降费的推进过程，不仅促进税收制度的现代化，还是政府职能部门尊重市场规律的集中体现，进而寻找适合中国国情的政府与市场权责划分界线，这能够为未来中国进入"现代世界"找到一条可行进路。即凭借斯密所言的财富增长三要素之一——轻简税制这一现代性标志，创造出历史学家麦克法兰所讲的能够"为现代社会和现代经济的发展发挥了关键作用"的税收制度，最终跳出"中等收入国家陷阱"警示的难以持续增长的旧制度窠臼。

（四）教学组织方式

1. 唯物辩证法

在对"十三五"时期我国大规模减税降费政策进行分析时，坚持马克思主义政治经济学视角考察分析减税降费的推进历程、作用机制及价值归宿，特别是运用马克思主义有关税收国家论、公共权力论、再生产论等观点，解析减税降费的一般规律、基本特征及发展轨迹，进而在国家治理层面探讨财税制度改革的演进方向和优化路径。

2. 案例教学法

针对大规模减税降费实施过程中有关增值税简并举措、社保费减免政策、个税免征额提升、财税战"疫"等政策案例内容进行描述、解释与探讨，进一步对大规模减税降费的作用机制进行较为深入的剖析，从而深化对减税降费理论的认识，尤其是在解决企业税费负担相对较重的问题上，实现"财政作为国家治理基础和重要支柱"这一改革目标。

3. 事件分析法

作为实证分析的代表性方法，通过梳理此轮我国大规模减税降费政治推进历程，"说"清楚减税降费政策实施过程中我国公共政治程序决策流程的来龙去脉，特别是在 2016 年中央政治局会议、2017～2020 年历年《政府工作报告》及相应年度国务院常务会议、相关职能部门及地方各级政府对减税降费政策的决策、落实与推进，为马克思主义政治经济学分析减税降费政策经验的开展作出铺垫。

（五）总结

针对高校思想政治课程的内容建设与改革创新，习近平总书记提出"大思政"的重要论断，并要求"我们要善用之，一定要跟现实结合起来"。以"十三五"时期党中央、国务院及地方各级政府果断决策并坚持实施大规模减税降费为例进行梳理，立足马克思主义政治经济学视角，在财税理论上尝试探讨与突破，以总结此轮减税降费的实践特征。

回顾这场持续至今的系列减税降费政策创举，与财政学类专业教学内容，可谓密切相关。因此，总结世界百年未有之大变局下大规模减税降费政策实践经验及其所蕴含的思政元素，将有利于在财政学类专业课程建设中，融入新发展格局所内涵的最新财税理论成果，贯穿经邦济世、国计民生、治国理政、厚生为民等理念。减税降费系列举措在实施过程中涌现出各类案例，依托生动实践，在财税课堂中发挥思政"润物细无声"的影响。用中国减税降费政策实践升华中国财税理论，以中国特色理论阐释中国经济社会发展实践，从而更为充分、更加鲜明地展现中国大规模减税降费政策效果及其背后所彰显的财税思想理论力量，增强财政学类专业课程教学内容的家国认同与国情认知，推进立德树人根本目标的实现。

第十三章 "国际贸易学"课程思政案例

国际服务贸易：数字服务贸易正成为全球贸易新引擎

一、案例正文

2020年9月4日，主题为"全球服务，互惠共享"的中国国际服务贸易交易会在北京开幕，这是自2020年以来我国举办的第一场线下重大国际经贸活动。数字贸易作为新一代信息技术催生的产物，正呈现爆发式增长态势，数字贸易持续发展，为全球贸易增长注入新动能。近年来，中国数字贸易迅猛发展，据统计，2023年，中国可数字化交付服务贸易进出口额高达27193.7亿元，同比增长8.5%。从贸易发展趋势来看，数字贸易占我国服务贸易的比重将大幅上升。目前，中国已是全球第二大服务贸易进口国，2023年，服务贸易进出口总额为65754.3亿元，服务贸易逆差规模在12041.1亿元，服务贸易占比仍低于世界平均水平。但是，电信、计算机和信息服务贸易顺差最大，成为中国最具海外优势的数字服务产业。因此，如何抓住全球贸易数字化变革的机遇，对数字贸易展开安全有序的分类管理、开放创新的制定规则、顺应智能趋势的消除"数字鸿沟"？这都将成为我国数字贸易发展的重要课题。

1. 厘清数字贸易内涵，促进数字贸易新业态发展

数字贸易的兴起得益于数字经济的发展，是随着数字技术的推广应用，数字

经济时代的新型贸易模式。近年来，互联网技术的迅速发展催生了线上交易的出现，电子商务成为数字经济中的新业态。电子商务的快速发展已成为数字经济和实体经济的重要组成部分，发展需要的技术、平台等方面的不断进步与发展又为数字贸易发展提供了契机。随后，物联网、大数据、云计算、人工智能等技术进步，相关基础设施不断完善全面赋能各个贸易环节，数字贸易衍生而来且内容也在不停地更新与升级，较之于传统贸易，数字贸易的产品经历了第一阶段以货物贸易为主；第二阶段加入了图书、影音、软件等最常见的数字产品，开始涉及服务贸易领域；第三阶段加入了"数字赋能服务"，如电信、互联网、云计算、大数据等数字经济时代的新兴产业。

所以，数字贸易是既包括基于信息通信技术开展的线上宣传、交易、结算等促成的实物商品贸易，又包括通过信息通信网络(语音和数据网络等)传输的数字服务贸易，如数据、数字产品、数字化服务等贸易。从具体业态来看，数字贸易商品既包含跨境电商运营模式下的货物贸易，又包含服务贸易，为什么当下更多地聚焦数字服务贸易？我们可以从以下几个原因进行探讨：一是因为数字贸易与跨境电商的最大差异就是数字服务贸易，数字贸易出现了可以通过数字传输交付的贸易标的，并使一些原本依赖物理运输的货物贸易转变为数字服务贸易。例如，3D打印技术的发展和集成到现有制造流程中，产品的运输方式被改变，物理运输在逐渐被运用3D打印技术的产业摒弃，取而代之的是数字技术的流动。二是全球数字服务贸易稳步增长，在服务贸易中主导地位逐渐凸显。在全球数字经济蓬勃发展的大背景下，基于数字技术开展的线上研发、设计、生产、交易等活动日益频繁，极大促进了数字服务贸易的发展。2023年，全球数字化交付服务出口总额的额总计为4.25万亿美元，同比增长9%，占全球服务出口总额的比重为54.2%。三是数字服务贸易增速领先，成为全球贸易新增长引擎。自2008年全球金融危机爆发以来，经济全球化遭遇逆流，保护主义、单边主义上升，全球贸易增长趋于平缓，而此时数字贸易成为驱动贸易增长的关键因素。2019年，在全球贸易负增长的背景下，全球数字服务出口逆势实现3.75%的增长，对服务出口贡献率达98.3%，在服务出口总额中的占比上升了0.9个百分点；同期服务出口总额仅增长了1.9%，货物出口则下降了2.9%。

厘清了数字贸易的内涵，接下来我们通过分析服务贸易的分类，探究数字贸易对新业态发展的促进。众所周知，世界贸易组织负责实施的《服务贸易总协定》根据国际服务贸易的提供方式将服务贸易定义为四种形式：跨境交付、境外消费、商业存在和自然人流动。包括运输服务贸易、旅游服务贸易和其他商业性服务贸易三大类，其中，其他商业性服务贸易包括通信服务、建筑服务、保险服务、金融服务、计算机与信息服务、特许与许可服务、个人文化与娱乐服务和其他商务服务。随着数字技术在国际贸易领域的应用和渗透，数字产业化和产业数字化深入发展，传统服务贸易的可贸易性不断增强。与此同时，全球性数字化生态的发展以跨界融合为主要特征并催生贸易新业态的发展。伴随着信息与通信技术（ICT）、保险、金融、咨询、知识产权等生产性服务业线上服务能力的提升，医药、汽车等制造业数字化转型和农业数字化转型导致国际分工和服务外包需求进一步细化，并从国内市场向国际市场延伸，加速了跨界融合的数字化生态发展与演变。

2. 构建中国数字贸易规则体系，助力数字贸易高质量发展

数字贸易的迅速发展不仅体现了国家间在科技领域方面的竞争，更使国家间在于国际贸易规则制定方面的竞争加剧。特别是自 2018 年以来，随着一些国家加紧对中国高科技的围堵，数字贸易已成为各国经济争夺的前沿阵地，数字服务贸易成为新一轮国际贸易规则竞争的焦点。在新一轮国际贸易规则制定中，美欧等发达经济体利用自身在数字贸易领域起步早、竞争优势明显、叠加较为完善的国内法律法规，积极抢夺话语权，目前以"美式模板"和"欧式模板"为主的两大典型数字贸易规则已成系统。理性分析这两个典型的数字贸易规则模板，可为我国数字贸易规则构建提供借鉴经验。

从"美式模板"的内容来看，美国作为数字信息技术的发源地，在经历了长达近 50 年的政府、企业和社会机构的多方合作，奠定了具有美国特色的数字贸易规制模板基础，且主导着全球数字贸易规则的发展方向。"美式模板"呈现如下三个特征：①延续且明确了传统贸易规则对数字贸易的适用性。特别指出跨境服务贸易规则适用于数字服务，对数字产品的关税问题作出详细解释且适用非歧视待遇。②大力推进贸易自由化。一方面，表现在其制定独创性的"否定列表"制度，非表内否定之物均可被使用，这无疑更适用于迅猛发展的数字技术和更新换代极快的数字贸易产品，极大地促进数字贸易自由化；另一方面，积极推动跨境数据自由流动，如禁止跨境数据流量限制和数据本地化要求。③技术中立原则是美国数字贸易规则中极其推崇的基本原则，突出表现为推行数据本地化。在保护知识产权和数据流通安全的基础上，积极平衡保护个人隐私和跨境信息自由流动，确保两方面协调进行。

从以欧盟为代表的"欧式模板"的内容来看，相较于"美式模板"的成熟，"欧式模板"的规则文本分布零散，缺乏一个成熟完整且独立的体系。①欧盟仅在已签订的自贸易协定中，在电信、知识产权、金融等章节零散的分布着数字贸易规则，且对于传统贸易规则的适用性，在一些关键节点并未明确指出，如"最惠国待遇"原则和"国民待遇"原则是否适用于数字贸易领域。②在推进数字贸易自由化中，贸易政策更加灵活。由于美国数字贸易规则的完整性，因此在数字贸易对外政策中是统一的。但是，欧盟在对待数字政策中是因对方而采取不同协商方式。例如，在跨境数据流动问题的解决中，在欧韩 FTA 和 CETA 鼓励性提出对双方个人数据传输进行合适的隐私保护措施，而在对美日的 TTIP 谈判中，欧盟坚决不同意不加限制的数据自由流动。显然在同一问题上，欧盟的灵活政策正是基于本国国情、本国技术发展考虑做出的选择。③欧盟国家认为文化产品因不具有完全的商品属性而无法完全遵从市场规律，不能完全适用于自由贸易原则，故坚持文化例外原则。其实这也与欧洲历史相关，欧洲文化在欧洲一直占有举足轻重的地位，对欧盟 GDP 的贡献率在 2.7% 左右，在促进就业方面也功不可没，所以这也是欧盟文化数字贸易壁垒的原因。

虽然我国在数字贸易领域潜力巨大，但对数字贸易的相关规制还没有形成体系，须不断摸索适合我国国情的数字贸易规则体系，加快国内相关规则的实践。

3. 顺应数字化、智能化发展趋势，致力于消除"数字鸿沟"

从上述数字贸易规则制定竞争的分析中可以看出，数据流通安全性、知识产权保护和个人隐私保护均成为显而易见的争论焦点。只有强化这三个方面的监管保护，才能保障数字技术的安全有序建设，为消除"数字鸿沟"奠定基础，才能助推服务贸易数字化进程。另外，企业从数字贸易的快速发展中获得了高额数字红利，激励企业在个人数据收集、分析业务方面强化业务，这无疑给消费者、给国家安全造成潜在威胁。因此，在"数据爆炸"的"互联网+"时代，如何在保护个人信息的前提下发展数字贸易，助力数字贸易技术发展？中国在数字技术中应该怎么做呢？

(1)进一步提升信息技术的应用能力。要想在国际舞台上发出中国声音，中国就必须提高自身的数字技术应用程度，只有一国的硬实力不断增强，在国际社会上才会获得应有的发言权。

(2)数字贸易保护的核心是保护知识产权。随着数字贸易的快速发展，数字内容和服务以前所未有的速度传播与扩散，对相关知识产权保护制度的完善提出了更高的要求。在数字贸易领域，防范数据、算法、商业秘密等信息被黑客等不法分子窃取成为产权保护主要焦点。数字贸易中的数字产品和可数字化交付的服务贸易的储存和复制不仅变得容易，其通过信息网络的快速传播和扩散还变得越发不可控制，如果无法有效保护产权人的利益，数字贸易的发展将变得举步维艰。

（3）数据监管技术以及对跨境传输的数据分类措施有待改进。一方面数据种类过于繁多，有待于进行分类管理。但要防止过多的限制抑制数据所带来的经济潜力。对数据进行科学合理的分类监管，有利于降低对数据泛化管理带来的经济损失。对不涉及国家安全和企业、个人隐私的数据放宽管制，尽力做到一般数据的自由流动。我国也在不断完善数字贸易规则的构建，现如今中式模板的雏形已经出现，在国际舞台上唱响中国声音也将成为可能。

因此，综合各方面分析，中国要抓住数字贸易这一"外贸新引擎"，推动中国经济高质量发展。

二、案例的思政元素

本案例的思政元素主要是以下三点。

（一）制度自信与文化自信

自信是开拓奋进的强大动力，是通往光明的精神支撑。足够自信，一个国家、一个民族、一个政党，才能真正安身立命，坚定走向未来。2016 年 7 月 1 日，习近平总书记在庆祝中国共产党成立 95 周年大会上明确提出，坚持不忘初心、继续前进，就要坚持中国特色社会主义道路自信、理论自信、制度自信、文化自信。

文化自信是对中国特色社会主义先进文化的自信，既要对优秀传统文化产生强烈的自豪感，又要坚定对社会主义核心价值体系的认同。在 2020 年中国国际服务贸易交易会上，应用于多个文化领域的新产品和新科技闪亮登场，疫情之下文化新业态蕴含着蓬勃生机，共绘"文化共生、产业共融、美好共享"的万千气象。一方面是高科技文化创新产品赋能小康，创意点亮生活。在本次服贸会上，270°裸眼配合 5G 手机和 VR 眼镜直连体验 720°沉浸式阅读刘慈欣的科幻小说《圆圆的肥皂泡》，新科技引得参观者连连称叹。另一方面是服贸会犹如一扇窗，向世界展示了 76.7 万处不可移动文物和 1.08 亿件/套国有可移动文物，发扬了传统文化，凝聚了文化自信。

(二)社会责任与专业素养

中国服务贸易的主题为"全球服务，互惠共享"，八个专题处处向世界展示了开放包容、互学互鉴、互利共赢、平等透明、相互尊重的中国精神。在数字技术与经济、社会深度融合、共同演进的大背景，人类社会正加速迈入数字经济时代。中国正在打造高水平开放平台，构建更高层次改革开放新格局，聚力科技创新、服务贸易和数字经济发展是其中应有之义。

数字贸易发展的基石在于全球信任合作。数字贸易发展需共建数字治理体系，推动多边、区域等层面数字贸易规则协调，针对数据隐私保护、数据安全、数据确权、数字税收、数据法治等，强化组织与制度创新；数字贸易的发展还加速了数据开源开放，共建信任网络、开源社区，鼓励开放合作，使以数字技术、数字贸易发展增进人类福祉成为现实。在全球化的大背景下，更需要全球深入合作，互利互惠，共建全球数字贸易与治理体系。

作为新时代的大学生、社会主义建设的接班人，学生既应具有包容、公正、开放、共赢的国际视野，又要有保护个人隐私、尊重知识产权、维护国家安全的社会责任和家国担当。

(三)自信修养和奋斗精神

通过中国北京服贸会案例分析，让学生深刻认识到，在学习工作中不贪图眼前的安逸，只有通过自身不懈的努力，脚踏实地、刻苦学习、拼搏进取，才能够不断积累、厚积薄发。要努力为国家科技发展、数字技术发展、现代化建设作出贡献。

国家间数字贸易的竞争是科技之争、规则之争，也是主导权之争。特别是在中美贸易摩擦不断升级，美国加紧对中国高科技围堵的背景下，数字贸易更成为前沿阵地。学生应正确认识时代责任和历史使命，激发民族自豪感和自信心，明白不掌握扎实的基础理论和关键核心技术，特别是像芯片等"卡脖子"技术，就会受制于人。中国的崛起和复兴、每位同学都责无旁贷。

三、案例使用说明

(一)教学用途与教学目标

1. 教学用途

本案例为分析型案例，适用于本科生"国际贸易学"课程中国际服务贸易内涵、分类、统计规则知识点的学习。

课时量：3 课时。

2. 教学目标

(1)知识层面。

1)理解概念：国际服务贸易的含义、特点和分类、统计规则。

2)掌握理论：国际服务贸易逻辑分类、GATS 关于国际服务贸易的分类；区分 BOP 统计和 FAT 统计。

(2)能力层面。

1)系统思维能力：通过对国际服务贸易的含义、分类逻辑的讲解，帮助学生理解国际服务贸易概念，为后续的学习打下坚实基础。

2)判断实践能力：在案例分析过程中学生掌握国际服务贸易的分类、统计规则，能够清楚掌握数字贸易的含义、分类和规则，加深对国际服务贸易的认知，帮助学生养成在不同视角之间的转换能力、思考能力和理性思维能力。

(3)素质层面。

1)形成专业意识：掌握国际服务贸易分析问题基本思路、熟练应用常见分析工具和分析方法，构建分析解决问题的思维框架。

2)提高专业素养：注重对本土技术的保护和中国利益的维护，提高法律意识与职业道德，培养守正的职业操守，培育拼搏进取的奋发精神，用中国梦激扬自己的青春梦。

3. 课程思政目标

通过收集与案例相关的资料文献，在阅读文献和案例分析过程中帮助学生理解数字贸易的内涵、规则，看清数字贸易是科技之争、规则之争，更是主导权之争。在案例分析过程中，引导学生学习制度自信和文化自信，深刻体会中国特色社会主义制度的优越性。作为新时代的大学生和社会主义建设的接班人，学生既要具有包容、公正、开放、共赢的国际视野，又要有保护个人隐私、尊重知识产权、维护国家安全的社会责任和家国担当。同时，在学习和工作中不贪图眼前的安逸，要通过不懈的努力，脚踏实地、刻苦学习、拼搏进取，才能够不断积累、厚积薄发。更要正确认识时代责任和历史使命，激发民族自豪感和自信心，努力为国家科技发展、数字技术发展、现代化建设作出贡献。

(二)案例分析的准备工作

(1)学生需要预习"国际贸易学"课程中国际服务贸易这一章节的相关理论和知识，对国际服务贸易的含义、特点、分类和统计规则等知识点有一个初步认识。

（2）分组学习，按小组围绕预习内容制作 PPT，在课堂分享学习内容和学习心得。挖掘学生共同的学习难点在案例分析中师生重点讨论。

（三）案例分析要点

1. 启发思考题

（1）结合案例，服务贸易和数字贸易正成为全球贸易的新引擎，结合国际服务贸易厘清数字贸易的含义和分类，分析如何促进数字服务贸易新业态发展。

（2）结合案例，对比数字服务贸易规则中"美式模板"和"欧式模板"的共同点、区别点、争议点，并谈一谈对我国数字贸易规则制定的借鉴经验。

（3）结合案例，谈一谈我国应如何顺应数字化、智能化发展趋势，致力于消除"数字鸿沟"，推动数字服务贸易的发展。

2. 分析思路

三个思考题是基于"国际贸易学"课程中国际服务贸易的知识点而提出的。

（1）结合案例，服务贸易和数字贸易正成为全球贸易的新引擎，结合国际服务贸易厘清数字贸易的含义和分类，分析如何促进数字服务贸易新业态发展。

理论知识点：国际服务贸易含义、分类，数字贸易的含义、分类。

分析思路：引导学生运用马克思主义联系的、发展的眼光看问题，学习国际服务贸易，认清数字服务贸易与国际服务贸易的关系，能够理解新生的数字贸易，掌握国际贸易的前沿知识。

（2）结合案例，对比数字服务贸易规则中"美式模板"和"欧式模板"的共同点、区别点、争议点，并谈一谈对我国数字贸易规则制定的借鉴经验。

理论知识点：数字服务贸易规则。

分析思路：引导学生通过对案例中的数字服务贸易规则中"美式模板"和"欧式模板"的特点进行梳理，总结归纳两个模板的共同点、区别点和时下的争议点，了解在数字贸易规则制定的规律、要点。并通过对两个模板的学习，归纳中国数字贸易规则制定可借鉴的经验，使学生了解国际大学数字贸易发展竞赛是科技竞赛，更是规则竞赛。

（3）结合案例，谈一谈我国应如何顺应数字化、智能化发展趋势，致力于消除"数字鸿沟"，推动数字服务贸易的发展。

理论知识点：数字服务贸易发展核心——数字技术、知识产权保护。

分析思路：通过中国北京服贸会案例分析，让学生深刻认识到在中美贸易摩擦不断升级，以及美国加紧对中国高科技围堵的背景下，数字贸易已成为国际贸易发展的前沿阵地。作为中国新时代的大学生，不能盲目自信，要明白不掌握扎实的基础理论和关键核心技术，特别是像芯片等"卡脖子"技术，就会受制于人。所以，要通过不懈的努力，脚踏实地、刻苦学习、拼搏进取，努力为国家科技发展、数字技术发展、现代化建设作出贡献。

3. 总结反思

(1)课前根据学情分析调查问卷，依据学生的学科背景、基础知识、学习兴趣、学习偏好、学习期待、文化背景、心理状态、活跃程度等方面进行分组。按小组布置预习相关知识点、阅读熟悉案例等任务。

(2)讨论课程采取"讨论—研究—研讨"进阶模式，师生间、学生间通过讨论、研究、辩论，从"学会"转变为"会学"，在课堂中达到共识、共享、共进与共同发展的教学效果。

(3)通过"精准定位，滴水为点，以点带链，灌溉成面"的课程思政深度挖掘，配合多角度、多形式、多样化教学活动，使课程思政融入专业教学全模块与全过程，培养学生放眼世界、胸怀祖国的家国精神。

(4)撰写反思报告，学生通过结构化反思报告，及时反馈学习效果，学会学习。教师进行教学反思，思所得、思所失、思所疑、思所难、思创新，反哺教学。

(四)教学组织方式

建议用本案例完成国际服务贸易知识点的教学。采用课下学生分组学习、课堂知识共享、教师答疑解惑相结合的形式。一般安排 3 个课时(每个课时 45 分钟，共 135 分钟)。"国际贸易学"课程思政案例的教学组织安排如表 12-1 所示。

表 12-1　"国际贸易学"课程思政案例的教学组织安排

学习阶段	学习内容	时间限制	学习要求和目标
课前	学习通发布视频、阅读材料等任务点，包括国际服务贸易的含义、分类、统计规则等	提前一周	熟悉与本案例相关的基本知识点，分组制作 PPT 课堂展示
课中	按照知识点，不同学习小组分别展示。针对学习难点，师生共同讨论，教师答疑解惑	45 分钟	熟悉并基本掌握与案例相关的知识点

续表

学习阶段	学习内容	时间限制	学习要求和目标
课中	教师介绍案例,并提出案例分析启发思考题	15分钟	学生带着问题阅读案例,为案例分析做准备
	针对启发思考题分组讨论	30分钟	让学生运用理论知识分析现实问题,将讨论中的表现作为平时成绩
课中	对各小组讨论发言进行点评,针对难点引导全班进一步讨论,将思政元素"润物细无声"地融入专业课程学习	30分钟	解决课堂学习的重点和难点问题。启发学生脚踏实地、孜孜以求,从自主学习、团队沟通与合作交流中提高解决问题的能力
	撰写课堂学习反思报告	15分钟	学生通过结构化反思报告,及时反馈学习效果,学会学习。教师进行教学反思,思所得、思所失、思所疑、思所难、思创新,反哺教学
课后	请学生继续关注数字服务贸易发展动态,学习通中以讨论形式给出思考题目供学生讨论,并直接在学习通平台进行作答,留痕成绩。教师课后与学生就思考题进行持续的讨论和交流		增强记忆,巩固知识,培养学生思考能力和文字表达交流能力

(五)总结

通过本案例的学习,首先让学生引导学生运用马克思主义联系的、发展的眼光看问题,学习国际服务贸易,认清数字服务贸易与国际服务贸易的关系,能够理解新生的数字贸易,掌握国际贸易前沿知识。其次引导学生通过对案例中的数字服务贸易规则中"美式模板"和"欧式模板"的特点进行梳理,总结归纳两个模板的共同点、区别点和时下的争议点,了解在数字贸易规则制定的规律、要点。并通过两个不同模板的学习,归纳中国数字贸易规则制定可借鉴的经验,使学生了解国际大学数字贸易发展竞赛不仅是科技竞赛,更是规则竞赛。最后让学生深刻认识,在中美贸易摩擦不断升级,以及美国加紧对中国高科技围堵的背景下,数字贸易已成为国际贸易发展的前沿阵地。作为中国新时代的大学生,不能盲目自信,要明白不掌握扎实的基础理论和关键核心技术,特别是像芯片等"卡脖子"技术,就会受制于人。所以,要通过不懈的努力,脚踏实地、刻苦学习、拼搏进取,努力为国家科技发展、数字技术发展、现代化建设作出贡献。

第十四章 "管理学"课程思政案例

徐工集团在不断变革中拥抱数字化浪潮：
引领学生思考勇攀科学高峰与坚守主业的理念

一、案例正文

本案例摘自《中国工商管理案例中心：徐工集团——中国装备制造"国家队"的珠峰登顶之梦》。

（一）徐工集团的20年

徐工集团是徐州市属国有企业，由"三厂一所"合并而成。其前身是八路军鲁南第八兵工厂，从做土手雷到20世纪50年代中期开始生产农用机械、工程机械。徐工集团在中国工程机械行业创造了"六个之最"：历史最悠久、规模最大、主机产品线和关键零部件最齐全、创新能力最强、出口总量最大、经营规模最高。徐工集团连续30年保持中国工程机械行业第1位。

1. 第一阶段（1999~2003年）

18岁进入徐工集团，从车工和学徒做起的王民，1999年接任党委书记，2000年初任董事长。当时的徐工集团处在前所未有的矛盾和困境中，资产不良、人心涣散、经营无序，部分干部理想信念动摇、享乐奢侈之风滋生，徐州市政府就徐工集团核心企业破产问题多次研究。王民做的第一件事就是狠抓党的建设和干部作风：严查私吞企业财产，取消干部专车，清退干部多占的住房，整治吃喝风、"小圈子",严肃工作纪律,清理冗员9000名。在经营上,徐工集团精减人员,对不盈利的56家下属公司关停并转、全力发展核心产品。徐工集团也拿出15亿元用于破产改制、职工安置和解决历史遗留问题。2001年,当时徐工集团经营规模仅有40亿元左右,王民却提出了三年调整结构、五年全面盈利、建成百亿集团的目标。他还提出了"三高一大"(高技术含量、高附加值、高可靠性、大吨位)的产品战略;并将其列为"董事长1号工程",坚持走自主创新的发展道路。他要求徐工集团的每个产业板块都要有"对标全球主要对手的赶超计划"。例如,起重机械"G"计划力图用三年时间赶超某德国企业;挖掘机械"T计划"目标为赶超某日本企业。2003年,已经初步走出困境的徐工集团,抓住市场爆发机遇,在全行业第一家实现营业收入、销售收入均超百亿元。

2. 第二阶段(2004~2010年)

2002年底,徐工集团被列入江苏省政府82家改制企业名单。由于徐工集团旗下的重要利润重型厂和代表核心竞争力的研究院未包含在上市公司徐工科技里,因此引进外资的平台被设定为徐工科技的第一大股东徐工机械。为了让徐工集团股权更加分散化、国际化,也为了引入资金帮助公司甩掉历史包袱,争取更灵活的机制,徐工集团尝试进行了一系列资本运作,包括2005年通过银行举债回购国家四大资产管理公司合计持有的徐工集团旗下主要公司徐工机械的48.68%股权(此前国家为重整一蹶不振的国有企业,通过四大国有资产管理公司普遍通过债转股的方式免除这些企业无力负担的债务),让徐工机械变为国有独资企业,然后引入资本方。在资本方的选择上,六家考虑对象曾被公布——卡特彼勒公司、华平创业投资有限公司、美国国际投资集团、摩根大通亚洲投资基金、凯雷亚洲投资公司和花旗亚太企业投资管理公司。方案一改再改,凯雷从控股到参股,比例也一降再降,监管方仍然犹豫不决。2006年,徐工集团已经做好了两手准备,一旦改制无法获批或者终止与凯雷的合作,就立即启动徐工机械整体上市的安排。2008年,凯雷退出并购案,徐工集团迅速将计划调整为重大资产重组,把优质资产注入上市公司,在A股市场募集资金50亿元。上市融资之后,徐工集团就开始了新一轮的调整改革,为未来的发展奠定了基础。

3. 第三阶段(2011~2016年)

自2011年以来,就赶上了中国工程机械市场出现"断崖式"下滑,其"黄金十年"自此终结。2012年,徐工集团营业收入刚刚迈入千亿级。2014~2015年市场又一次呈现锐降,其容量萎缩至2011年高点时的28%,竞争对手人员规模缩减了70%以上，徐工集团也清理了冗员5000多人，领导班子带头降薪22%，中层干部降薪8%，但是职工薪酬却保持不变，所有竞争者都面临行业低谷的严峻挑战。徐工集团实施创新和国际化战略"双轮驱动"，跳出国内行业低端、低档次、同质化和粗放式发展的竞争格局。王民看到，这一轮经济与市场调整不是周期性的，而是结构性的，应该以供给侧结构性改革与企业经营结构性改革来化解风险、走出低谷。在一眼望不到边的持续低谷下，企业经营的第一诉求是活下来。王民则试图转变发展观念和增长方式，从过去靠规模和速度走同质化的发展道路，转变为靠技术、品质、精细管理和专业化管理，真正实现差异化发展。

（二）勇闯行业寒冬

1. 坚守使命

在行业寒冬期，一些竞争对手因撑不下去被收购，脱离工程机械主业，进入当时炙手可热的房地产行业。在王民的领导下，徐工集团却坚定不移干好主业，始终不等不靠，将命运牢牢把握在自己手中。"我们不过更加专注一些，坚守工程机械主业，坚守改革和创新的大方向，不被其他利益所诱惑，这样才能在历经风雨的艰辛中不断向前。"王民这样自我评价。

支持王民坚守产业兴邦情怀的，不仅是一腔热血，还有工程机械行业的特殊条件和背景。首先，中国工程机械行业竞争门槛不高，用王民的话讲，是"这个产业没有受到任何保护，凡是在竞争和挑战中不断成长起来的企业，是最有生命力的，基础十分厚实的"；其次，王民判断这个产业仍然具有极大的机遇，但不能只死守在国门之内，而是要放眼国际市场。据他所知，全球行业最领先的几家跨国企业，国际化收入占比早已达70%。

2. 国际化

在抵御行业寒冬之时，王民的另一重要应对策略是国际化。徐工集团从中低端用户入手，逐渐瞄准高端用户，从产品"走出去"到人员、服务和资本"走出去"，坚定不移实施国际化战略。

由于工程机械供应链的特点是多品种、小批量，客户定制程度很高，需要企业快速反应。因此，在国际化研发和制造方面，徐工集团不断加大投入，成立了中国、美国、德国、巴西、印度五大研发基地的全球研发体系，让研发和生产实现当地化，从传统产品导向型向市场导向型经营的转变。这样，徐工集团的国际化战略定位从过去的"游击战"转入了"阵地战"。

自2018年以来，在国家"一带一路"倡议下，徐工集团与80多家中资企业抱团出海，65%的工程机械选择了徐工产品、共建"一带一路"国家真正成为徐工集团的核心市场。2018 年，国际市场已经占徐工总收入的 30%，未来的目标将达50%。王民要在 2025 年带领徐工集团进军世界前三，并且向习近平总书记汇报了这一目标。

3. 创新与人才

经过几十年的快速发展，中国工程机械的产业规模已经跃居世界第一位，但是与高度发达的工业国家相比，仍然存在大而不强、自主创新能力弱、关键核心技术对国外依存度高的"痛点"，被称为制造业核心技术"空心化"现象，是中国制造业面临的首要挑战。

王民提出了"技术领先、用不毁"，把产品做成工艺品的产品理念。只有"技术领先"才能真正迈向中高端市场，而"用不毁"是赢得工程机械市场竞争的命脉所系。1999 年，徐工集团专利数仅为 6 件，截至 2019 年上半年，徐工集团拥有有效授权专利 7000 多项、发明专利 1500 多项，PCT 国际专利 50 多件。徐工集团自主研发了"神州第一挖"700 吨液压矿用挖掘机，以及"全球第一吊"4000 吨履带式起重机，打破了德国、日本、美国等西方国家在成套矿业机械领域和千吨超级移动起重机领域的垄断，对我国大型矿山开采、核电站建设、石油化工及风电等行业的建设起到了非常重要的保障作用。

过硬技术的背后是人才的支持。行业低谷正是行业加速洗牌期。在市场下滑的压力下，徐工集团坚持引进优秀人才，2011 年一口气招聘了 2000 多名大学生。王民把徐州市委、市政府批准徐工集团购买商务飞机的 3 亿元用于建设人才公寓，1360 套"拎包入住"的公寓房可住 5000 多人。领导班子和干部带头降薪，而职工的薪酬始终保持不降。截至 2018 年，徐工职工人均收入增长 3.1 倍，虽然薪酬不是行业最高的，但精英人才却高度聚集。多年来，王民不管多忙，都会亲自为新入职的员工讲述"徐工第一课"。他始终认为，徐工的未来必须牢牢掌握在能传承徐工血脉的青年人才手中。

(三)珠峰登顶之梦

徐工集团的发展已经在 2017 年进入第四阶段，徐工集团紧紧围绕高质量发展的主线前进。徐工集团的产品有相当一部分已经达到世界先进水平。但王民清醒地看到，徐工集团市场份额的主体还是在中低端。徐工集团在产品技术、质量管理的国际化水平、内部管理机制、关键零部件水平、制造工艺水平、产业链的协同水平、智能制造水平等方面，与世界最强对手相比还有一定的差距。为增强国际竞争力，还需要加强技术创新，注重人才发展和渠道建设，这样才能有好的支撑。

1. 数字转型

徐工集团数字化转型共分为三个阶段：1998～2013 年，全集团推行业务信息化；2014～2017 年，徐工集团成立了专门的信息公司，尝试工业互联网的发展；自 2018 年以来，徐工集团全面开启数字化转型，真正将数据视为资产，并通过已经积累的 70 多万台产品所提供的运营数据打造"数字化产品"。

2018 年，徐工推出了世界第 1 条，也是唯一一条智能化转台（可以被旋转到任一位置并固定在该位置的工作台）生产线。整个十八个工序的生产过程，一个人可以控制 10 台机器，机器人智能化焊接水平突破 75%，生产效率提升 150%，智能化物流工序覆盖率超 60%。过去三个班 36 人，每天最多生产 20 多台；现在一个班一个人可以造出 50 台。徐工集团被工业和信息化部评为"2019 年智能制造标杆企业"。徐工集团率先在业内开展设备联网，将工业大数据分析应用于大型装备的制造过程，使自动焊接率从 40% 提升到 90%。产品不合格率降低到 6% 以下，解决了行业难题。此外，汉云工业互联网平台累计入网设备 70 多万台，已连接"一带一路"沿线 20 多个国家的用户，平台上管理的资产超过了 5500 亿元，催生了相关服务产业。徐工集团依托工业互联网平台，实现设备、人工、车辆、网点的全方位互联，将工业大数据分析运用到设备制造、供应链，以及市场销售中，实时掌控资源的分布、利用和调配，不仅极大提高了生产效率和服务质量，还显著降低了人工成本。通过智能化转型升级，2017 年徐工集团的主营收入以近 60% 的增幅创历史新高，2018 年徐工集团的营业收入再上千亿级台阶，产销量同比增长 45.2%。

2. 新一轮改制

尽管徐工集团获得过很多荣誉，但是王民看得很淡，因为前面还有激烈的市场竞争和强大的对手。"我们的目标是珠峰登顶，没有过硬的思想、本领和身体，上不了峰顶。"王民深知，徐工集团迟早是要交给年轻人的。既要启用年轻人，让企业跟上时代发展的步伐，又要让他们在艰苦的行业中坚守下去，其中一定要有一股韧劲去支撑。如何做到这一点呢？他把希望寄托在新的混合所有制改革上。

如果只用金钱衡量，则徐工集团的薪酬比不上国内顶尖的民营企业，但徐工集团的优势在于更好的福利、对员工的关爱，以及文化和感情对员工的凝聚力。然而，在互联网经济的冲击下，新型人才的争夺战已趋于白热化，如何为传统企业留住优秀人才？早在 2013 年，王民就拍板对当时刚成立的新公司——徐工信息技术产业公司(以下简称信息公司)实施混合所有制改革,把 30% 股份用于骨干激励。他很庆幸自己当初作了这个决定,投资额由 1000 万元变成了现在的 13 亿元,知名风投和互联网巨头都追加了投资,这吸引了全国一大批优秀的互联网人才。信息公司支撑了徐工集团整体的智能化、信息化发展,同时还可服务整个制造业。

二、案例的思政元素

根据本专业及人才培养的要求和特点,提炼案例中蕴含的思政与专业结合点,课程显性教育和隐性教有机融合如表 14-1 所示。

表 14-1　课程显性教育和隐性教育有机融合

研讨案例	显性教育 (理论阐述)	隐性教育 (思政内涵)	思政元素维度
徐工集团	全面深刻分析市场竞争环境,包括国内外、微观和宏观,总结行业特点	家国情怀	国家层面
	理解企业生命周期的阶段划分,以及不同阶段呈现的特点	坚守主业	社会层面
	理解企业发展战略,区分不同战略选择的侧重点及发展方向	工匠精神勇攀科学高峰	
	能够进行不同领导风格的比较,尤其是变革型领导与魅力型领导,并分析上述领导风格对员工管理、企业绩效的影响	敬业精神担当意识	个人层面

三、案例使用说明

(一)教学用途与教学目标

1. 教学用途

本案例为分析性案例,适用于会计学(合作办学)、金融学(合作办学)专业本科学生"管理实务(合作办学)"课程中企业战略、企业生命周期知识点的教学。课时量:3 课时。

2. 教学目标

(1)知识目标。深刻体会企业生命周期的内涵、企业发展战略的分类、领导者在不同发展阶段的角色,以及领导风格的比较。重点分析领导力和组织文化对企业战略和绩效的影响。

(2)能力目标。通过"案例剖析+知识回归"的授课安排,重点提升学生归纳—演绎能力,以及灵活运用、举一反三的能力。

(3)素质目标。系统分析徐工集团发展过程中坚持实业兴国,勇攀技术高峰的坚守;在智能制造、工业互联网的背景下,徐工集团开始数字化转型,在行业内率先进行设备联网,为设备赋智,体现了当代企业积极创新、拥抱变革的锐意进取精神。

3. 思政育人目标

(1)通过徐工集团的案例分析,能够梳理清楚课程的主体框架,激发主动探求意识,培养自己不断完善知识脉络的动力。

(2)结合不同阶段徐工集团面临的困境与机遇,体会集团作出的多次抉择,尤其是在王民的领导下徐工集团完成的系列变革,能够树立工匠精神,勇于突破,同时做到锐意进取。

(3)徐工集团作为实体经济的代表,在新的竞争环境下,主动拥抱互联网并积极融入其中,利用数字化这一强大工具武装自己,带领集团走上智能化制造的道路。深刻体会集团展现的攻坚克难精神及家国情怀意识。

(二)案例讨论的准备工作

课前将案例材料按照小组进行分发,提前阅读并收集与徐工集团及其领导者的相关信息,同时预习企业生命周期理论、企业发展战略,复习领导者相关理论。获取讨论资料的渠道包括中国知网、徐工集团官网、网易新闻等。

(三)案例分析要点

1. 案例思考题

(1)工业机械市场的竞争环境是怎样的?

(2)企业发展战略有哪些?

(3)识别多种领导风格,如变革型领导、魅力型领导。

(4)在徐工集团的几个发展阶段中,王民分别扮演了什么角色?

2. 分析思路

对上述案例思考题的分析思路如图 14-1、表 14-2 所示。

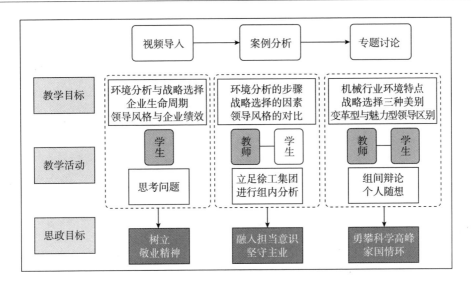

图 14-1 案例思考题的分析思路

表 14-2 案例思考题的分析思路

教学内容	思政要素融入点	育人目标
主要内容: 环境分析维度 企业发展战略三个类别 企业生命周期演变过程 领导风格与企业绩效的关系 分析工具: 波特五力分析模型 SWOT 分析法 企业生命周期曲线绘制	(1)从徐工集团宣传片视频导入中体现企业不断变革的观念及敬业精神 (2)在环境分析的流程中融入责任担当意识并坚守主业 (3)从徐工集团整体案例中彰显勇攀科学高峰、强化家国情怀	培养大学生的敬业精神与工匠精神,结合理论知识,激发大学生的历史责任感,牢固树立家国意识。同时,不断突破自我,养成良好的职业素养

(四)教学组织方式

1. 教学过程的组织与实施

通过对徐工集团的全面剖析,体会其具体实施环境分析及战略布局时所展现的工匠精神,勇于突破自我,紧跟国家发展战略及时代背景,并对行业进行前瞻性把握,积极融入数字化浪潮,不断进行自我革新。启发学生深入思考自身职业生涯规划,努力成为追求上进,砥砺前行的人,为日后的职业生涯奠定基础。

案例具体实施过程如表 14-3 所示。

表 14-3　案例具体实施过程

课前任务布置	将案例材料通过 QQ 群及学习通推送给学生，附带小组任务，要求大家提前阅读材料，并通过查阅文献、期刊、书籍、新闻等形式深入挖掘分析对象的外延信息，保证资料的充分性，提前独立思考案例问题，形成自己的初步理解
课上案例分析	首先，运用思维导图形式，讲解环境分析、企业发展战略、企业生命周期、领导风格理论知识，帮助学生构建知识框架，为案例分析储备切入点。其次，播放企业宣传片视频素材《大器徐工》，引发学生对徐工集团及其产品的热议，衔接转到案例材料《徐工集团——中国装备制造"国家队"的珠峰登顶之梦》分析环节。最后，融合学生的不同观点与想法展开碰撞与共鸣，对课上问题进行总结与提炼。在整个分析过程中，启发学生不仅要看到企业自身的涅槃重生勇于自我突破、追求创新，还要考虑到企业在其发展的过程中所呈现的文化符号势必与其所在国家文化特质所契合，在秉承工匠精神中传递大国自信与文化自信。立体化的授课方式，有利于学生思想得到升华，对案例蕴含的思政元素的解读效果实现阶梯式攀升
课后及时梳理	每个小组完成案例研讨记录并提交，作为小组活动的一次成绩；同时，个人完成案例随想报告，思考徐工集团的历次变革及技术创新上的成就对自己学业、职业规划的深远影响

2. 教学方法和手段

对分模式、组间研讨、讲授法、案例法。

3. 教学评价

对小组提交的案例分析报告及个人随想报告进行科学评价，其中涵盖思政维度考核并赋予权重，由此对学生的思想、行动产生引导作用。与此同时，综合借助学习通的作业，讨论，投票等环节，鼓励大家积极发表自己的看法，丰富分析结果的输出形式，并形成课堂讨论环节的部分成绩。教学评价如表 14-4 所示。

表 14-4　教学评价

思政维度	活动说明	评价导向	权重(%)
敬业精神担当意识	小组报告	小组通力合作中注重细节，认真完成案例材料的解读，准确进行市场环境分析，企业竞争战略比较，以及领导风格的解读	40
工匠精神坚守主业	小组展示	小组案例分析材料的准备和陈述充分体现学生的高度敬业精神，用于克服困难，展现了职场基本素养	30
大国自信家国情怀	个人随想	从徐工集团案例联系自身，表达个人对家国的情感，涵盖道路自信、文化自信的个人体会	30

（五）总结

第一，启发学生主动完善知识架构体系，展示敬业精神与踏实勤奋。除了向学生讲解环境分析不同步骤的注意事项，企业战略制定中的主要参考要素，同时启发学生立足机械行业本身，以及自己国家的情况，体会特定阶段、特定行业的发展特点，并以徐工集团为分析对象，剖析企业如何做好自己的市场布局。在课前任务布置中，要求学生通过多种渠道收集徐工集团的资料信息，准备工作充分而翔实。

第二，引导学生丰富输出形式，培养工匠精神、坚守主业的职业素养。在课堂上同学对徐工集团采取的环境分析和战略定位进行了激烈的组内讨论与组间辩论，就自己的结论展开陈述。不仅强化了学生的知识输出能力，还强化了精益求精、不断钻研、坚守主业的职业素质。

第三，鼓励学生勇于主动变革，并不断突破自我，彰显大国自信与家国情怀。面对智能装备趋势与数字化浪潮，以及国际竞争对手的巨大压力，徐工集团锐意变革，主动转化思路，积极向服务型制造转型，并从内在管理角度推行混合所有制改革。在此过程中，学生能够将徐工集团鲜活的案例与课本上的理论知识进行密切衔接，并深刻体会实体经济在国家发展与产业布局中的作用，实现对家国情感与大国自信的升华。同时，细化到个人而言，如何规划自己的人生与职业定位，勇于融入变革，以自己的厚积薄发助推个人梦想的实现。

（六）特色与创新

本次课程思政依托中华文化优秀传统与现代企业治理的深度融合，将敬业精神、坚守主业与工匠精神等思政要素融入教学全过程。通过立体的互动方式挖掘课程思政内涵，引领学生互助式与探究式学习。徐工集团的案例材料代表了老一辈企业家的实干精神，更体现了在新的发展格局下如何实现企业的锐意进取。借助集团负责人王民这一鲜活的人物形象，启发学生思考个人与国家的关系，以及个人与时代的关系，引导学生将自身发展放到国家环境中，彰显爱国情怀，更加提升对历史担当的认同感。为了强化课程效果，案例讨论结束后，注重学生的个人反思，表现形式可以是心得体会或者课程笔记等，以综合提升课程思政的内化成效。

参考文献

[1]舒媛，何强．工业互联网应用于制造业企业的财务效果研究——基于三

一重工和徐工集团的案例分析[J]. 经济研究导刊, 2021(21): 74-77.

[2]王久平, 刘彬. 激发创新活力打造救援"利器"——访十九大代表、徐工集团工程机械有限公司董事长王民[J]. 中国应急管理, 2020(9): 22-25.

[3]韦敏. 直道超越有力度弯道超车有创新——访徐工集团汽车事业部总经理罗东海[J]. 企业管理, 2021(4): 38-42.

[4]袁韶华, 谌侃, 梁婷. 机械制造企业的数字经济转型策略——基于徐工集团转型案例[J]. 现代商贸工业, 2023(19): 70-73.

[5]朱海涛. 徐工集团5G+工业互联网创新应用建设组网解决方案研究[J]. 江苏通信, 2021(1): 68-73.

第十五章 "电子商务概论" 课程思政案例

5G 技术与电子商务发展

一、案例正文

(一)5G 技术的特性

中国政府高度重视 5G 产业的发展，在相关关键政策方面为 5G 产业的发展指明方向，《中国制造 2025》指出，要全面突破第五代移动通信(5G)技术。5G (5th Generation Wireless Systems)，中文译为"第五代无线系统"。5G 是指符合 IMT-2020 要求和 3GPP R15/R16 标准的无线系统。5G 的发展和推行是为了满足现在的"Internet of Everything"，即万物互联的趋势。世界上各设备通过高速网络互联以达成高效协同工作是 5G 的发展目的。

相较于 4G，5G 的数据吞吐量更高、延迟更低、移动性更强。用户使用 5G 的上网体验会有很大的飞跃，2019 年初，高通在旧金山和法兰克福分别进行了一次试验。根据试验结果，5G 比 4G 的下载速度有 10~20 倍的提升。4G 和 5G 在下载速度和延时方面的对比如表 15-1 所示。

表 15-1 4G 和 5G 在下载速度和延时方面的对比

项目	浏览和下载速度均值	浏览和下载时延均值
法兰克福的 4G 实验数据	56Mbps	116 毫秒
法兰克福的 5G 实验数据	490Mbps	17 毫秒
旧金山的 4G 实验数据	71Mbps	115 毫秒
旧金山的 5G 实验数据	1.4Gbps	4.9 毫秒

相较于 4G 及之前的系统，5G 具有高连接密度下的稳定性。5G 能够在城市中心、大型办公楼商业区、早晚高峰地铁和节日高峰旅游景点等联网设备数量多的区域保持稳定地传输信号，这样每台设备都能同时同地顺畅使用低延迟的高速网络。

（二）世界各国在 5G 技术中的竞争

5G 是促进产业发展的催化剂，因此世界各国都在 5G 技术发展方面投入了大量的人力、技术和财力，争取成为 5G 技术的先行者。美国四大移动运营商 5G 部署进展有序推进，日本推出"beyond 5G 推进战略"支持超高速通信时代，韩国 5G 技术助力平昌冬奥会开幕式，欧盟将 5G 视为经济数字化变革关键使能器。

我国的华为公司在 5G 的标准确立、芯片制造、基站建设等方面都居世界领先地位。在全世界 5G 标准 5GNR 的创立过程中，中国的专利占比超过了 30%，而华为一家公司的专利占比就超过了 20%。5G 芯片的研发包括了终端和基站的芯片，华为的 Balong5000 手机芯片支持 5G 与 NSA 速度是其主要竞争对手高通的 X50 的 2 倍；华为天罡 5G 基站的芯片，同样领先于世界主要竞争对手的 5G 基站芯片。华为在全球的 5G 基站发货量已经超过了 15 万，下载速度可达 125MB/s 左右，在华为的多台手机测试当中平均下载速度可达 50MB/s。

我国的 5G 技术发展也面临复杂的国际环境。一方面，各国政府高度重视 5G 发展，积极推动 5G 商用规模部署；另一方面，我国在 5G 技术、标准、产业方面的发展，引起了美国及其盟友的担忧，以安全为由对我国企业进行打压，给我国 5G 产品国际化带来不利影响。包括华为、中兴在内的我国企业成为 5G 的先行者对我国产业发展具有重要的意义。首先，华为将本企业的技术标准推广到世界范围，可以提高自己公司的专利费用收入，以及自身在国际市场的竞争力和发言权；其次，5G 技术的发展有利于推动生活娱乐、车联网、汽车电子、医疗电子、可穿戴设备、智能家居等规模化的消费类应用发展，以及 5G 与工业、农业、能源等传统行业深度融合，进而实现《中国制造 2025》的战略目标。

(三)5G 技术在电子商务领域的应用

5G 网络的高速、高带宽、低时延等特性,使 5G 技术在高清媒体服务和无人驾驶等方面的应用有得天独厚的优势,这也促进了 5G 技术在电子商务领域的应用。

5G 使消费者可以接受更好的高清流媒体服务。目前,具有高分辨率(4K)的视频、具备 AR(增强现实)和 VR(虚拟现实)技术的高清流媒体在网络上的应用越来越多,超高清视频和 AR/VR 视频的数据吞吐量都很高,在 4G 及之前系统中播放存在困难。5G 可以使消费者更好地接受移动端高清流媒体服务,这对 5G 技术弥补 VR 产业发展中的短板具有重要的作用。在 4G 及之前的电子商务中,电商平台在展示和宣传产品中遇到的一个重要困难就是宣传照片与实物不相符,这也导致许多网上交易中的纠纷和退换货等情况。

5G 技术的发展增强了京东、淘宝等大型电商平台在产品展示中的消费者体验,5G 技术的应用使 VR 技术不再受流量速度等限制,消费者还可以在家中进行体验电商带来的真实逛街购物及试穿。例如,淘宝平台在商品详情页做了视频展示环节,为消费者提供视频产品演示。在选择服装、鞋帽等产品的过程中,有 5G 技术加持的 VR 装备可以直播衣服穿到真人身上的效果,减少了买家和卖家间对产品的信息不对称。

5G 技术也提高了物流配送环节的效率,推动物流行业从劳动密集型转为技术密集型。5G 技术低时延的特性可以帮助无人配送车辆实现近距/超车告警、前车透视、十字路口预警、交通灯预警、行人预警、交叉路口碰撞避免提醒等功能,从而降低物流配送人工成本,减少因物流配送人员身体疲劳而带来的交通事故。5G 技术的高速特性可以使货物从仓储到装车,到在途,再到最终送到消费者的所有数据均可以"实时"地传输到物流管理平台,实现真正实时化的监管和调度,再配合后台的智慧物流服务,可以进一步提高物流配送服务质量,全面提升物流的整体效率。

目前,京东的无人仓、配送机器人、无人重卡、无人机已经成功落地应用,并将开发出更多智能高效的无人化产品和解决方案。

(四)5G 技术未来发展趋势

5G 技术对社会经济发展带来的机遇和挑战将远超 3G 和 4G,将为汽车、工业制造、医疗、物联网等各行各业带来巨大的经济效益。目前,5G 正处于商用部署初期,保定市联通公司已经联系用户试用 5G 网络,增强移动宽带类的生活娱乐应用会最先得到普及,如高清视频、AR/VR 视频、可穿戴设备、在线游戏等。在不久的将来，还会渗透到无人驾驶、无人机、远程医疗、智能机器人、智慧城市等各行业。5G 的生命力在于"万物互联"的创新应用。从目前的发展现状来看，在应用方面还有很多超乎想象的潜力需要挖掘。

未来，我国将调动产学研用多方力量形成合力，共同推进 5G 网络商用部署和业务应用推陈出新。加快 5G 网络建设，持续推动 5G 技术标准化工作，不断完善 5G 相关标准；进一步加强 5G 与云计算、大数据、人工智能等技术的融合创新，全面深化 5G 国际共识，推动国际合作；推动 5G 与垂直行业深度融合，探索新需求、新技术、新模式，构建开放共赢的 5G 全球产业生态。

二、案例的思政元素

案例的思政元素主要是以下三点。

（1）树立中国特色社会主义道路自信、理论自信、制度自信、文化自信，厚植学生的爱国主义情怀，增强民族自尊心和自豪感。当前，中国正努力实现中华民族伟大复兴的历史目标，华为、中兴等民族企业通过发展 5G 技术等方式带动我国产业实现科技创新。

（2）拓展学生的国际视野，做好践行人类命运共同体理念的接力者。

（3）培养学生精益求精的工匠精神。我国华为、中兴等民族企业在开发 5G 技术中一丝不苟、追求卓越、不断创新，只有这样才能做出优秀的成果。工匠精神是社会文明进步的重要尺度，是中国制造前行的精神源泉，是企业竞争发展的品牌资本，是每个人在自己的领域取得成绩的必需素质。

三、案例使用说明

（一）教学用途与教学目标

1. 教学用途

本案例为分析性案例，用于本科生"电子商务概论"课程的"无线网络与移动电子商务"知识点的教学。

课时量：3 课时。

2. 教学目标

（1）知识层面。通过 5G 技术知识的学习，让学生了解互联网无线系统发展的历史和各系统的特性，我国 5G 技术发展的优势地位，以及 5G 互联网无线系统发展对电子商务产业发展的推动作用。

（2）能力层面。在思辨能力方面，通过对 5G 技术特性的分析，使学生能够自主思考"具有高速、高带宽、低时延等特性的 5G 技术能应用于什么行业""华为和中兴等民族企业为何要与国外企业开展 5G 技术标准的竞争""5G 技术未来发展趋势如何"等问题。

（3）素质层面。在科技素养方面，通过 5G 技术与电子商务的案例分析，让学生了解 5G 技术和社会发展之间的相关性，提高学生对 5G 技术和电子商务的兴趣。

3. 课程思政目标

通过 5G 与电子商务的课程思政案例分析，让学生了解 5G 技术在电子商务领域中的具体应用，以及 5G 技术发展对我国电子商务发展的推动作用。使学生能够自主思考"具有高速、高带宽、低时延等特性的 5G 技术能应用于什么行业""华为和中兴等民族企业为何要与国外企业开展 5G 技术标准的竞争""5G 技术未来发展趋势如何"等问题。引导学生深刻理解"科学技术是第一生产力"的内涵，要想实现国家富强和民族复兴，必须坚持"工匠精神"，在互联网等科技领域艰苦奋斗，牢记作为社会主义接班人的使命，树立爱国主义情怀，积极刻苦努力学习。

（二）案例分析的准备工作

带领学生了解移动网络的概念，移动通信介质和移动通信技术发展从 1G 到 4G 的四个阶段，以及每个阶段的起始年份、技术发展特性、主导企业和对经济社会发展的影响等。

（三）案例分析要点

案例分析包括两个要点：第一，通过分析 5G 技术在电子商务行业中的应用，拓展学生的国际视野。让学生深刻理解：5G 技术的发展不仅关乎我国产业升级发展和《中国制造 2025》的实现，还关乎世界的互联互通和密切联系。5G 技术的发展让互联互通的世界变得越来越现实，而 5G 的理念和目标是万物互联，不仅国内之间的经济和人文交流更加紧密，世界各国人民还被置于一个互联互通的网络之中。

第二，分析我国华为、中兴等民族企业通过发展 5G 技术等方式带动我国产业实现科技创新的事例。让学生深刻理解民族企业在推动 5G 技术中的工匠精神。在美国的极力打压和技术封锁的背景下，华为等企业仍然不屈不挠追求技术创新，在芯片开发等方面打破美国的封锁。无论在 5G 的标准确立、芯片制造、基站建设等方面都领先于全世界的竞争对手。这种居安思危的危机意识、务实奋进的实干精神、自主创新的时代精神，就是中华民族能够在上下五千年屹立于世界民族之林的关键。

（四）总结反思

学生是教学的学习主体，必须激发学生积极学习、深入探索的主动性。无论是专业教育还是课程思政教育，仅靠专业老师单方面进行灌输都很难达到预期效果。尤其是针对"00后"的学生，他们思想比较自由、获取各种渠道信息能力强、不喜欢听老师和家长说教，传统教学模式和说教内容很难触及他们的内心。

专业教师应深入研究当前大学生的学习方式，通过互动的教学方式——案例教学、分组讨论、项目学习、情景模拟教学等方式，让学生主动参与到课堂教学活动中，在情境中学、在做中学、在讨论分析中学。同时，增强互联网资源的运用，充分发挥学生采集和分析信息的能力，让他们自己搜索资料，分析资料并得出结论，这比教师单向输出教学内容效果更加明显，实现专业知识传授和思想教育引领的双重作用。教师应加强线上资源建设，设计出适合本专业课程的课件、视频、语音等资源。充分发挥课前预习和课后复习的作用，让学生带着问题上课，同时检验和监督学生的学习效果。

教师是教学工作的主导者，教师自身的专业水平和思想品德修养是课堂教学成败的关键。教师承担着"传道、授业、解惑"的神圣使命，教师首先要树立正确的世界观、人生观和价值观，才能引导当代学生树立正确的国家观、民族观、历史观、文化观。教师应坚守"学术研究无禁区，课堂讲授有纪律"的规矩，使课堂成为弘扬主旋律、传播正能量的主阵地。

（五）教学组织方式

建议用本案例完成电子商务技术基础知识点的教学。采用课下学生分组学习、课堂知识共享、教师答疑解惑相结合的形式。一般安排3个课时（每个课时45分钟，共135分钟）。"电子商务概论"课程思政案例的教学组织安排如表15-2所示。

表15-2 "电子商务概论"课程思政案例的教学组织安排

学习阶段	学习内容	时间限制	学习要求和目标
课前预习	要求学生在学习通等平台学习电子商务技术的概念、内容等知识点，观看相关视频和案例	课前3天	熟悉电子商务技术的概念、内容等知识点

续表

学习阶段	学习内容	时间限制	学习要求和目标
互动式教学	教师课前提出问题：什么是 5G 技术？我国 5G 技术发展背景是什么？5G 技术和电子商务有什么关系？	10 分钟	通过提问环节，了解学生的预习效果，要求学生回答问题
	明确教学目标是让学生掌握无线网络与移动电子商务的知识	5 分钟	明确学习目标，了解学习的是什么
	教师介绍 5G 技术与电子商务发展的背景知识，提出课程思政案例，并下发案例分析题	30 分钟	学生带着问题阅读案例，为案例分析做准备
	针对启发思考题分组讨论	30 分钟	采用启发式教学，要求学生讨论：5G 技术应该如何应用到电子商务行业中？
	教师点评各小组的发言，将思政元素"润物细无声"地融入专业课程学习	20 分钟	学生对自己的回答进行反思，教师对学生回答的不足之处进行补充。提高学生的团队协作能力和自主学习能力
后测	要求学生完成学习通上的案例分析题和课后题，学生应该思考电子商务技术创新对行业发展的作用。有问题的可以课上和课下和老师讨论	40 分钟	巩固电子商务技术的基础知识

（六）总结

第一，5G 技术与电子商务的"课程思政"案例密切联系我国国情，通过揭示我国发展 5G 技术的复杂形势，培养学生形成辩证思维习惯。学生在思想上认识各门科学都应该建立在爱国主义、社会主义和共产主义信仰的基础上，做好课程思政的前提是讲好我国的故事，密切联系我国的国情，用丰富的知识揭示我国在发展过程中所面对的光明前景和艰辛过程。

第二，深刻挖掘网络技术的发展背景，培养学生求真务实的精神。电子商务属于人文社科学科，教师应带领学生跳出教材局限，重温 1G 到 5G 技术发展的历史过程，让学生了解科技发展对人类社会的巨大推动作用，培养学生求真务实的科学精神。

第三，连通知识性和感受性，通过唤醒人类共有的对高科技和美好生活的向往，培养学生的共情能力和人文精神。教师可以在专业课的基础上，引导学生对 5G 技术未来发展方向的美好想象。

第十六章 "财务管理"课程思政案例

"发展自我，兼善天下"
——福耀集团以新质生产力推动全面高质量发展

一、案例正文

（一）福耀集团简介

福耀玻璃工业集团股份有限公司（以下简称福耀集团），1987年成立于中国福州，是专注汽车安全玻璃的大型跨国集团，于1993年在上海证券交易所主板上市，于2015年在香港交易所上市，形成兼跨境内外两大资本平台的"A+H"模式。

福耀集团始终以打造全球客户的忠实伙伴、全球行业的行为典范、全球员工的最佳雇主、全球公众的信赖品牌为目标，通过自身的开拓与发展，用实际行动回报社会，积极主动履行社会责任，成为一家令客户、股东、员工、供应商、政府、经销商、社会长期信赖的企业，实现公司的发展和社会的发展相和谐。福耀集团多年蝉联《财富》中国500强、中国民营企业500强，多次获得"中国最佳企业公民""中国十佳上市公司""CCTV最佳雇主"等社会殊荣。董事长曹德旺从1983年至今个人捐款累计近200亿元，并通过其创办的河仁慈善基金会集中100亿元资金创建福耀科技大学（暂名），被誉为"真正的首善"。

（二）企业文化

福耀集团发展至今，始终以"敬天爱人，止于至善"为企业宗旨，秉持"发展自我，兼善天下"的核心理念，在追求自我完善的同时，有一种与生俱来的使命感：从最早的"为中国人做一片汽车玻璃"到"树立汽车玻璃供应商的典范"再到"福耀全球"，以及以董事长为核心的回报社会的行动，福耀集团一直在追求通过自我的发展贡献客户、企业、产业、员工和社会。福耀集团的企业文化如图16-1所示。

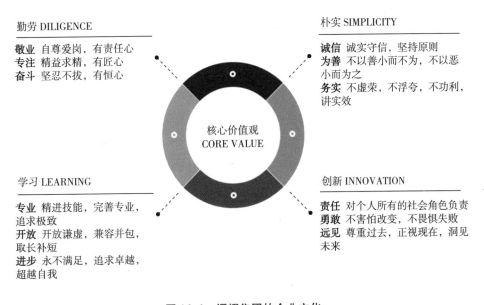

图 16-1 福耀集团的企业文化

资料来源：福耀集团官网，https://www.fuyaogroup.com/。

（三）企业财务业绩

1. 财务管理目标

财务管理目标又称理财目标，是企业财务活动所要达到的根本目的，其决定着企业未来财务管理活动的基本方向。目前，学术界关于财务管理目标的主流观点主要有利润最大化、股东财富最大化、企业价值最大化、相关者利益最大化等。

那么，福耀集团的财务管理目标是什么？分析其财务业绩发现，近年来福耀集团净利润呈现波动上升态势，2019年和2020年呈现负增长。2020年营业收入为199.07亿元，较2019年同期减少了5.67%，归属于上市公司股东的净利润26亿元，较2019年同期减少10.27%。究其原因，主要是新冠疫情对全球经济带来严重的冲击,全球经济、贸易和投资等遭遇重挫,全球经济增速大幅下滑,全球地缘政治局势进一步紧张,各国量化宽松的货币措施又加剧了金融风险,全球经济困难重重,使当期业绩存在明显下滑。此后,福耀集团经营业绩一路攀升,特别是2022年净利润增幅高达51.22%。2014~2023年,福耀集团净利润从22.17亿元上升至56.29亿元。2014~2023年福耀集团净利润情况如图16-2所示。

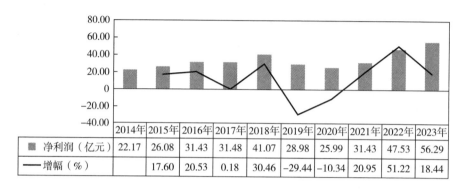

	2014年	2015年	2016年	2017年	2018年	2019年	2020年	2021年	2022年	2023年
净利润（亿元）	22.17	26.08	31.43	31.48	41.07	28.98	25.99	31.43	47.53	56.29
增幅（%）		17.60	20.53	0.18	30.46	−29.44	−10.34	20.95	51.22	18.44

图16-2 2014~2023年福耀集团净利润情况

资料来源:2014~2023年《福耀玻璃工业集团股份有限公司年度财务报告》。

2. 资本结构分析

资本结构主要分析的是企业债务资本与股权资本之间的比例关系,可通过资产负债率反映。资产负债率为债务资本与总资本之比,比率越高,意味着企业有越多的资本通过债务方式来筹集。比率越低,表明企业越多地通过自有资本支撑运营。通过查阅企业年度财务报告发现,近年来福耀集团资产负债率处于40%左右的稳定状态,2017~2023年,债务资本在总资本中的占比介于40%~45%。2014~2023年福耀集团的资本结构情况如图16-3所示。

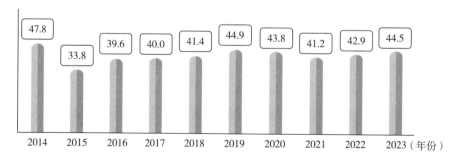

图16-3 2014~2023年福耀集团的资本结构情况

资料来源:2014~2023年《福耀玻璃工业集团股份有限公司年度财务报告》。

3. 收益分配管理

企业股利分配政策的制定需要考虑多种因素，如公司的经营策略、盈利情况、投资机会、所处生命周期、股东因素、行业因素等。查阅福耀集团历史公告，2024 年 3 月 15 日晚，福耀玻璃（SH 600660）发布公告称，公司董事会制定了《福耀玻璃工业集团股份有限公司未来三年股东分红回报规划》。在保证公司能够持续经营和长期发展的前提下，如公司无重大投资计划或重大资金支出等事项发生，在公司当年盈利且累计未分配利润为正数的前提下，公司应采取现金方式分配股利，公司每年以现金方式分配的利润应不少于当年实现的可供分配利润的 20%，具体每个年度的分红比例由董事局根据公司年度盈利状况和未来资金使用计划提出预案。梳理 2011～2024 年福耀集团股利分红方案（见表 16-1）发现，自 2011 年以来，福耀集团始终坚持较高的股利派现方案，2015～2024 年每股派现基本维持在 7.5 元以上，2024 年 5 月 10 日，每 10 股派息达 13 元，通过高派息持续向外界传递公司现金流充裕的利好信息，从而提高股东、投资者信心。

表 16-1 2011～2024 年福耀集团股利分红方案

公告日期	分红方案（每 10 股）		
	送股（股）	转增（股）	派息（税前）（元）
2024 年 5 月 10 日	0	0	13
2023 年 5 月 11 日	0	0	12.5
2022 年 5 月 12 日	0	0	10
2021 年 6 月 25 日	0	0	7.5
2020 年 7 月 16 日	0	0	7.5
2019 年 5 月 22 日	0	0	7.5
2018 年 10 月 17 日	0	0	4
2018 年 5 月 22 日	0	0	7.5
2017 年 5 月 9 日	0	0	7.5
2016 年 6 月 1 日	0	0	7.5
2015 年 4 月 8 日	0	0	7.5
2014 年 5 月 8 日	0	0	5
2013 年 5 月 29 日	0	0	5
2012 年 6 月 21 日	0	0	4
2011 年 3 月 25 日	0	0	5.7

资料来源：根据 2011～2024 年福耀集团股利分红相关公告整理得到。

（四）企业核心竞争力

2023 年 9 月，习近平总书记在黑龙江考察调研期间首次提到"新质生产力"。2023 年 12 月召开的中央经济工作会议提出，要以科技创新推动产业创新，特别是以颠覆性技术和前沿技术催生新产业、新模式、新动能，发展新质生产力。科学技术是新质生产力的先导。纵观人类生产力发展历史，科学技术始终是促进新质生产力产生和发展的关键变量，进而不断催生新兴产业，成为世界各国经济和综合国力竞争的关键角逐点。

对于企业而言，为了提升自身发展实力，同样必须要发展企业新质生产力。

福耀集团坚持科技创新、坚守主业并力求突破，认真对待产品质量、智能制造和产业布局，以市场为导向，不断拓展"一片玻璃"的边界，推动产业发展由"产品供应商"向"为客户提供汽车玻璃解决方案"转型，持续技术创新，推动产品升级换代，实现技术引领。2017～2020 年，其研发支出基本稳定在 8 亿元左右。2021～2023 年，研发支出大幅增加，2023 年高达 14.03 亿元。2017～2023 年福耀集团的研发费用情况如图 16-4 所示。

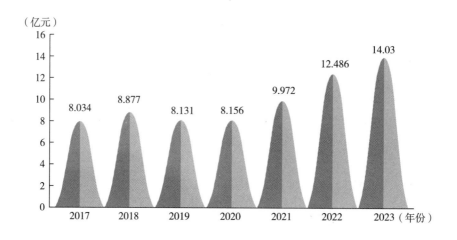

图 16-4 2017～2023 年福耀集团的研发费用情况

资料来源：《2017-2023 年福耀玻璃工业集团股份有限公司年度财务报告》。

公司坚持"技术领先、智能生产"战略，在安全、智能、环保、美观、总成五大方面进行专项创新，展开在智能感应、轻量化、信号传输方面的研发，助力满足消费者对于信息交互、安全、环保、通信功能的诉求。截至 2023 年 12 月 31

日，福耀集团累计专利申请量为 3377 件，授权量为 2334 件。2023 年，申请专利
数量和被授予专利数量同期提升 9%，技术创新成果稳步增长。截至 2023 年 12
月 31 日福耀集团累计申请获得的专利情况如表 16-2 所示。

表 16-2　截至 2023 年 12 月 31 日福耀集团累计申请获得的专利情况

项目类型	国内发明	国外发明	国内实用新型	国内外观设计	PCT	总计
申请量(件)	1367	83	1763	32	132	3377
授权量(件)	678	11	1622	23	—	2334

资料来源：《2023 年福耀玻璃工业集团股份有限公司环境、社会及管治报告》。

（五）企业管治与社会贡献

福耀集团以"发展自我，兼善天下"为社会责任理念，秉承"勤劳、朴实、学
习、创新"的核心价值观，在此过程中，切实树立社会责任感，共建积极向上的
企业文化。

1. 完善人才培养机制

福耀集团建立了"宜学习、宜工作、宜生活、宜发展"的企业环境，严格落
实各项法律法规，保障员工合法权益，明确晋升管理办法，落实"人尽其才，才
尽其用"的经营理念，以发展为导向，以业绩为驱动，搭建了管理、专业技术两
条职业发展路径，建立了技术领域专业任职资格标准，从道德品质、价值导向、
价值贡献、能力经验等方面考察员工，并规定明确的岗位任职资格，努力搭建可
持续的人才晋升体系。

同时，福耀集团建立完善的培训体系和激励机制，采取线上线下培训相结合
的方式，根据员工的层级与职责，定制员工培训计划项目，并设立"福耀学院"，
持续完善内部培训体系、指导各子公司开展培训项目，培养复合型人才。2023
年，福耀集团上线了公司内部的数位化学习平台"耀学"，提供即时资源，开设
线上资源课程 2714 门，共发布学习任务 5962 场，组织专项考试 3154 场，员工
累计学习时长达 105713 小时。福耀集团的人才培训体系如图 16-5 所示。

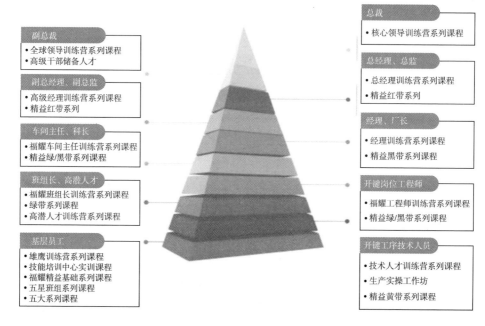

图 16-5　福耀集团的人才培训体系

资料来源：《2023 年福耀玻璃工业集团股份有限公司环境、社会及管治报告》。

2. 优化客户体验

福耀集团积极维护客户合法权益，通过优化客户服务流程、实时跟踪产品质量投诉事件和加强客户隐私管理，多措并举完善客户权益保护机制，建立并维护良好的客户关系。

福耀集团严格遵循国家法律法规与行业标准，制定《客户服务管理规定》《退货管理流程》等内部制度，不断巩固服务管理水平，完善面向全球客户的服务质量，切实保障客户权益，巩固客户服务效能。2023 年，福耀集团编写了各大主机厂客户服务工作手册 10 份，按业务类型拆解各类客户服务工作，标准化管理客户服务流程，覆盖多家知名汽车品牌客户。福耀集团着眼"快速响应、项目提升、标准建立"的全面服务体系，通过内部控制、定期沟通及时处理等方式，积极打造良好服务环境，提升客户满意度。2023 年，持续优化客户服务效率及速度，年度客户问题结案率达 99%，客户绩效评估达成率达 81%。

3. 坚持奉献社会

福耀集团肩负使命感与责任感，在教育、文化、扶贫与助困等领域开展工作，连续多年对社会进行捐赠支出。2011 年，福耀集团董事长捐赠成立河仁慈善基金会,以亲身实践将慈善文化传递至社会各处,捐赠区域遍及中国北京、福建、新疆、西藏等 29 个省份及邻国尼泊尔。2023 年,福耀集团捐赠支出678.20 万元,河仁慈善基金会捐赠金额为 94130 万元。2014-2023 年福耀集团对外指捐赠支出情况如图 16-6 所示。

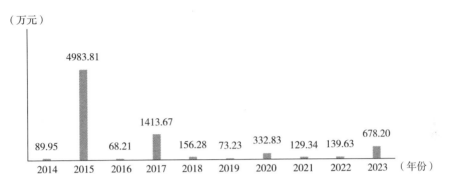

图 16-6 2014~2023 年福耀集团对外捐赠支出情况

资料来源:2014~2023 年《福耀玻璃工业集团股份有限公司年度财务报告》。

2023 年 9 月 5 日,民政部召开第十二届"中华慈善奖"表彰大会,福耀集团董事长曹德旺获得第十二届中华慈善奖"捐赠个人奖"。这是曹德旺第八次被授予这项政府最高规格慈善奖项。从 1983 年第一次捐赠至今,曹德旺以"敬天爱人"为行为宗旨,坚持"义利相济"的中国商道文化,身体力行地投身社会公益事业,累计捐赠超过 160 亿元,慈善项目涉及扶贫、救灾、医疗、教育、生态、文化等领域,覆盖西藏、新疆、云南、贵州、四川、甘肃、青海、宁夏、重庆、福建、江西等 20 多个省份。

(六)未来发展展望

2024 年,福耀集团投资百亿元建设新项目,以新质生产力推动全面高质量发展。未来,福耀集团将继续围绕集团经营战略,发展企业新质生产力,借助新科学、新技术,为公司高质量发展插上翅膀。

(1)加强技术创新。技术是决定企业生死存亡的关键因素,福耀集团将持续加大研发投入,持续推动产品的升级换代,着力提升智能全景天幕玻璃、可调光玻璃等高附加值产品占比,2023 年该占比较 2022 年同期上升了 9.54 个百分点,科技创新价值得以体现。

(2)强化创新管理。引入 IPD 集成产品研发管理体系,围绕产品经营的流程型组织,通过业务梳理与分层,构建端到端、跨职能部门协同的集成管理体系,形成福耀特色的研发系统，不断提升研发规划与管理能力，提升研发效率和研发质量。

（3）提高全球运营保障能力。福耀集团将继续把握汽车行业"新四化"发展趋势，进一步扩大生产能力，加强海外中转库管理和 IT 化建设，保障全球化的交付和能力。在车型迭代加速的背景下，建立敏捷管理、柔性生产机制、建立快速量产能力，以更快、更敏捷的反应在激烈市场竞争中取得优势。

（4）推广开展"数字化绿色工厂"建设。福耀集团将持续建设绿色工厂，有序推进"绿色供应链、清洁生产、废料资源化、能源低碳化"，打造高效、绿色、柔性协同的供应链系统，推动供应链持续提质增效。

（5）加强企业文化建设。企业文化是企业的灵魂和精神支柱，福耀集团将持续加强员工幸福工程建设，凝聚人心、激发团队力量、提升企业形象和品牌价值，营造风清气正的企业文化。

（6）秉承可持续发展理念。持续完善公司管治机制，坚持义利相济的发展理念，通过应对全球机遇和履行企业社会责任，为社会可持续发展作出贡献。

二、案例的思政元素

（1）结合不同财务管理目标优缺点的剖析，培养学生学会运用马克思主义世界观、方法论，辩证地看待问题，能够用全面的、长远的、发展的眼光分析问题，并具备一定的平衡思维、系统思维。

（2）通过资本结构知识点的梳理与案例研讨，讲解负债作为一把"双刃剑"，利益与风险并存，通过对负债所引发的风险与利益的权衡，让学生感知马克思主义哲学中关于度的原理，培养学生具备一定的信用意识与风险防范意识。

（3）学习福耀集团及曹德旺的社会捐赠事迹，着重培养学生的职业道德、家国情怀与社会责任感，实现对优秀财务管理文化的传承。

（4）通过同行业企业案例数据信息的归集整理，培养学生踏实、严谨、求真、创新、精益求精的科学精神。

三、案例使用说明

（一）教学用途与教学目标

1. 教学用途

（1）本案例为分析性案例，主要适用于会计学专业本科生"财务管理"课程中财务管理总论、筹资管理等部分章节的内容学习。适用于 2 课时学习。

（2）本案例是一个综合性教学案例，涵盖本课程中财务管理目标、资本结构决策等相关知识点的实务应用，学生通过课前查阅研读资料、课堂小组研讨、课后提升总结达到学以致用相应章节内容的效果。

（3）本案例主要聚焦对福耀集团的财务管理目标的识别及资本结构合理性的分析，其教学目的在于使学生能够将财务管理目标与资本结构决策相关理论应用于财务实务，加深学生对理论知识感知的同时，提升学生的思政素养与实务决策水平。

2. 教学目标

（1）知识目标。

第一，通过知识回顾与案例研讨，使学生理解并能复述企业财务管理目标的内涵，能够阐述不同的财务管理目标的优缺点及其带来的影响。

第二，结合案例情境与要点梳理，使学生能够阐述资本结构的概念及种类，并能深度理解不同的资本结构理论的核心观点。

（2）能力目标。

第一，通过课前案例任务布置，学生能够收集与案例相关的背景素材与财务数据，培养学生的信息收集能力与团队合作能力。

第二，通过课堂研讨与观点碰撞，使学生能够站在不同财务管理主体的角度思考企业的财务管理问题，并具备一定的逻辑思维能力、思辨能力及语言表达能力。

第三，通过实务案例的引入，培养学生的财务决策能力，在理解企业财务管理与宏观环境基础上，能够根据具体企业收集相关宏观环境信息，对于环境对企业财务管理产生的影响形成客观、正确的判断。

（3）素质目标。

第一，通过案例讲解与剖析，培养学生透过现象看本质的能力，用管理的思维将企业经营活动现象看透，分析企业业务活动的本质，明确企业财务管理的目的。

第二，通过新质生产力等国家相关政策文件的研读与案例企业融入，使学生了解国家最新政策方针，明确新质生产力的内涵特征和发展重点。

3. 思政育人目标

（1）通过知识引领和价值塑造，让学生在学习财务管理专业知识和技能，满足社会对财务管理岗位所提出的专业需求的同时，着重培养学生的职业道德，实现对优秀财务管理文化的传承。

（2）通过案例分析研讨，培养学生运用马克思主义世界观、方法论，正确思考、分析与解决现实问题的思维方式。

（3）结合案例事迹，深化社会主义核心价值观教育，培养学生的家国情怀、个人品格与社会责任感，引导学生树立正确的世界观、人生观、价值观，具备诚实守信、勇于创新、严谨求实等科学精神。

（二）案例讨论的准备工作

本案例可以作为专门的案例专题讨论课进行，通过"课前任务驱动——引思；课中案例研讨——梳思、用思；课后总结提升——拓思"三环节协同推进的方式进行。

课前学生需要完成如下教学资源的学习。

1. 论文导学

习近平经济思想研究中心．新质生产力的内涵特征和发展重点［N］．人民日报，2024-03-01（009）．

2. 案例资源

《"发展自我，兼善天下"——福耀集团以新质生产力推动全面高质量发展》（思政案例）《2023 年福耀玻璃工业集团股份有限公司环境、社会及管治报告》《2014-2023 年福耀玻璃工业集团股份有限公司年度财务报告》。

3. 数据收集

查阅整理福耀集团同行业企业建邦科技、森麒麟、坤泰股份、飞龙股份、瑞鹄模具四家上市公司 2014~2023 年资产负债率情况。

4. 思辨问题

企业在制定财务管理目标的过程中需要考虑哪些因素？什么样的资本结构是最优的资本结构？

（三）案例分析要点

1. 案例思考题

（1）福耀集团的财务管理目标是什么？需考虑哪些主体的利益？

（2）福耀集团目前的资本机构是否合理？不同行业的资本结构是否相像？

（3）企业发展的核心驱动力什么？如何理解新质生产力？

2. 分析思路

（1）目前学术界关于财务管理目标的界定主要围绕利润、股东财富、相关者利益、企业价值等展开。具体企业应以哪个目标为最优选择，目前尚无定论。由于不同的目标具有各自的优缺点，而企业规模、类型各异，究竟哪种目标最为适合，需结合自身情况而定。将利润最大化作为财务管理目标，数据较易获取，但企业过度关注眼前利润，易产生短期行为倾向，不可避免会压缩捐赠、研发等支出。福耀集团作为一家大型上市公司，结合案例信息、年度财务报告和环境、社会及管治报告等资料，发现其在 2020 年利润触底之时，仍加大研发投入力度、增加对外捐赠、加强员工培训、坚持高额派现等，说明福耀并未孤立地关注利润，而是考虑到了员工、顾客、供应商、股东、国家、社会等利益。

（2）资本结构反映的是债务资本与股权资本之间的比例关系，通常借助资产负债率指标分析。资产负债率越高，意味着负债在总资本中占比越高，企业财务负担越重，财务风险越大。福耀集团资产负债率基本维持在 40%~45%，目前的资本结构是否合理，则需结合课前数据收集情况，进行同行业对比。不同行业的资本结构水平是否一样？引导学生课下收集数据探究，一般而言，制造企业的资产负债率在 50% 左右较为合适，银行业大多在 90% 以上，房地产企业的资产负债率基本位于 80% 左右。

（3）现代企业发展的核心驱动是科技创新，新质生产力的提出明确了企业未来突破发展的方向。更高素质的劳动者是新质生产力的第一要素；更高技术含量的劳动资料是新质生产力的动力源泉；更广范围的劳动对象是新质生产力的物质基础。与传统生产力形成鲜明对比，新质生产力是创新起主导作用，摆脱传统经济增长方式、生产力发展路径的先进生产力，具有高科技、高效能、高质量特征。

（四）教学组织方式

案例教学凝练"四驱一引"的授课理念，以"学生价值理念（价值创造与思政价值）的培育"为引领，通过"知识架构梳理、思政元素归集、教学环节设计及教学评价优化"四轮驱动，贯穿式融入课程教学。本案例教学采用任务驱动法，通过情景创设、案例研讨、话题讨论等方式，对财务管理目标、资本结构决策等内容展开细致、全面的分析。在对知识点进行透彻讲解的基础上，融入实务案例，通过课前案例素材的收集、课堂案例的研讨及课后提升任务的完成，在让学生感知理论知识在行业实务中具体应用的同时，引导学生一步步接近知识内核，适时融入思政元素，使专业教育和思政教育同向同行，实现立德树人这一根本任务。

1. 教学环节设计思路——"三阶+四思"式教学

课程在充分挖掘、梳理相关思政元素的基础上，结合"课前、课中、课后"

三个阶段线上线下混合式教学模式，构建"引思、梳思、用思、拓思"的课程思政融入流程，采用自学、精讲、研讨、进阶四分式"拨云见越"教学，通过道而弗牵，强而弗抑，开而弗达，打造"润物细无声"的课程思政融入范式，以期实现与子同学、与子同习、与子同求的教学目的。教学环节设计如图 16-7 所示。

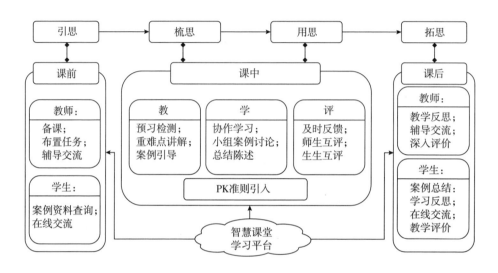

图 16-7　教学环节设计

　　根据贯穿式全过程教学环节的设计，对每个知识点，都通过层层递进、环环相扣的形式，由表及里、由浅及深地引导学生一步一步接近知识内核，最终实现情感的升华。培养学生通过学与思相结合、理论与实践相结合，树立正确的世界观、人生观与价值观。

　　2. 案例分析模式构建——多维立体式案例

　　依据建构主义理论，思政案例教学采用多维立体式，集教师、学生与企业于一体，集教材、论文与时事于一体，集理论、方法与实践于一体，记忆、集分析与应用于一体，集研讨、报告与评价于一体。一方面，通过优化以"学"为中心的教学设计，增加教学的灵活性和趣味性，并进一步提高学生的实践能力，以及分析问题、解决问题的能力；另一方面，为了避免小组成员"搭便车"情况的出现，尝试在课程中引入 PK 规则，以期通过课堂竞赛的方式实现全体学生深度参与。多维立体式案例分析模式如图 16-8 所示。

集教师、学生与企业于一体

集教材、论文与时事于一体

集理论、方法与实践于一体

集记忆、分析与应用于一体

集研讨、报告与评价于一体

图 16-8 多维立体式案例分析模式

3. 案例的教学组织过程——"深度研讨+拓展讲评"

案例的教学组织过程如表 16-3 所示。

表 16-3 案例的教学组织过程

教学环节		教师活动	学生活动
课前案例准备阶段	引思	(1)发布案例学习资源。 ①习近平经济思想研究中心．新质生产力的内涵特征和发展重点[N]。人民日报，2024-03-01(009)． ②《"发展自我，兼善天下"——福耀集团以新质生产力推动全面高质量发展》(思政案例)、《2023 年福耀玻璃工业集团股份有限公司环境、社会及管治报告》、《福耀玻璃工业集团股份有限公司年度财务报告》(2014～2023年)。 (2)布置案例分析准备任务。 ①分小组查阅整理福耀集团同行业企业建邦科技、森麒麟、坤泰股份、飞龙股份、瑞鹄模具四家上市公司2014～2023 年资产负债率情况。 ②思辨问题：企业在制定财务管理目标的过程中需要考虑哪些因素？最优的资本结构是怎样的？	(1)复习教材中涉及财务管理目标、资本结构决策等相关知识点。 (2)完成教师布置的论文、思政案例、企业报告等文献、政策文件及企业信息资源的研读任务。 (3)分小组完成邦科技、森麒麟、坤泰股份、飞龙股份、瑞鹄模具四家上市公司财务数据的查阅。 (4)思考两个思辨问题，并在小组内展开研讨。

教学环节		教师活动	学生活动
课堂案例分析阶段	梳思	案例讲解主要围绕三个方面展开： (1)企业财务管理目标。 综合分析福耀集团不同年份的利润金额及研发、捐赠、分红等各项支出情况。 (2)企业资本结构。 结合福耀集团各年资产负债率情况，分析其资本结构现状。 (3)企业核心竞争力。 梳理福耀集团研发支出及专业申请获批情况，引导学生了解新质生产力，关注国家的最新政策	(1)回顾案例信息与教材所学内容的交叉点，明确知识点间的关联，做到学以致用。 (2)跟随老师思路，梳理案例企业脉络，进行情景式思考，全方位考虑福耀集团的财务管理目标、资本结构与核心竞争力
	用思	案例研讨：以问题链为导向，带着对实务案例的思考，激发学生的学习兴趣，加深对理论知识的感知。 (1)发布讨论话题。 ①福耀集团的财务管理目标是什么？需考虑哪些主体的利益？ ②福耀集团资本结构是否合理？不同行业的资本结构是否相像？ ③企业发展的核心驱动力什么？如何理解新质生产力？ (2)倾听学生的讨论过程。 (3)组织学生发言。 (4)教师讲评	针对本次课案例企业结合所学内容展开分析讨论。 (1)根据案例资料及前期查阅资料，学生分组讨论。 (2)梳理答案，各小组发言，对意见不一致的话题，引入PK规则。 (3)结合案例讨论情况，根据教师讲评关键点，深入思考、归纳、总结
课后案例总结提升阶段	拓思	通过对案例研讨核心内容的凝练总结，拓宽学生的思想维度，帮助学生实现学与思的结合，引导学生持续关注企业融资、新质生产力发展相关内容	各小组结合同学发言及老师的点评与总结，形成最终研讨观点，并结合同行业四家公司资本结构情况，撰写行业资本结构案例分析报告

(五)总结

1. 教学案例选取

本案例教学选择了与专业课程紧密相关的社会热点典型案例，以确保案例的时效性和实用性。通过提前对案例进行深入剖析，明确教学目标和重点，设计出有针对性的教学方案。案例教学过程中通过情境思考、深度研讨、拓展讲评等形式，引导学生深入理解案例，挖掘其背后的思政元素，并学以致用。

2. 教学效果分析

案例分析结束，通过发放课程思政案例教学改革调查问卷，从思政教学与专业教学的契合度、教学安排的合理性，以及学生对教学方法、教学手段、教学效果的

认可度等方面获取一手信息数据,对授课效果及时进行总结归纳。思政案例教学学
生反馈如图 16-9 所示。

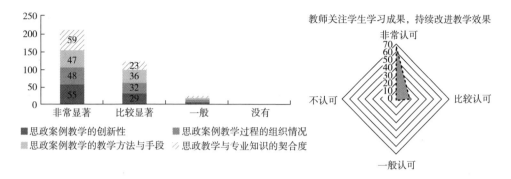

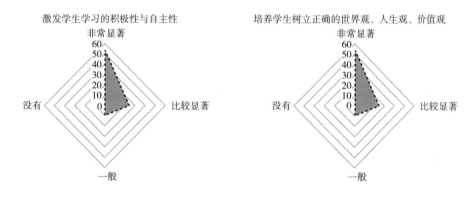

图 16-9 思政案例教学学生反馈

从教学效果来看,学生对思政教育的接受度明显提高,能够主动将思政理论
与专业知识相结合。学生的社会责任感、道德意识和创新精神得到有效培养,能
够在实践中体现出良好的职业素养。学生的综合素质得到了全面提升,为未来的
职业发展奠定了坚实基础。

3. 教学反思改进

从教学反思角度来看,在案例结合知识点的教育过程中,已尝试通过多样的
教学方法来增强学生的思政意识。但在实际教学中,过于依赖教师的主动提出思
政要素,可能会限制学生的主动思考和表达,可考虑从以下方面改进。

(1)转变教学角色。教师应从传统的知识传授者转变为引导者和促进者,鼓
励学生主动发现、思考并表达案例中的专业知识点与思政元素。通过提问、讨论
等方式,激发学生的思考欲望,培养学生的思辨能力。

（2）丰富案例内容。选择更具争议性和开放性的案例讨论点，这些案例往往能够引发学生的深度思考，促使其从不同的角度和层面去分析和表达专业内涵与思政要素。同时，也应确保案例与知识点的紧密结合，使思政教育与专业教育相辅相成。

（3）提供多样化的学习资源。为学生提供多样化的学习资源，如相关书籍、文章、视频等，帮助学生更全面地了解案例背景和相关知识。丰富的资源能够拓宽学生的知识体系与视野，提高其思考能力和表达能力。

（4）关注学生的个体差异。不同学生的专业素养和表达能力存在差异，教师应关注学生的个体差异，因材施教。对于专业基础较差或表达能力较弱的学生，教师可以给予更多的关注和指导，帮助学生逐步提高、进步。

（5）建立科学的评价体系。全面评估学生的思政素养和表达能力。在评价过程中，注重学生的参与度和创新思维，鼓励学生勇于表达自己的观点和想法。同时，也需关注学生的学习态度和合作精神，注重综合素养的培育提升。

参考资料

（一）使用教材

王化成，刘俊彦，廖冠民．财务管理学（第 10 版）[M]．北京：中国人民大学出版社，2024.

（二）参考书目

（1）中国注册会计师协会．《财务成本管理》[M]．北京：中国财政经济出版社，2024.

（2）全国会计专业技术资格考试辅导用书编写组．财务管理[M]．北京：经济科学出版社，2024 年.

（3）斯蒂芬·A. 罗斯，伦道夫·W. 威斯特菲尔德，杰弗利·杰富，等．公司理财[M]．北京：机械工业出版社，2024.

（三）教学资源

（1）习近平经济思想研究中心．新质生产力的内涵特征和发展重点[N]．人民日报，2024-03-01（009）.

（2）《"发展自我，兼善天下"——福耀集团以新质生产力推动全面高质量发展》（思政案例）.

（3）《2023 年福耀玻璃工业集团股份有限公司环境、社会及管治报告》.

（4）《2014~2023 年福耀玻璃工业集团股份有限公司年度财务报告》.

第十七章 "商业银行经营管理"课程思政案例

科技赋能泰州农商银行贷款业务创新

一、案例正文

江苏省泰州市是一座古老而又充满活力的城市，商业的脉动与创新的火花交织成一幅繁荣的图景。在这里，泰州农商银行就如同一棵扎根于斯、枝叶茂盛的大树，以创新的金融服务和深厚的社会责任感，和其他金融机构一起滋养着这片土地上的每个经济细胞，为地方企业和百姓撑起了一片绿荫。泰州农商银行作为地方性商业银行，具有地缘优势，对当地经济发展情况、企业融资需要和百姓对金融需求非常熟悉。在党中央领导下，金融的"五篇大文章"在中国大地谱写美好画卷，激发市场活力、造福民生。泰州农商银行积极响应国家号召，充分利用自身优势，在金融业务方面不断探索，为当地企业和居民提供全面、精准的金融服务。

伴随金融科技日新月异的发展，越来越多的商业银行进行数字化转型，泰州农商银行也加入其中，以普惠金融为切入点，尝试运用科技进行这方面的金融业务和金融服务的改革创新，服务地方的同时提升自身行业竞争力。它运用先进的科技手段，如大数据分析、人工智能风控等，为客户提供个性化、智能化的金融解决方案。这些创新举措不仅提高了银行业务的运营效率，还为客户提供了更好的金融服务体验。在泰州农商银行的助力下，无论是渴望扩大生产的小微企业，还是希望升级改造的个体工商户；无论是致力于绿色发展的环保企业，还是充满创新精神的科技型初创公司，都获得了高效的金融支持。泰州农商银行的服务能力和金融创新，正在为这座城市的发展注入源源不断的动力。

以下是泰州农商银行在不同领域展现其服务能力和金融创新的几个生动场景，它们是泰州农商银行普惠金融实践的具体体现，也是泰州农商银行与这座城市共同成长的见证。

场景一：小微企业的融资难题

某机械有限公司作为泰州本土的小型精密机械零件制造商，正处于一个关键的发展节点。市场需求的激增让该公司负责人李总意识到必须扩大生产规模，但资金短缺成为发展的"瓶颈"。

在"普惠金融推进月"的背景下，泰州农商银行的客户经理小李在常规的企业走访中发现了李总的困境。小李深知，这正是泰州农商银行数字化贷款服务发挥作用的绝佳时机。他向李总详细介绍了"惠农助商贷"产品———一项结合了大数据和人工智能技术，旨在为小微企业提供快速、便捷融资服务的创新金融产品。在小李的指导下，李总通过泰州农商银行的在线平台提交了贷款申请。这个平台不仅让李总轻松上传了电子版的财务报表和营业执照，还通过银行的大数据系统自动收集并分析了公司的信用历史、财务状况和市场表现。人工智能风控模型对潜在风险因素进行了智能识别和评估，极大提高了审批的准确性和效率。审批流程的高效令人印象深刻。银行的自动化审批系统迅速生成了审批报告，不久，李总便收到了 200 万元的贷款批准通知。这笔资金如同"及时雨"，为公司生产线扩张提供了强有力的支持。

贷款发放后，泰州农商银行的服务并未止步。银行的智能监控系统开始实时跟踪贷款的使用情况，确保资金被有效利用。同时，智能分析系统根据公司的经营数据，提供了个性化的财务建议和市场分析，帮助李总优化资金使用和业务发展。此外，泰州农商银行还提供了在线培训和咨询服务，帮助李总和其他企业负责人提升财务管理能力，更好地把握市场机遇。这一切，都得益于泰州农商银行的数字化贷款服务，它不仅简化了贷款流程，还通过金融科技的力量，为客户提供了更加全面和深入的服务。

随着新设备的投入使用，某机械有限公司的生产能力得到了显著提升，订单量和市场份额都有了大幅增长。李总对泰州农商银行的服务赞不绝口，他深知，没有泰州农商银行的金融支持，公司的发展不会如此迅速。

场景二：个体工商户的经营性贷款

张女士的便利店是泰州一个社区里不可或缺的个体工商户，店铺虽小，五脏俱全，琳琅满目的商品使居民不出社区就能满足日常需求。不过社区周边的类似店铺多了，且距离社区不远开了一家大超市，为提高自己的竞争力，张女士想对自己的便利店进行铺面装修、增加商品种类，因此需要一笔不小的资金。正当张女士为资金问题焦虑时，在一次偶然的机会中，张女士得知泰州农商银行为个体工商户量身打造的普惠型个人经营性贷款，这像一束光照亮了她的心。

银行的客户经理小王，一位对工作充满热情的年轻人，主动上门拜访了张女士。他不仅带来了贷款的详细资料，还带来了泰州农商银行数字化转型的成果——一个用户友好的在线贷款服务平台。小王向张女士展示了如何通过这个平台，轻松上传必要的文件，如身份证、营业执照和财务报表等。张女士被这个平台的便捷性吸引，她发现，即使是对电子技术不太熟悉也能迅速上手操作。在小王的协助下，张女士完成了贷款申请。银行的后台系统利用大数据技术，对张女士的经营状况进行了全面分析。人工智能风控系统也迅速介入，对贷款申请进行了细致的评估，确保整个审批过程的高效和安全。

审批结果很快就出来了，张女士惊喜地发现，她所需的资金已经获批。这笔资金的到来，对于张女士来说，就像是一场"及时雨"。资金到位后，张女士立即开始了便利店的升级——新货架的安装、新商品的引进，一切都在有条不紊地进行。小店的面貌焕然一新，社区居民纷纷点赞，还吸引了一些附近社区的居民前来采购。在这个过程中，泰州农商银行一直参与其中。例如，小王和他的团队定期与张女士沟通，了解超市的经营状况，提供市场分析和财务建议。他们还利用数字化工具，帮助张女士更好地管理超市的财务，优化库存，提升顾客体验。

随着时间的推移，张女士的便利店不仅在社区中站稳了脚跟，还成为一个小型的商业中心。张女士对泰州农商银行的帮助非常感激，对业务服务特别满意，主动向有需求的亲朋好友推荐泰州农商银行。

场景三：环保企业的绿色金融支持

在泰州市郊，有一家名为绿源科技的企业，它专注污水处理和环境保护工作。绿源科技自成立以来，一直秉承绿色发展理念，致力于为社区提供清洁的水资源。然而，随着业务的拓展和市场需求的增长，企业在日常运营中遇到了流动资金不足的问题。由于缺乏足够的抵押物，绿源科技难以从传统金融机构获得足够的资金支持。

泰州农商银行作为一家致力于推动普惠金融和绿色金融的银行，推出了创新的"水权贷"产品。这一产品专为环保型企业设计，以企业的取水权为质押，提供了一种全新的融资方案。银行的客户经理小赵，在了解到绿源科技的具体情况后，意识到这是一个展示"水权贷"产品优势的绝佳机会。小赵迅速与绿源科技的负责人进行了深入的沟通，详细了解了企业的运营模式、资金需求及未来的发展规划。小赵发现，绿源科技不仅拥有稳定的客户基础，还在污水处理领域拥有多项创新技术，市场前景广阔。基于这些信息，小赵为企业量身定制了一套融资方案。他向企业负责人详细介绍了"水权贷"产品的特点和优势，包括较低的融资成本、灵活的还款计划及对环保项目的支持。此外，小赵还解释了如何通过中国人民银行征信中心的动产融资统一登记系统进行取水权质押登记，以降低融资风险。

绿源科技的负责人对"水权贷"产品表现出了浓厚的兴趣，并决定申请贷款。在小赵的协助下，企业顺利完成了贷款申请流程。泰州农商银行的审批团队对企业的申请进行了快速而严格的审核，并很快批准了 50 万元的贷款申请。这笔资金的及时到来，对于绿源科技来说意义重大，不仅解决了企业的流动资金短缺问题，还为企业的技术创新和市场扩展提供了动力。绿源科技利用这笔资金更新了污水处理设备，提高了处理效率，同时也扩大了服务范围，赢得了更多的客户和市场份额。

泰州农商银行的服务并未随着贷款的发放而结束。小赵和他的团队定期与绿源科技的负责人沟通，了解企业的最新发展情况，提供市场分析和财务咨询服务。他们还利用数字化工具，帮助企业优化资金管理，提高运营效率。此外，泰州农商银行还为绿源科技提供了一系列的增值服务，包括环保项目的资金申请指导、绿色金融政策的解读及行业交流平台的搭建。这些服务不仅帮助绿源科技更好地把握市场机遇，还促进了企业与同行业其他企业的交流与合作。

随着时间的推移，绿源科技在污水处理领域取得了显著的成绩，成为泰州市环保产业的一张亮丽名片。企业负责人对泰州农商银行的支持表示衷心的感谢，他深刻体会到了绿色金融的力量，以及金融创新对企业发展的重要性。

场景四：科技型初创企业的金融创新服务

在泰州市的科技园区内，一家名为创智科技的初创企业正孕育着一场技术革命。创智科技由一群充满激情和创造力的年轻人组成，他们致力于开发一款能够改变人们生活方式的智能设备。然而，随着研发进程的深入，创智科技遭遇了资金"瓶颈"，这让他们的梦想面临严峻的考验。

泰州农商银行作为一家紧跟时代步伐的金融机构，深知金融科技在普惠金融中的重要作用。银行的创新团队一直在探索如何利用金融科技手段，为科技型初创企业提供更有效的金融支持和服务。当泰州农商银行的客户经理小陈了解到创智科技的困境时，他立即意识到这是一个展示金融科技力量的绝佳机会。小陈与创智科技的创始人进行了深入的交流，详细了解了企业的技术研发、市场定位及资金需求。

基于这些信息，小陈利用泰州农商银行的大数据分析平台，对创智科技的市场前景、技术成熟度及团队背景进行了全面的分析。人工智能风控系统也对企业的信用状况和还款能力进行了精准评估，为贷款决策提供了科学依据。通过金融科技手段，泰州农商银行为创智科技提供了一套定制化的金融解决方案。这套方案不仅包括必要的贷款支持，还涵盖了市场分析、财务规划等增值服务。银行的科技平台为创智科技提供了实时的市场动态、竞争对手分析及消费者行为研究，帮助企业更好地把握市场机遇。

此外，泰州农商银行还为创智科技提供了一系列的增值服务，包括创业指导、政策咨询及行业交流平台的搭建。这些服务不仅帮助创智科技解决了资金问题，还为企业的成长提供了全方位的支持。

随着贷款资金的注入，创智科技的研发工作得以顺利进行。企业成功开发出了一款创新的智能设备，并迅速占领了市场。创智科技的创始人对泰州农商银行的帮助表示衷心的感谢，他们深刻体会到了金融科技的力量，以及创新服务对企业发展的重要性。

二、案例的思政元素

本门课程立足河北金融学院"思政+专业+科技"的新财经人才培养目标，深入贯彻中央金融工作会议精神，按照科技金融、绿色金融、普惠金融、养老金融、数字金融五篇大文章的要求，按照"国家发展—社会服务—个人素养"三层内涵，深入挖掘案例中的思政元素，并将案例与教学章节内容融入三个一级指标和七个二级指标中，课程思政元素与教学内容如表 17-1 所示。

表 17-1 课程思政元素与教学内容

一级指标	二级指标	案例内容	教学模块	教学方法
国家发展	家国情怀	泰州农商银行金融支持小微企业、个体工商户、环保企业和科技型初创企业	信贷业务、商业银行的性质	案例分析法、研讨法
	制度自信	绿色金融产品、普惠金融措施	信贷业务、金融科技业务	
社会服务	社会责任	金融产品和服务的创新，解决小微企业、个体工商户等的融资难题	信贷业务、商业银行的性质	分组讨论、小组展示
职业素养	科技思维	金融科技赋能贷款业务	商业银行发展趋势、金融科技业务	案例法、研讨法
	工匠精神	银行为客户提供个性化、精准化的金融服务	信贷业务	案例法、情景模拟
	风险意识	银行利用人工智能风控系统进行风险评估，建立科学的风险管理体系	信贷业务、风险管理	情景模拟法、研讨法
	创新精神	业务与服务的创新	信贷业务、金融科技业务	小组讨论法

（一）国家发展层面

培养家国情怀，树立制度自信。案例中泰州农商银行通过支持小微企业、个体工商户、环保企业和科技型初创企业，体现了对国家经济发展和社会进步的深切关怀，展现了金融行业对国家繁荣的积极贡献。其中，通过"水权贷"等绿色金融产品，支持环保企业的发展，体现了对国家绿色发展战略的积极响应和支持；为科技型初创企业提供定制化的金融解决方案，助力科技创新，推动国家科技进步和产业升级；通过普惠金融活动，为小微企业和个体工商户提供贷款支持，促进实体经济的繁荣，为国家经济发展贡献力量。引导学生思考金融服务如何深刻践行走中国特色金融发展之路的发展理念，培养学生的家国情怀，树立制度自信。

（二）社会服务层面

培养社会责任感。结合商业银行的性质进行分析，明确商业银行与一般企业相比，从定义上讲是营利性机构，其特殊之处体现在社会责任，泰州农商银行致力于提供全面、精准的金融支持，使金融服务更加普及，缩小了金融服务的覆盖差距。通过金融产品和服务的创新，解决小微企业和个体工商户的融资难题，体现了银行对社会责任的积极履行。同时，结合泰州农商银行的"水权贷"产品为环保型企业资金支持这一场景，分析绿色信贷业务的特点以及商业银行发行绿色信贷的现状，尤其是"双碳"背景的下碳金融的发展，让学生认识发展绿色金融的重要性，培养学生的绿色金融发展理念，进一步培养学生的社会责任意识。

（三）个人素养层面

科技思维：通过了解泰州农商银行在贷款审批过程中运用大数据和人工智能技术，提高了审批效率和精确度，体现了金融从业者需要紧跟科技发展的步伐，运用科技手段优化服务流程，展现了金融从业者应具备的科技思维，利用科技提升客户体验和服务效率。结合教学模块——金融科技业务这一章节的内容，以"金融科技赋能传统银行"为切入点，给学生讲解商业银行数字化转型，了解商业银行线上+线下双渠道金融科技应用，引导学生树立科技思维。

工匠精神。泰州农商银行为客户提供个性化、精准化的金融解决方案，体现了金融从业者应追求精细化服务，注重服务的质量和细节。同时，银行不断创新金融产品和服务，以满足客户不断变化的需求，展现了金融从业者应具备的持续改进和追求卓越的工匠精神。同时，泰州农商银行以客户为中心的服务理念，强化了金融从业者的服务意识，教育学生在商业银行经营管理中始终坚持以人民为中心，培养学生的服务意识，传承敢于突破且力争为人民提供优质服务的工匠精神。

风险意识。泰州农商银行利用人工智能风控系统进行风险评估，体现了金融从业者应具备的风险意识，以及建立科学的风险管理体系的重要性。在金融产品创新和服务过程中，银行严格遵守法律法规，展现了金融从业者应具备的合规意识和风险防范能力。在教学讲授环节中，通过"情景模拟"准确判断客户信用风险，培养学生的风险意识。在贷款流程部分模拟客户申请贷款、尽职调查、撰写信贷调查报告并发现贷款风险点的流程，并邀请行业专家分享贷款调查和审批的案例和要点，让学生能够树立风险意识。同时，从治国理政的角度向学生进行金融风险教育和职业道德教育，深刻理解习近平总书记为加强金融监管协调、补齐监管短板所提出的治本之策。

创新精神。"惠农助商贷""水权贷"等创新金融产品的推出，体现了金融从业者应具备的创新精神，不断探索和开发适应市场需求的新产品。泰州农商银行通过数字化转型,创新服务模式,提供在线培训和咨询等增值服务,展现了金融从业者在服务模式上的创新思维,进一步在教学中引导学生树立创新意识。

综上所述,通过泰州农商银行的实践案例,学生可以深入理解国家发展战略、社会责任和职业素养的重要性,将这些课程思政元素融入商业银行经营管理的学习中,培养成为具有高度社会责任感、专业能力和良好职业素养的金融复合型专业人才。

三、案例使用说明

(一)教学用途与教学目标

1. 教学用途

本案例为分析性案例,适用于金融学等专业本科生"商业银行经营管理""金融学"等课程中,关于商业银行的性质、商业银行贷款业务、商业银行金融科技应用、商业银行风险管理等知识点的教学。本案例适用于3~4课时学习,旨在通过具体实践案例,帮助学生理解理论知识在实际工作中的应用。

2. 教学目标

(1)知识目标。通过案例的学习,使学生能够更好地领会信贷业务的基本概念、原则和基本要素,领会商业银行信贷业务的管理制度与贷款政策;体会商业银行贷款业务和金融科技业务的结合,掌握金融科技如大数据分析、人工智能风控等在贷款业务与风险管理中的应用,了解商业银行数字化转型的特点。

(2)能力目标。通过案例分析和讨论,提高学生主动学习专业知识的能力、独立思考的能力和分析问题的能力,培养学生理论与实践相结合的能力,提升职业素养。

(3)素质目标。通过案例学习,学生能够客观认识商业银行的经营管理和商业银行工作,树立正确的择业观;培养科技思维,树立创新意识;提升实践能力,具有严谨认真、艰苦奋斗的工匠精神;培养社会责任感,树立职业道德。

3. 思政育人目标

培养家国情怀、树立制度自信。全面坚持历史唯物主义,把握宏观经济形势,结合我国商业银行在全球发展中的中国担当,树立家国情怀,培养国际视野。

增强社会责任意识、培养科技思维。通过了解银行落实国家普惠金融政策、践行绿色经济发展方向,结合商业银行普惠信贷、绿色信贷等业务类型,体现银行的温度与情怀,增强行业认同感和社会责任感;通过产品创新、科技赋能的相关教学内容,了解金融科技前沿与发展,培养科技思维,提升创新意识。

树立职业道德,培养工匠精神。通过了解业务中的风险点和失信案例,培养诚信意识和风险合规意识,树立良好的职业道德;以业务为载体,结合银行招聘要求,讲授商业银行岗位设置与职责,培养职业素养和传承敢于突破且力争为人民提供优质服务的工匠精神。

(二)案例讨论的准备工作

1. 学生的准备内容

(1)阶梯式知识预习。根据学生的学习能力和学习习惯进行差异化目标要求的设置,促进学生在案例学习中实现最佳学习。

基础预习:一方面,通过预习教材了解信贷业务的基本概念、原则和基本要素,了解商业银行信贷业务的一般性管理制度与贷款政策;另一方面,通过线上平台,认真阅读老师发布的案例讨论流程安排和注意事项。

深度拓展预习:完成基础预习后,进行知识内容的拓展。在知识内容拓展上,通过老师在学习通平台发布的资料链接,了解普惠金融的核心理念和重要性,结合商业银行贷款业务与管理的基础知识,并联系先修课程中关于金融风险方面的学习,思考为什么小微企业、农民、城镇低收入人群等弱势群体会遇到融资难问题。

素养提升预习:在深度拓展预习的过程中,自发注重案例分析的良好习惯培养,尝试用批判性思维从不同角度分析问题,提炼关键信息,并有意识地在日常培养良好的倾听习惯,尊重不同的观点。

(2)资料收集。

政策资料:通过政府官网、国家金融监督管理总局、行业协会等网站收集有关普惠金融和银行贷款的最新政策导向和支持措施文献;了解2023年中央金融工作会议的"五篇大文章"是什么。

业务流程资料:通过登录至少三家商业银行官网,收集银行有哪些贷款产品针对小微企业、农民、城镇低收入人群等弱势群体,贷款利率、申请条件和办理流程是什么,了解不同类型的商业银行在普惠金融领域贷款业务方面的竞争优势。

业务发展资料:搜集并整理至少两家银行在不同额度的普惠金融贷款方面办理途径,如传统网点柜台、无人网点、银行官网、手机 App 还是微信公众号等,感受金融科技对银行贷款业务的影响。

2. 教师的准备内容

(1) 深入研究案例，明确预期目标。在确定案例之后，课程组需要结合对泰州农商银行"普惠金融推进月"贷款业务举措的背景进行研究，了解当地的经济环境、地方政策导向和银行业情况，以便更好地掌握案例的适用性和如何严谨、真实、完整地呈现给学生。同时，明确本次案例讨论的预期目标，包括知识层面、能力层面、素质层面和思政层面，有的放矢地设置问题和准备教学材料。

(2) 设定问题和教学方法。课程组根据泰州农商银行的案例，设定具有启发性的问题，引导学生从多个角度进行思考和分析，如贷款产品的类型、贷款产品的创新点、贷款办理流程和途径方面的优势、金融科技如何赋能贷款业务、风险控制等。

在设定好问题的基础上，设计恰当的教学方法 (如分组讨论、提问、抢答等) 及案例分析讨论中教师的引导语言，确保讨论能够围绕核心问题展开，并实现思政育人。

(3) 准备教学材料。结合案例准备相关教学材料，如 PPT、案例文字资料，并插入能够更直观帮助学生理解案例的图或表，蕴含思政元素的图文，以便在教学过程中进行展示和说明。

(三) 案例分析要点

1. 案例思考题

(1) 泰州农商银行在"普惠金融推进月"在贷款业务方面有哪些创新举措？

(2) 泰州农商行创新的贷款产品与国家五个金融大文章里哪些呼应？

(3) 为什么他们会选择泰州农商行办理贷款业务 (该行推出的贷款产品竞争优势是什么)？

(4) 在推广普惠金融贷款产品的过程中，泰州农商银行如何平衡创新与风险管理？

(5) 泰州农商银行如何确保普惠金融类贷款服务的长期可持续性？即如何平衡安全性、流动性和收益性。

(6) 泰州农商银行的做法对实现自身经济效益、履行社会责任和地方经济社会发展分别产生哪些影响？

(7) 金融科技如何帮助泰州农商银行更有效地开展这些贷款业务？

2. 分析思路

第(1)题、第(2)题、第(6)题的分析思路：第一，介绍案例背景，让学生了解"普惠金融推进月"活动的背景和泰州农商银行的基本情况；第二，学生通过阅读案例和提炼关键信息，进行数据及案例解读，结合背景、前期预习基础。

第(3)题的分析思路：第一，引导学生站在银行角度思考为什么农户和小微企业融资难（农户和小微企业融资需求特点、传统银行贷款业务管理流程、风险控制等）；第二，引导学生分析"惠农助商贷"和"水权贷"产品的特点、目标客户群体、市场定位等；第三，引导学生分析这些产品有哪些竞争优势。

第(4)题和第(5)题的分析思路：第一，引导学生思考在普惠金融类贷款业务中，银行一般可能会遇到哪些风险和挑战；第二，引导学生结合案例（如刁铺支行发放的"惠农助商贷"和"取水权"质押贷款、行业合作、征信等层面）分析泰州银行是如何平衡创新与风险管理、平衡"三性"经营原则的。

第(7)题的分析思路：通过该行官网、手机银行等渠道，让学生了解案例中业务开展渠道，以及大数据、区块链技术对银行征信的推动。

通过对上述问题的探讨分析，思政育人升华。

(1)商业银行贷款业务在普惠金融服务方面能够促进社会公平、支持小微企业发展和推动绿色经济。

(2)商业银行通过金融创新和应用金融科技，不仅能实现自身可持续发展，还能实现更广泛的社会和经济效益。

(3)商业银行经营管理需要平衡"三性"经营原则。

(四)教学组织方式

作为一门产教融合类课程，银行专家也深度参与到课程思政的建设中。本课程依托课程思政案例，结合教学内容，在教学组织过程中，运用多样化和精准化的教学方法、丰富的教学手段，校内外教师共同开发新的教学情境，搭建课程思政融入专业教学的载体，实现教学环节全链条化，课前、课中、课后全流程融入，从教学大纲、教学课件、教学任务等多角度同频实施，做到课程思政与课堂教学深度融合，实现显性教育和隐性教育共同育人。具体包括以下方法。

BOPPPS教学方法：本课程将BOPPPS教学方法贯穿教学全流程，以教学目标为导向、以学生为中心的教学方法，校内教师和银行专家从"课程引入—学习目标设定—课前摸底—参与式学习—课后测验—总结"六个阶段共同实施教学。课堂引入环节通过学习通发布教学任务和案例，配合慕课资源提前学习理论基础，了解案例背景，对教学内容形成初步印象，吸引学生的学习兴趣；学习目标设定是指校内教师和行业专家根据行业人才需求进行设定，融入新财经人才培养的新要求；课前摸底是指通过问卷、小测、问答等方式，校内老师和行业专家共同了解学情，并在后续课堂有针对性地开展教学；参与式教学主要是通过设置具有一定挑战度的教学任务，校内老师和行业专家共同引导学生参与其中，行业专家以案例讲授为重点，通过设置相关问题与学生进行深入互动；课后测验则是通过多种形式校内老师和行业专家共同参与到学习效果评价中，校外导师从行业角度进行指导并给出意见和建议；总结是指校内教师和行业专家共同对教学过程和教学目标的达成度进行总结和反思，校内外教师进行沟通与交流，持续改进和完善教学过程，不断提升教学成效，实现教与学的全流程和全链条。BOPPPS 教学法流程如图 17-1 所示。

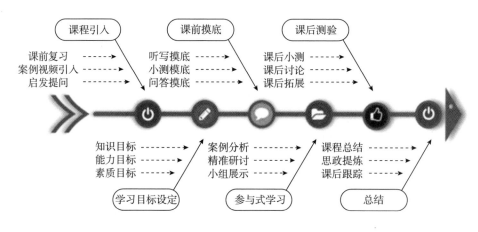

图 17-1　BOPPPS 教学法流程

　　案例教学与理论教学相结合：校内教师以理论教学为主，帮助学生扎实理论基础；银行专家以案例为载体重点进行案例教学，既有线上沙龙分享，又有现场案例讨论，补充行业前沿知识与最新行业动态，增加课程的高阶性和创新性。既能够深化理论教学，提升应用能力，又能通过案例体现其中的价值问题，并在案例的分析解决过程中，提升核心素养，将思政元素内化于心。校内外教师理论案例相结合如图 7-2 所示，课堂讨论与课后任务如图 17-3 所示。

图 17-2 校内外教师理论案例相结合

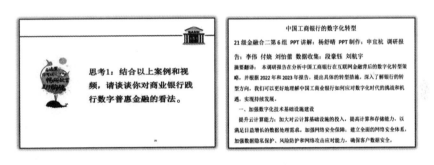

图 17-3 课堂讨论与课后任务

　　交互式教学法：本课程通过"专题式+"的任务驱动，在进行专题案例教学的基础上，结合授课内容开展精准研讨、协作学习、小组展示及"问题"导入等方式组织教学，探索多维立体的交互式课程教学方式。银行专家和校内教师以问题为导向与学生进行线上线下、由点到面的多形式互动交流，并从行业角度对学生任务完成的成效进行指导和建议，全方位提升学生的思辨能力、协作能力和应用能力等。小组任务与展示（部分）如图 17-4 所示。

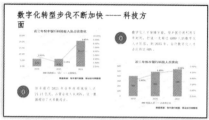

图 17-4　小组任务与展示（部分）

情景模拟教学法：结合案例中的场景，通过情景模拟的方法，模拟商业银行的业务拓展与业务审核，将业务知识融入不同的场景中，在提升趣味性的同时，实现理论与实践的结合，提升学生的职业素养。情景模拟任务（部分）如图 17-5所示。

图 17-5　情景模拟任务（部分）

（五）总结

通过泰州农商银行案例的设计与实践，教学成效显著，具体表现在以下几个方面。

在案例选择与教学内容设计方面：在信息化时代，科技对商业银行经营管理，尤其是贷款业务产生了深远的影响。课程团队精心挑选了泰州农商银行利用科技手段创新贷款业务的案例，作为思政教学的重要素材。这一案例不仅展示了商业银行在响应党中央"五篇大文章"的号召，贷款业务改革创新的积极探索，还体现了商业银行的社会责任和担当。通过这一案例，学生能够增强国家认同感，深刻体会社会主义制度的比较优势，树立正确的金融从业观念，提升社会责任意识，激发金融创新意识，并培养金融科技思维。

在思政案例教学方法方面：在案例授课过程中，采用讲授法、小组讨论、情景模拟、师生交互等形式，激发学生的学习兴趣和参与度，更深入了解科技赋能贷款业务的具体操作和实际效果。

在效果评估方面：通过课后作业和问卷等方式对学生的学习情况进行评估，大部分学生能够较好地掌握科技赋能贷款业务的相关知识，达到了知识目标、能力目标、素质目标和思政目标。

在教学反思方面：案例教学的引入，极大丰富了教学内容和形式，提高了学生的学习兴趣和参与度。学生对金融科技在商业银行中的应用有了更深入的了解，感受到了银行业的创新实践。未来教学中，将进一步深化案例教学，探讨科技赋能贷款业务中的公平性、消费者权益保护、数据安全和信贷风险控制等问题。同时，将持续探索思政教育与金融科技的深度融合，通过跨学科的教学和研究，致力于培养具有创新精神和实践能力的复合型金融人才。

综上所述，泰州农商银行案例教学的成功实践，不仅为学生提供了宝贵的学习经验，还为金融教育领域提供了创新的教学模式和思路。通过这一案例，学生能够在学习专业知识的同时，深化对国家发展战略的理解，增强社会责任意识，培养创新精神和实践能力，为成为新时代金融领域的栋梁之才打下坚实的基础。

第十八章 "统计学"课程思政案例

携手并进，共筑京津冀及周边地区蓝天防线

——协同治理下的蓝天保卫战

一、案例正文

随着我国城市化和工业化建设的不断加快，城市的大气污染问题日益严峻，国家相继出台了多项大气治理的相关政策、法规、标准、规划方案等，通过各省份间的精诚合作和点滴积累，全国人民全力配合，我国的大气治理成效实现了自我超越，也得到了世界的认可。

京津冀及周边地区工业产业密集、人口众多，空气污染成为亟须解决的环境问题，大气污染治理成为社会各界广泛关注的热点问题。2013年生态环境部联合多部委发布了《京津冀及周边地区落实大气污染防治行动计划实施细则》，此后多年连续发布了《京津冀及周边地区秋冬季大气污染综合治理攻坚行动方案》，随着多项政策的颁布，大气污染治理的模式发生了转变，从原来的"各自为政"，转变为现在的联防联控、协同减排。大气污染治理取得了明显的成效。2014～2021年，空气质量指数（AQI）波动递减，达到二级及好于二级的天数逐年增加，意味着空气质量总体向好，虽然各城市间的空气质量仍然存在一定差异，但差距不断缩小。2017年之前，空气质量指数为"轻度污染"和"良"的城市占比较多，污染问题仍不容小觑。但在此之后，空气质量指数是"良好"的城市逐渐增加，空气指数是"中度污染"和"轻度污染"的城市数量呈下降趋势。

(一)京津冀及周边地区大气污染概况

1. 北京市

如图 18-1 所示，2014~2021 年北京市的空气质量指数整体呈下降趋势，从 126 降至 71，空气质量总体由"轻度污染"转为"良好"，大气污染治理成效较为显著。2014~2021 年，北京市空气质量达到二级及好于二级的天数逐渐增多，从 2014 年的 168 天增长到 2021 年的 288 天，达标天数比例为 78.9%。总体而言，北京市在改善空气质量和治理大气污染方面做出了持续的努力，空气质量得到改善。经过统一集中治理，主要污染物浓度实现大幅下降，能效水平持续提升，清洁低碳转型成效显著。

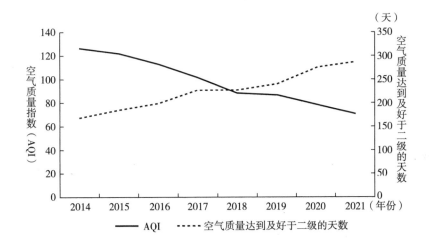

图 18-1　2014~2021 年北京市的空气质量

资料来源：2014~2021 年《中国统计年鉴》、2014~2021 年《中国环境统计年鉴》和中国经济信息网。

2. 天津市

如图 18-2 所示，2014~2021 年天津市的空气质量整体呈现改善趋势。空气质量达到二级及好于二级的天数在 2014 年最少，为 175 天，2014 年以后空气质量不断改善，2021 年空气质量达到优良天数为 264 天，优良天数比率为 72.3%，占比首次超过七成，表明 2014~2021 年天津市在空气质量方面取得了一定的成效。从空气质量指数来看，天津市在 2014~2021 年空气质量指数有所降低，2018 年以后空气质量明显好转，且在 2021 年达到最小值，为 79。天津市空气质量在

2014~2017 年相对较差，空气质量指数在 100 以上，2014 年最大，为 122。2014 年以后空气质量不断改善，但是空气质量达到二级及好于二级的天数始终在 300 以下。尽管天津市在空气质量和大气治理方面取得了一定的进步，但空气污染问题仍然存在，需要进一步的改善措施，继续加强环保工作，改善空气质量，让环境改善由量变到质变，深入打赢蓝天保卫战。

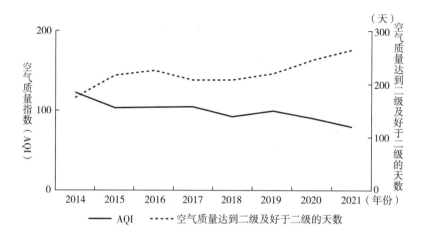

图 18-2 2014~2021 年天津市的空气质量

资料来源：2014~2021 年《中国统计年鉴》、2014~2021 年《中国环境统计年鉴》和中国经济信息网。

3. 河北省

如图 18-3 所示，2014~2021 年河北省的空气质量指数整体呈下降趋势，2021 年石家庄市、唐山市、廊坊市、保定市、沧州市、衡水市、邢台市、邯郸市八个重点城市的空气质量评估为"良"，空气质量较 2014 年有大幅好转。同时，空气质量达到及好于二级的天数也显著增多，空气质量整体呈改善趋势。

从不同城市来看，2014~2021 年，石家庄市的空气质量指数整体呈下降趋势，2021 年首次低于 100，空气质量达到及好于二级的天数显著增加，为 240 天，较 2020 年增加了 35 天，反映出石家庄市在控制和减少空气污染方面取得了积极的效果，空气质量改善幅度居全国前列。

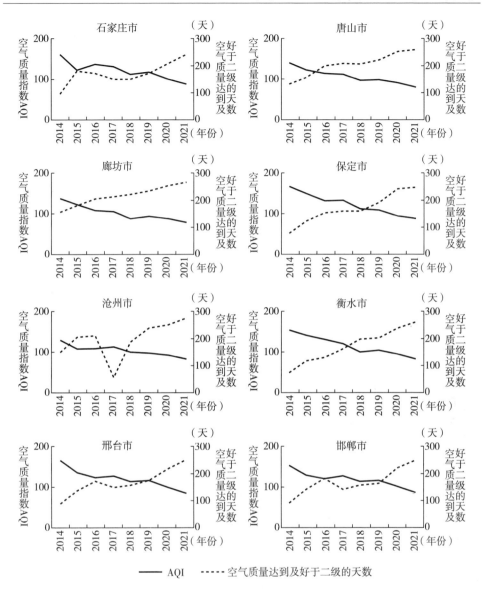

—— AQI ⋯⋯⋯⋯ 空气质量达到及好于二级的天数

图18-3 2014~2021年河北省的空气质量

资料来源：2014~2021年《中国统计年鉴》、2014~2021年《中国环境统计年鉴》和中国经济信息网。

2014~2021年，唐山市的空气质量达到二级及好于二级的天数整体呈现增多的趋势。特别是在2021年，达到了256天，较2014年的133天增加了近一倍。表明唐山市的空气质量在这段时间内得到了显著改善。空气质量指数在大多数年份有所下降，2018 年空气质量指数低于 100，空气质量达到良好水平，反映出唐山市在控制和减少空气污染物方面也取得了积极的成效。

此外，2014~2021 年廊坊市、保定市、沧州市、衡水市、邢台市、邯郸市空气质量不断改善，但是空气质量达到及好于二级的天数始终在 300 天以下。2015~2017 年，保定市、衡水市、邢台市和邯郸市空气质量相对较差，部分年份空气质量指数在 130 以上。2017 年以后，河北省各地区空气质量指数都有不同程度的下降。2021 年，石家庄市、唐山市、廊坊市、保定市、衡水市、邢台市、邯郸市的空气质量指数降至 90 以下，全省优良天数比率进入 70% 以上的新阶段，全面改善了河北省的空气质量。

(二)京津冀及周边地区大气污染治理效率

为整体分析京津冀及周边地区大气污染治理效率，采用 Arcgis 软件，选取大气污染治理效率均值、2014 年、2017 年和 2019 年这四组数据，绘制空间分布图，运用自然间断点分段法，将效率值划分为高、中、低 3 组。

1. 空间特征

北京市、天津市、衡水市、济南市、菏泽市等 12 个城市治理效率均值位于高水平。其中，衡水市位于整个空间的中心，其他城市分别分布在空间边缘的四个方位。治理效率大致从衡水市向四周降低再上升。

28 个城市中大气污染治理效率均值位于低水平的城市大多分布在河北省内，河北省效率均值以唯一高水平的衡水市为对称轴，左侧分布为低水平，右侧分布为中水平。河南省、山东省均有治理效率均值为低水平的城市，分别为安阳市和焦作市与滨州市。山西省除太原市为中水平外，其余 3 个城市均为高水平，说明山西省大气治理情况较乐观。河南省大致呈现从西到东效率水平逐渐增高的趋势，效率值逐渐增加。其中，鹤壁市、濮阳市和开封市属于高水平。山东省济南市、淄博市和开封市治理效率高水平，德州市、聊城市和济宁市为中水平，空间分布没有明显的特征。

2. 时序特征

2014 年、2017 年和 2019 年，衡水市、济南市、晋城市、鹤壁市 4 个城市治理效率都处于高水平，说明 4 个城市大气污染治理能力一直保持较高水平。太原市、新乡市治理效率一直保持中水平，治理能力比较稳定，但仍需进一步提高。唐山市、保定市、石家庄市、邢台市、邯郸市 5 个城市皆在三年处于低水平，说明河北省大气污染治理需要加强。

北京市、天津市、阳泉市、淄博市、菏泽市、济南市、安阳市、濮阳市、焦作市、郑州市和开封市这 11 个城市 2014 年、2017 年、2019 年的治理效率呈现提高的趋势，都进入了更高水平。其中，郑州市的变化最大，从低水平到高水平。廊坊市、沧州市和滨州市呈效率值下降的趋势，均从中水平降到低水平，可能是因为治理措施无法处理好后期复杂的大气污染状况，治理效果变差。长治市、德州市和聊城市治理效率呈现波动变化，即从中水平降低到低水平又提高到中水平。

(1)大气污染治理效率区域分析。

第一，京津冀地区。京津冀地区大气污染治理效率如图 18-4 所示，衡水市的大气污染治理效率最高，其次是天津市和北京市，上述城市与其他城市存在较大差异。北京市和天津市较河北省整体的治理效率高，说明北京和天津大气污染治理成果更显著。除衡水市外，河北省其他城市治理效率值均不高，且差异不大。其中，邯郸市第二产业占比较大，效率值最低，为 0.266，反映出河北省整体大气污染治理能力仍存在不足。

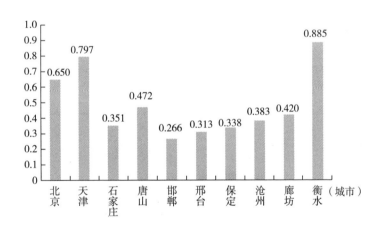

图 18-4 京津冀地区大气污染治理效率

资料来源：根据《中国城市统计年鉴》等的数据整理计算。

第二，周边地区。山西省各地级市的大气污染治理效率如图 18-5 所示，晋城的大气污染治理效率最高，太原效率值为 0.436，是 4 个城市中最低的，太原是国家工业重地，有大量的工厂，污染物排放量较大。但从整体上来看，山西省的治理能力较河北省好。

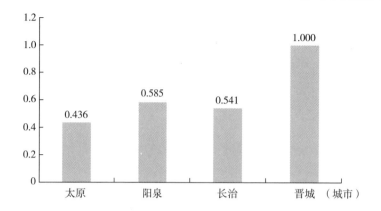

图 18-5　山西省各地级市的大气污染治理效率

资料来源：根据《中国城市统计年鉴》等数据测算。

山东省各地级市的大气污染治理效率如图 18-6 所示，山东省济南市的大气治理效率最高，其次是菏泽市和淄博市，二者相差较小，但济宁市、德州市、聊城市和滨州市与上述三个城市相差较大，表明山东省的大气污染治理能力参差不齐，济南市应提高协同治理能力。

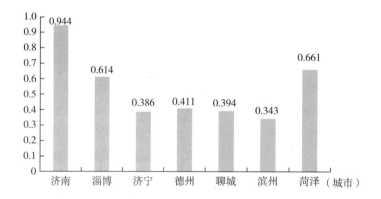

图 18-6　山东省各地级市的大气污染治理效率

资料来源：根据《中国城市统计年鉴》等的数据测算。

在河南省，鹤壁市的大气污染治理效率最高，可能是因为鹤壁市大力推进工业污染深度治理，精准施策。河南省各地级市的大气污染治理效率如图 18-7 所示，濮阳市和开封市的平均效率分别为 0.706 和 0.692。但是，河南省大气污染治理效率有明显的差异,安阳市和焦作市的大气污染治理效率值较小,安阳市由于地理原因污染治理主要靠减排,但减排又需要依托重工业,污染明显加重,而焦作市产业结构和能源消费结构不合理,供气供热等环境基础设施滞后。

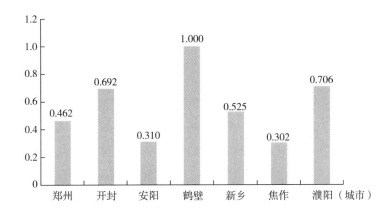

图 18-7 河南省各地级市的大气污染治理效率

资料来源:根据《中国城市统计年鉴》等的数据测算。

(三)京津冀及周边地区大气污染治理效率的影响因素

1. 指标选取

借鉴李茜(2018)、汪克亮(2019)、何弦佳(2021)等的研究成果,再结合京津冀及周边地区的实际情况,从经济发展、产业结构、科技创新、对外开放、环境规制和空间集聚 6 个角度选取大气污染治理效率的影响因素,大气污染治理效率影响因素指标体系如表 18-1 所示。

表 18-1 大气污染治理效率影响因素指标体系

指标	指标解释	符号	单位
经济发展	人均 GDP	X_1	万元/人
产业结构	第二产业和第三产业增加值占 GDP 比重	X_2	%
科技创新	专利授权数量	X_3	件
对外开放	外商直接投资占 GDP 比重	X_4	%
环境规制	废气治理投资占 GDP 比重	X_5	%
空间集聚	人口密度	X_6	万人/平方千米

2. 数据来源

数据主要源自《中国统计年鉴》、《中国城市统计年鉴》、中国经济信息网、eps 数据库和部分城市的环境公报，其中少量的缺失值需采用线性插值法补全。

3. 模型构建

超效率 DEA 模型，打破了效率值最大为 1 的界限，但效率值是大于 0 的数值，小于 0 没有意义。因此，对于大气污染治理效率的影响因素分析采用因变量受限回归分析方法中的断尾回归分析，因变量的取值范围大于 0，即标准的 I 型 Tobit 回归模型，如式（18-1）所示。

$$y^* = \beta x_i + u_i$$
$$y_i^* = \begin{cases} y_i, & \text{if } y_i^* > 0 \\ 0, & \text{if } y_i^* \leq 0 \end{cases} \tag{18-1}$$

其中，y_i^* 为潜在因变量，当其数值大于 0 时才能够被观察到，此时的取值为 y_i；小于或等于 0 时在 0 处断尾。x_i 为自变量。β 为系数。为随机扰动项，服从 $u_i \sim N(0, \sigma^2)$。

式（18-1）可以简化为以下形式：

$$y = \max(0, \beta x_i + u_i) \tag{18-2}$$

4. 实证结果

对表 18-1 中的数据取对数后，借助 Stata 软件，对"2+26"个城市大气污染治理效率（第二阶段）的影响因素进行实证研究，根据豪斯曼检验判断采用随机效应模型。2006~2020 年京津冀及周边地区大气污染治理效率影响因素 Tobit 回归结果如表 18-2 所示。

表 18-2　2006~2020 年京津冀及周边地区大气污染治理效率影响因素 Tobit 回归结果

指标	系数	标准误差	z 值	p 值
$\ln X_1$	0.3074	0.0727	4.23	0.000
$\ln X_2$	0.1887	0.0702	2.69	0.007
$\ln X_3$	0.1352	0.0302	4.48	0.000
$\ln X_4$	0.0187	0.0252	0.74	0.457
$\ln X_5$	0.0168	0.0147	1.14	0.253
$\ln X_6$	0.1988	0.1093	1.82	0.069
c	2.5257	0.5391	4.69	0.000

Tobit 回归结果显示，在大气污染治理效率的各影响因素中，根据影响程度判断，依次为经济发展、空间聚集、产业结构和科技创新，外商直接投资占 GDP 的比重和环境污染治理投资占 GDP 的比重两个变量没有通过显著性检验。第一，经济发展指标对大气污染治理的效率显著，说明经济的高质量发展和包容性绿色发展对京津冀及周边地区的大气防治起到了正向作用。一方面促进了政府对环保的宣传和投入；另一方面增强了居民的环保意识和行为。第二，空间聚集即人口因素对于大气污染治理产生的正向影响显著，特别是京津地区招才引智计划的实施，周边省份也加大了人才资助力度，人口素质普遍提升，环保意识也明显增强。第三，产业结构在 1% 的水平下通过了显著性检验，与治理效率呈正相关，说明京津冀及周边地区根据区位禀赋条件提升产业分工层次、优化产业结构、改良空间布局的系列举措取得了显著成效。第四，专利授权数量对京津冀及周边地区的大气污染治理产生了显著的正向影响，说明科技创新成果逐渐赋能环境保护，一定程度转化为了环保能力。第五，外商直接投资对大气污染治理效率没有产生显著影响，说明目前京津冀及周边地区的经济发展在得益于外商投资的同时，生产和出口的产品中电子设备、普通机械设备等中等水平的资本密集型产品比例较大，相关产业有很大的碳足迹和污染排放强度。第六，环境规制没有通过显著性检验，并不意味着京津冀及周边地区政府的环保措施不到位或者治理措施不好，主要是京津冀地区已经不再仅依赖政府环保补助来治理环境污染，而是鼓励企业通过自筹的方式增加环保投资，凸显引导全员参与环境治理、协同战胜空气污染这场攻坚战的决心。

5. 结论与建议

基于京津冀及周边"2+26"个地区 2006～2020 年的面板数据，对京津冀及周边地区的大气污染治理效率进行了评价，并运用 Tobit 回归模型大气污染治理效率影响因素进行了识别和分析。得出以下结论：第一，从大气污染治理效率的结果来看，京津冀及周边地区大气污染治理效率整体较高但存在差异。部分经济发达地区及沿海地区受气候等因素的影响，大气污染治理效率偏高，如廊坊、沧州、滨州等，而部分经济欠发达地区的大气污染治理效率相对较低，如邯郸。第二，经济发展、空间聚集、产业结构和科技创新不同程度促进了京津冀及周边地区大气治理效率的提升，外商直接投资和环境规制的影响并不显著。

基于以上分析结果，对京津冀及周边地区大气污染防治提出以下建议。

(1) 推进经济社会发展全面绿色转型。在生态环境质量持续改善的同时，提升生态系统质量和稳定性，统筹推进做大生态保护的分母、减小污染物总量的分子，协同推进减污降碳，以生态环境高水平保护倒逼经济高质量发展，建立健全绿色低碳循环发展经济体系，从源头上牵引带动经济社会发展全面绿色转型。

（2）建立生态环境补偿机制。京津冀及周边地区涉及区域较多，地域较广，无论是在经济发展、地理位置方面，还是在大气污染治理能力方面都有很大差距。所以，要实现京津冀及周边地区的均衡发展，在联合治理大气污染方面要充分考虑公平，建立生态环境补偿机制，力争实现利益平衡。对沿海地区环境污染治理难度相对较小，而北京等地的治污成本相对较高的问题，可以将北京等地的治污任务向其他地区转移，北京可通过技术支持、税费制度、资源支持等途径对转移地区进行补偿。

（3）建立信息共享平台。充分发挥已有的京津冀区域大气污染防治信息共享平台的作用，充分利用共享的环保数据，建立污染监控、执法情况、预警通报共享平台，同时努力实现技术、人才等方面的共享。京津冀及周边地区高校、科研院所可以围绕区域共性的污染治理技术难题和急需解决的社会问题，建立产业研究院，开展联合攻关，在获得技术进步和成果转移转化的同时，实现了交流合作，进而推进人才分布逐步均衡和教育科研资源共享。通过多方位信息共享平台的建立，实现京津冀及周边地区信息互通有无。

（4）优化产业结构与能源结构。京津冀及周边地区应充分发挥自身的地理优势和本地的产业特色，针对特色企业集群，进一步明确产业发展定位，确定发展规模及结构，制定综合整治方案，建设清洁化企业集群。按照"标杆建设一批、改造提升一批、优化整合一批、淘汰退出一批"治理方法，提升产业发展质量和环保治理水平。同时，完善税收征管体制，可以通过增加税收的方式控制高污染高排放产业的发展，促进高污染排放企业优化能源消费结构，促进其转型升级。此外，向环保企业提供税收优惠，推动节能减排技术的开发和使用，促进产业结构优化提升。

大气环境问题的长期性、复杂性、艰巨性仍然存在，大气污染防治工作任重道远。要加强京津冀及周边地区的区域协同治理，突出精准、科学、依法治污，完善大气环境管理体系，提升污染防治能力。由于其跨城市、跨省份的特点，空气污染不是一个单一城市的问题，而是一个整体的区域性问题，需要加强区域间的合作和协调，共同制定和实施空气污染防治措施。采用远近结合的方式研究谋划大气污染防治路径，扎实推进产业、能源、交通绿色低碳转型，强化面源污染治理，加强源头防控，加快形成绿色低碳生产生活方式，实现环境效益、经济效益和社会效益多赢。

二、案例的思政元素

(一)京津冀及周边地区大气污染现状和治理效率

数据的收集、整理和展示是核心环节，不仅关乎技术操作，还蕴含丰富的为人处世原则。在数据收集时，强调诚信与责任，确保数据的真实性和可靠性；在数据整理中，培养严谨细致的作风，尊重数据的客观性；在数据展示时，注重清晰准确的表达，传递正确的信息导向。这些过程不仅能提升学生的专业技能，还能引导他们树立正确的价值观，增强社会责任感，将个人成长与国家发展紧密相连，实现了专业知识学习与思政教育的有机融合。

(二)京津冀及周边地区大气污染治理效率的影响因素

学习和实践多元线性回归模型，强调数据的真实性和可靠性，坚决抵制数据造假，这既是对学术诚信的坚守，又是对社会主义核心价值观的践行。在分析模型假设条件时，强调诚信与真实，培养学生的学术道德。在模型构建、参数估计和检验模型过程中，必须严谨对待每一个数据，体现了对科学的尊重和对真相的追求，培养学生严谨的逻辑思维和科学态度。在案例应用的过程中，引导学生关注社会问题，运用所学知识为社会服务，从而增强社会责任感。这些思政元素与专业知识相结合，旨在培养具有社会责任感、严谨科学态度和良好学术道德的专业人才。

三、案例使用说明

(一)教学用途与教学目标

1. 教学用途

本案例为描述性统计分析和实证分析案例，适用于经济统计学专业本科生"统计学"课程中数据的收集、整理与显示，数据分布特征的描述，相关与回归分析等章节知识点的教学。适用于 2 课时学习。

案例内容涉及 2014~2021 年京津冀及周边地区大气污染的变化趋势、治理效率和治理效率的影响因素，通过学习可以对绘制图表、建立多元线性回归模型等实务操作的规范性步骤、方法有进一步的认识。

2. 教学目标

(1)知识目标。

第一,熟悉数据收集、整理与显示的基本原理与方法。

第二,理解数据分布特征的全面描述,包括集中趋势(均值、中位数、众数)、离散程度(方差、标准差)及分布形态(对称性、偏度、峰度)等核心概念。

第三,掌握相关与回归分析的基本理论和方法,包括相关系数的计算与解释、一元及多元线性回归模型的构建与检验。

(2)能力目标。

第一,培养学生独立进行数据收集、整理与可视化的实操能力,能够根据需要快速选择合适的展示方式,清晰、准确地传达数据信息,增强数据解读与沟通能力。

第二,培养学生能够运用所学的统计方法对数据分布特征进行准确计算和分析,并能够根据分析结果对数据背后的现象和问题做出合理解释。

第三,培养学生能够运用所学的回归分析方法对实际问题进行分析和建模,对分析结果进行合理解释和验证,确保准确性和可靠性,并能够根据分析结果提出有效的解决方案。

(3)素质目标。

第一,树立用数据说话的意识,培养实事求是、严谨认真的科学态度,学会在数据收集、整理与显示过程中关注数据的准确性和完整性,提高对数据的敏感性和批判性思维能力。培养学生成为具备良好数据素养和科学精神的复合型人才。

第二,学会用科学的视角审视数据,勇于探索新的数据分析方法和应用领域。培养学生成为具备创新精神和社会责任感的复合型人才。

第三,树立科学研究的理念和方法论意识,注重实证分析和数据支持,在分析问题时保持客观公正、严谨认真的态度。培养学生成为具备良好科学素养和职业道德的复合型人才。

3. 思政育人目标

第一,引导学生树立正确的数据观和良好的统计思维,培养严谨求实的科学态度。在数据收集的过程中,强调诚信和责任感,避免数据造假和篡改。在数据整理与显示中,注重团队合作与沟通,培养学生的协作能力和创新思维。引导学生关注数据伦理问题,尊重个人隐私和法律法规,树立正确的职业道德。

第二，培养学生的批判性思维和创新精神。学习从数据中提炼信息，理解数据背后的社会现象和问题，增强社会责任感和使命感。同时，通过案例分析，引导学生关注数据在环境保护、经济发展等领域的应用，激发他们为国家发展贡献力量的愿望。

第三，培养学生的逻辑思维和问题解决能力。学会用数据说话，用科学的统计方法分析变量间的关系，为决策提供有力支持。同时，强调数据分析在国家建设中的重要性，引导学生关注国家的发展需求，培养爱国情怀和民族自豪感。

（二）案例讨论的准备工作

本案例可以作为专门的案例专题讨论课来进行，通过"课前任务驱动+课上知识讲授与专题讨论+课后总结提升"方式进行。课堂讲授时间控制在 90 分钟左右，之后进行案例专题讨论课。

课前学生需要完成如下教学资源的观看和学习。

1. 视频资源

《京津冀大气污染治理攻坚行动》的视频由央视网发布，详细报道了京津冀及周边地区大气污染治理的攻坚行动，包括治理措施、实施效果、面临的挑战等。通过视频可直观地了解大气污染治理的现场情况和实际效果，感受治理工作的紧迫性和重要性。

2. 政策文件

第一，《京津冀及周边地区、汾渭平原 2020～2021 年秋冬季大气污染综合治理攻坚行动方案》。

由生态环境部等部门联合印发，针对京津冀及周边地区、汾渭平原的大气污染问题，提出了具体的治理措施和目标要求。反映了近年来京津冀及周边地区大气污染治理的最新进展和成效，通过学习可以了解治理工作的持续性和深入性。

第二，《京津冀及周边地区、汾渭平原 2023～2024 年秋冬季大气污染综合治理攻坚行动方案（征求意见稿）》。

由生态环境部组织起草，旨在持续改善大气污染防治重点区域秋冬季环境空气质量。了解京津冀及周边地区大气污染治理的方向和重点，为学习相关案例提供前瞻性的视角。

3. 案例资源

"携手并进，共筑京津冀及周边地区蓝天防线——协同治理下的蓝天保卫战"

4. 学生思辨问题

根据生态环境部等权威机构发布的数据,分析近年来京津冀及周边地区 PM2.5、SO_2、NO_2 等主要大气污染物的浓度变化趋势。思考这些变化趋势背后的原因,包括但不限于产业结构调整、能源结构优化、治理措施的实施效果等,探讨不同季节大气污染的变化特点,特别是秋冬季节污染加重的原因。

(三)案例分析要点

1. 案例思考题

思考题一:京津冀及周边地区大气污染浓度的时间序列分析。

利用时间序列分析方法,探究 2014~2021 年京津冀及周边地区主要大气污染物(如 PM2.5、SO_2、NO_2 等)浓度的变化趋势,并尝试预测未来一年的浓度水平。

思考题二:京津冀及周边地区大气污染治理效率的评估与影响因素分析。

构建大气污染治理效率评估指标体系,运用统计方法分析 2014~2021 年京津冀及周边地区各城市的治理效率,并探讨其影响因素。

思考题三:京津冀及周边地区大气污染治理政策的效果评估。

利用统计方法评估 2014~2021 年京津冀及周边地区实施的大气污染治理政策的效果,并分析政策效果的地域差异。

2. 分析思路

思考题一:

数据收集与预处理:收集京津冀及周边地区主要城市 2014~2021 年的大气污染浓度数据,进行缺失值处理、异常值检测与修正。

趋势分析:运用时间序列分析技术,如绘制时间序列图、计算移动平均线、进行趋势分解等,分析各污染物浓度的年度变化趋势和季节性波动。

模型拟合与预测:选择合适的时间序列模型(如 ARIMA 模型、指数平滑模型等),对污染物浓度数据进行拟合,并基于模型预测未来一年的浓度水平。

结果解释:结合实际情况,解释趋势变化的原因,如政策调整、经济发展、气象条件等,并讨论预测结果的不确定性和可靠性。

思考题二:

指标构建:选择或构建反映大气污染治理效率的统计指标,如空气质量改善率、污染物减排量、治理投入产出比等,形成评估指标体系。

数据收集与整理:收集各城市 2014~2021 年的治理效率指标数据,以及可能影响治理效率的因素数据，如经济发展水平、产业结构、能源消费结构、环保政策执行力度等。

效率评估：运用统计方法（如数据包络分析、主成分分析等）对各城市的治理效率进行评估和排序。

影响因素分析：运用相关分析、回归分析等统计方法，探讨各影响因素对治理效率的影响程度和方向。

结果解释与建议：根据评估结果和影响因素分析结果，解释各城市治理效率的差异和原因，并提出提高治理效率的建议和措施。

思考题三：

政策梳理：梳理2014~2021年京津冀及周边地区实施的主要大气污染治理政策，包括政策目标、措施、实施时间等。

数据收集：收集政策实施前后的大气污染浓度数据、治理效率指标数据及相关政策执行情况的数据。

效果评估：运用统计方法（如差分法、倾向评分匹配法等）评估政策实施对大气污染浓度和治理效率的影响，即政策效果。

地域差异分析：运用方差分析、聚类分析等统计方法，分析政策效果在不同城市或地区间的差异，并探讨其原因。

结果解释与政策建议：根据评估结果和地域差异分析结果，解释政策效果及地域差异的原因，并提出优化政策设计、提高政策效果的政策建议。

（四）教学组织方式

1. 教学准备

（1）准备数据资料。

收集2014~2021年京津冀及周边地区大气污染的相关数据，包括污染物浓度、治理措施、治理效率等。

（2）准备分析工具。

准备数据可视化工具（如 Excel、R 语言或 Python 的 Matplotlib、Seaborn 库）和相关统计软件（如 SPSS、SAS 或 R 语言）。

2. 教学过程

（1）数据的收集与整理。

讲解数据收集的重要性：强调数据对分析大气污染变化趋势和治理效率的基础性作用。

演示数据收集方法：介绍如何通过网络资源、政府工作报告、学术论文等途径收集相关数据。

指导学生进行数据整理：教授学生如何使用 Excel 或其他工具对数据进行清洗、筛选和格式化，确保数据的准确性和一致性。

（2）数据的显示与分布特征描述。

讲解数据可视化：介绍数据可视化的基本概念和重要性，展示如何通过图表（如折线图、柱状图、散点图等）直观地展示数据。

演示数据可视化工具：使用 Excel、R 语言或 Python 的 Matplotlib、Seaborn 库等工具，演示如何将大气污染数据转化为图表。

分析数据分布特征：教授学生如何计算数据的平均值、中位数、众数、方差等统计量，以及如何通过图表观察数据的分布形态（如正态分布、偏态分布等）。

（3）相关与回归分析。

讲解相关与回归分析的基本概念：介绍相关分析用于研究两个或多个变量之间是否存在相关关系，以及回归分析用于研究一个或多个自变量与一个因变量之间的定量关系。

演示相关与回归分析方法：使用 SPSS、SAS 或 R 语言等工具，演示如何对大气污染与治理效率等变量进行相关与回归分析。

指导学生进行实践操作：让学生分组进行实践，选择感兴趣的变量进行相关与回归分析，并解释分析结果。

3. 教学评估与反馈

课堂练习：设计一些与大气污染数据相关的练习题，让学生在课堂上完成，以检验学习效果。

小组讨论：组织学生进行小组讨论，分享各自的数据分析结果和学习心得，促进相互学习和启发。

课后作业：布置课后作业，要求学生收集并分析其他地区的大气污染数据，运用所学方法进行数据整理、显示和分析，并提交书面报告。

反馈与指导：对课堂练习、小组讨论和课后作业进行及时反馈和指导，帮助学生巩固所学知识并发现存在的问题。

（五）总结

本课程以 2014~2021 年京津冀及周边地区大气污染的变化趋势、治理效率和治理效率的影响因素为案例背景，系统地讲授了数据的收集、整理与显示，数据分布特征的描述，以及相关与回归分析等知识点。在教学过程中，学生不仅掌握了数据处理与分析的基本技能，还深刻认识到保护环境的重要性，增强了社会责任感和使命感。通过实际案例分析，学生将理论知识与实际问题相结合，提升了解决复杂环境问题的能力。

1. 教学内容的课程思政育人标准

本案例教学在内容上严格遵循课程思政育人的标准和要求，将环境保护与思想政治教育紧密结合。通过讲解大气污染治理的重要性和紧迫性，引导学生认识环境保护是国家发展的重要基石，也是每个人应尽的责任。课程引入京津冀及周边地区大气污染治理的实际案例，分析政府、企业和个人在环境保护中的角色与贡献，增强学生的社会责任感和公民意识。同时，课程注重培养学生的批判性思维和解决问题的能力，鼓励他们对环境保护政策进行深入思考，提出自己的见解和建议，从而在实践中深化对环境保护的认识和理解。

2. 课程思政模式的育人导向

本课程在课程思政模式上注重育人导向，将思想政治教育融入专业教学的全过程。通过组织小组讨论、案例分析等活动，激发学生的参与热情，培养他们的团队合作精神和沟通能力。本课程强调以学生为中心，关注学生成长需求和个性发展，鼓励他们积极参与社会实践和志愿服务活动，将所学知识应用于环境保护的实际行动。同时，本课程注重培养学生的国际视野和跨文化交流能力，通过介绍国际大气污染治理的成功经验和做法，引导学生关注全球环境问题，培养他们的全球意识和人类命运共同体理念。

3. 科研反哺教学的育人实践

案例内容是教师团队关于大气污染治理开展定量研究的学术成果，是在科研反哺教学方面的积极探索和实践，将科研成果转化为教学资源，丰富课程内容，提高教学质量。通过案例分析，鼓励学生参与科研项目和实践活动，通过亲身体验和实际操作，加深对大气污染治理的理解和认识。在科研过程中，学生不仅能够锻炼自己的科研能力和创新思维，还能够培养严谨求实的科学态度和团队合作精神。通过科研反哺教学，课程不仅提升了学生的专业素养和实践能力，还促进了他们的全面发展。

参考资料

(一)使用教材

曾五一，肖红叶．统计学导论(第 4 版)[M]．北京：科学出版社，2023.

(二)参考书目

(1)贾俊平．统计学(第 8 版)[M]．北京：中国人民大学出版社，2021.

(2)张建同，等．应用统计学[M]．北京：清华大学出版社，2020.

(3)道格拉斯·A．林德，威廉·A．马夏尔，塞谬尔·A．沃森．商务与经济统计学(原书第十四版)[M]．北京：机械工业出版社，2024.

(4)高敏雪．统计学专业课程教学案例选编[M]．北京：中国人民大学出版社，2013.

(三)教学资源

1．视频资源

CCTV 节目官网——《京津冀大气污染治理攻坚行动》。

2．政策文件

(1)《京津冀及周边地区、汾渭平原 2020—2021 年秋冬季大气污染综合治理攻坚行动方案》。

(2)《京津冀及周边地区、汾渭平原 2023—2024 年秋冬季大气污染综合治理攻坚行动方案(征求意见稿)》。

3．案例资源

"携手并进，共筑京津冀及周边地区蓝天防线—协同治理下的蓝天保卫战"。

4．论文资源

(1)王德羿，王体健，韩军彩，等．"2+26"城市大气重污染下 PM2.5 来源解析[J]．中国环境科学，2020，40(1)：92-99.

(2)郑石明，罗凯方．大气污染治理效率与环境政策工具选择——基于 29 个省市的经验证据[J]．中国软科学，2017(9)：184-192.

(3)李茜，姚慧琴．京津冀城市群大气污染治理效率及影响因素研究[J]．生态经济，2018，34(8)：188-192.

第十九章 "理财综合实训" 课程思政案例

理财稳健之道：家庭理财中的风险管理与保险规划

一、案例正文

李先生是个热心人，他的朋友近日遭遇了意外，虽然只是受伤，但家庭的收入来源一下子就没了，朋友家里的老人年事已高，孩子又还小，为帮朋友渡过难关，李先生既出钱又出力。这件事也让李先生这个独生子开始审视自己的家庭，虽说李先生和妻子都有收入，但家里的老人和孩子都要依靠夫妻二人抚养和赡养，也有一定的经济压力，如果夫妻二人出了什么意外，家庭可能也会陷入困境。想到这里，李先生不禁有些焦虑。一次与理财经理的会面让他了解到理财规划可以帮助他进行家庭风险管理，于是李先生走进了理财工作室。

（一）初识风险——个人与家庭所面临的风险

1. 家庭经济责任

保险在家庭财富管理中所扮演的角色是提供保障，而这种保障是对风险发生后产生的经济损失的补偿，因此保险规划中的可保风险必然与家庭经济责任密切相关。家庭资产、家庭支出和家庭收入都是家庭经济责任的来源，都是家庭的风险源。

（1）家庭资产。家庭资产是已取得收入的凝结，主要有货币（包括存款）、有价证券(股票、债券等)、贵重物品(黄金、艺术品)、汽车和不动产(房屋、土地)、其他家庭资产(家具、电脑等)、债权、保险等。

(2)家庭支出。家庭支出包括基本经济责任相关的支出和其他经济支出,其中,基本经济责任相关的支出有日常生活支出、对子女长辈的供养、子女基本教育、疾病治疗费用和债务责任等。其他经济支出包括休闲活动,以及家庭与个人爱好的支出、特殊需要的支出(如攻读研究生、学习乐器)等。

(3)家庭收入。家庭收入主要包括综合收入(工资、劳务等)与投资性资产相关的收入、社会福利性收入(失业补助、养老金)等如表19-1所示,各类收入持续时期各不相同,但这些收入会贯穿整个家庭的生命周期,以维系家庭的存续和成长。

表 19-1 家庭收入分类

主要收入	持续时期
1. 综合收入(工资、劳务等)	工作期间
2. 投资收益	投资资产存续期
3. 社会失业补助	特定条件
4. 社会基本养老金	特定条件/退休后
5. 企业补充福利	特定条件/退休后
6. 资本利得	资产变现后
7. 保险	特定条件/保单到期

2. 家庭面临的风险

(1)失业风险。在现代社会中,失业是不可避免的现象。当人处于失业状态时,收入没有了保障,社会关系网络也会出现一定程度的中断,对个人的物质和精神方面都会产生较大的影响。因此,应对失业风险是社会人必须考虑的一项风险。

(2)工伤风险。工伤风险是指人在生产、工作中遭受意外事故和职业病伤害的风险。由于工伤风险的发生通常将导致人的身体受到某种程度的损害,这种损害可能会对其今后的正常工作和生活产生较大影响。从个人的长远发展来看,工伤风险在某种程度上比失业风险的影响更大,对人的损害也更持久。

(3)信用风险和经济风险。信用风险是指人在进行经济交往中,因一方违约或违法而给对方造成经济损失的风险。经济风险则是指由于经营行为或经济环境的变化而导致经济损失的风险。这两种风险从最终造成的影响来看，都会使个人及家庭财产受到损失。

（4）养老风险。衰老是每个人都要面临的人生状态，能否做到老有所养是人们最关心的话题。这里的养老风险包含两个方面的因素：一是年老之后能否得到亲属的照顾，即得到精神上的抚慰；二是是否有足够的资金来支付年老之后的各种费用直到终老，即物质上的支持。而这两个方面都是复杂的且具有较大的不确定性，因为得到亲属的照顾意味着在很大程度上将风险转移给了对方，要充分考虑对方所受的风险影响因素；资金上的支持则更多取决于原有积蓄水平及通胀水平等因素。

（5）早逝风险。寿命过长可能造成养老风险，而过早死亡带来的早逝风险往往更为严重。如果一个家庭的主要劳动力因故死亡，将会对其家庭造成致命打击，导致赡养父母和抚养子女都出现问题，对家庭的稳定和社会的和谐造成不良影响。

（6）疾病风险。因病致贫是很多家庭所担心的问题，但同时也是现代社会经常发生的现象。疾病带来的不仅是精神上、身体上的痛苦，更是经济上的重负。因此，规避疾病风险是家庭考虑的重中之重的问题。

（7）意外伤害风险。所谓意外伤害是指由于外来的、剧烈的、突然的事件所造成的人身伤害。当意外伤害发生时，由于人始料未及，因此常常会扰乱家庭的正常生活，给家庭带来猛烈一击。

（8）投资风险与财产风险。投资风险即购买有价证券或进行实体投资所要承担的风险。财产损失风险是指财产及其有关利益因灾害事故所造成的损失。投资风险随着人们参与资本市场的频率越来越多，也变得越来越常见。财产风险不但会随着人们安全意识的增加而有所降低，还会由于自然的、非人所能控制的因素影响风险发生的概率。

（二）想想办法——系统的风险管理方法

1. 风险管理的方法分类

（1）风险控制。风险控制是针对风险因素采取减少或控制风险损失频率和损失程度的技术和方法，实现消除、避免、减少和防范风险的目的。风险控制主要分为风险回避和损失控制。风险回避指一开始就拒绝某种行为，或在行为过程中途放弃某些危险活动。损失控制则是针对个人或家庭不愿放弃某种行为也不愿转移风险采取的一种风险管理方法，包括损失预防和损失抑制。损失预防是在损失发生前为消除或减少可能引起损失的因素所采取的具体措施，损失抑制则是在事故发生后采取措施减少损失发生范围或损失程度的行为。

（2）风险融资。风险融资本质上属于财务型风险管理方法，即对无法控制的风险做出财务安排，核心思想是合理配置资金，以便对风险事件造成的经济损失进行充分的补偿，风险融资包括保险、财务型非保险转移和风险自留。保险即通过保险金赔付来获得相应的财务资源弥补经济损失。财务型非保险转移是通过外部收入来支付可能发生的损失，进而转移个人的财务负担。风险自留则是当风险事故发生并造成一定损失后，通过可筹集的资金弥补遭受的损失，是一种损失发生后提供经济保障的管理技术。

2. 风险管理的手段与工具

（1）购买商业保险。保险是风险转移的手段。就家庭财产来说，可通过购买财产保险对房屋、室内装修、室内家庭财产等进行风险保障。现在市场上一般有普通型、到期还本型和利率联动型家庭财产保险，可根据实际需要进行选择。当然，也可以通过追加保费来保障特保财产，同时也要注意保单中的不保财产。

人身保险的种类较多。分红型的人寿保险不仅能提供充分的保险保障，还能从保险公司经营的利润中获得稳定的投资回报。投资联结险兼具保障与投资双重功能，但需要自己承担投资风险；两全险既可作为养老保障的手段，又可作为子女累积的教育金或婚嫁金；意外伤害险包括职业意外伤害保险、旅游意外伤害保险、航空旅客意外伤害保险等，可应对各种意外事件的风险；健康险主要有四类：疾病保险（包括重大疾病保险和特种疾病保险医疗保险）、医疗保险（包括基本医疗保险、高额医疗保险、特种医疗保险）、收入保障保险（定额给付和比例给付）和护理保险（对那些不能自理，需要他人辅助或全部照顾的被保险人提供医疗护理或照顾性护理提供经济保障）。

（2）投资。除购买商业保险外，家庭和个人还可以选择储蓄、购买国债、基金等安全性好的投资方式或股票、期货等收益较高的方式进行金融投资，也可以选择房地产、艺术品等实际资产投资，以获取相对较高的收益。但要注意的是，这些投资本身都具有一定的风险。

（3）组合投资。家庭还可以将储蓄、保险、证券投资、实际投资结合起来综合运用，根据风险偏好配置不同的投资组合，将鸡蛋装在不同的篮子里，以更好地规避风险。

(三)解决问题——家庭保险规划实操步骤及要求

进行家庭保险规划,可以分成五个步骤完成。第一步,梳理保障需求;第二步,确认保费预算;第三步,确认各保险的保额和保障期限;第四步,选择合适的产品做测算,不断调整方案,直到预算合理且保障充足;第五步,查看选中产品的健康告知,确认可以顺利投保。

1. 梳理保障需求

依据家庭保险规划表梳理保障需求,并完成家庭保障规划,如表19-2所示。

表19-2 家庭保障规划

家庭成员	面临风险	保险类型	保额需求	保障期限	挑选产品	保费测算	备注
		保费合计					

资料来源:笔者设计。

例如,李先生,30岁;李太太,30岁;结婚四年,有个3岁的孩子。李太太的父母因病已去世,李先生的父母需要赡养两位老人:一位58岁,另一位59岁,身体都还不错。

对于李先生家庭来说,共有五位家庭成员需要规划保险。首先,按照保障顺序依次填入家庭成员。李先生和李太太是家里的经济支柱,是首要保障的对象,孩子和两位老人在保障顺序上要相对靠后。其次,分析每位成员面临的主要风险并确定保险类型。李先生和李太太可能面临的意外风险、死亡风险、重大疾病风险、医疗风险都是该家庭的重大风险,都可能对家庭造成重大影响,因此意外险、寿险、重疾险和医疗险都要配置;孩子年龄还小,可以不用考虑寿险产品;对于两位老人来说,寿险和重疾险性价比不高,但是随着年龄增大,身体素质下降，医疗支出可能会明显增加。因此，"防癌险+住院医疗险+意外险"的搭配可能是最好的选择。

因此，可以为李先生在家庭保障规划表中填写家庭成员面临的主要风险和所需保险种类，家庭保险规划如表19-3所示。

表 19-3 家庭保险规划

家庭成员	面临风险	保险类型	保额需求	保障期限	挑选产品	保费测算	备注
李先生 （30岁）	意外死亡、残疾风险	意外险					
	死亡风险	寿险					
	重大疾病风险	重疾险					
	住院、手术等	医疗险					
李太太 （30岁）	意外死亡、残疾风险	意外险					
	死亡风险	寿险					
	重大疾病风险	重疾险					
	住院、手术等	医疗险					
孩子 （3岁）	意外死亡、残疾风险	意外险					
	重大疾病风险	重疾险					
	住院、手术等	医疗险					
李先生的 父亲 （58岁）	意外死亡、残疾风险	意外险					
	健康小问题	住院医疗险					
	癌症	防癌险					
李先生的 母亲 （57岁）	意外死亡、残疾风险	意外险					
	住院、手术等	住院医疗险					
	癌症	防癌险					
保费合计							

资料来源：笔者设计。

2. 确认保费预算

在明确家庭的保险需求之后，我们要做的就是测算保费和保额。一般来说，可以预留家庭年收入的5%~8%，最多不超过10%作为每年的保险投入，也就是家庭的保费预算。以李先生一家来说，该家庭年收入为22万元，也就是每年拿出1.1万~1.8万元作为保费预算比较合理。

这个标准相对比较粗略，不一定适合所有的家庭，也可以结合其他内容来调整保费预算。

(1)适当考虑未来收入的增长情况。一些类型的保险，年龄越大保费越高，越早购买越划算。但是，年轻群体的收入水平相对较低，难以承受保费负担。此时可以适当考虑家庭未来的收入增长，预测何时的收入水平可以持续负担相应的保费支出。

(2)结合每年结余，综合规划保费预算。对于一个家庭来说，利用20%～30%的收入结余购买保险，是比较合理的标准。比如，一个生活在三线城市的家庭，年收入水平约为10万元，与一线城市的家庭相比要少很多，若按之前的标准测算，不到1万元的整体保费支出难以为整个家庭配置足够的风险保障。但是，三线城市相对较低的房价和生活压力，让这个家庭的年度结余比率可能会超过50%，每年结余5万元以上，用其中的1万～1.5万元购买保险，也不会给家庭带来太大的压力。

根据以上思路，可以进一步优化保费预算。

3. 确认各保险的保额和期限

买保险就是买保障，保额的充足度非常重要。所以，需要按照家庭保险需求去规划。针对李先生的案例主要考虑寿险、重疾险、意外险和医疗保险。

(1)寿险保额测算。对于李先生这样一个三口之家而言，主要考虑四类责任所需保额：一是家庭剩余的车贷、房贷。如果家庭经济支柱死亡，家庭的各项贷款就会落到其他家人的身上。所以，剩余的车贷、房贷是一定要计算在保额内的。例如，李先生家还有55万元的房贷尚未还清，在计算寿险保额时需要将其考虑在内。二是孩子的教育责任。如果父母出险，孩子未来的教育是父母最放心不下的。所以，李先生希望至少给孩子预留50万元的教育费用。三是对父母的赡养。父母辛苦将子女养育长大，如果子女出现意外导致父母没有了依靠，那么至少应该留下一笔钱让他们的晚年生活得更好一些。如前所述，李先生的父母目前身体还很不错，也有退休金。李先生权衡后，决定为他们预留20万元左右的赡养费用。四是未来3～5年的生活开支。如果家庭经济支柱遇到风险，那么整个家庭的收入肯定会受影响。所以，最好预留一些额外的生活费用作为过渡。尤其是单支柱家庭，如果妻子是全职太太，那么先生的寿险则更需要增加这部分的保障。案例中李先生的家庭是双职工家庭，目前年支出大概在10万元，他或妻子任何一方发生风险都会给收入带来损失，所以会在这部分加上40万元左右的保额。把这几项责任都加起来之后，李先生夫妻的寿险额度至少应该在 160 万元（剩余房贷、车贷 50 万元+预留孩子教育金 50 万元+父母赡养金 20 万元+预留生活开支 40 万元）。

此外，因为李先生的家庭是双职工家庭，所以寿险的额度应该根据两个人的收入按比例进行分配。李先生每月工资到手大概 1 万元，妻子的月工资大概是 6000 元，两人的年终奖差别不大。所以，两个人的寿险保额，按照 5∶3 的比例分配会比较合理。当然也可以根据各自的实际需求进行测算。因此，最终可以为李先生购置 100 万元保额的寿险、为妻子购买 60 万元保额的寿险。

在寿险的期限方面，考虑到李先生家房贷的剩余偿还期限还有 23 年、李先生的孩子长大并经济独立大概还需要 20 年（今年 3 岁）、夫妻二人距将来退休时间还有 30 年（当前 30 岁，假设 60 岁退休），将寿险期限选定为到 60 岁，家庭责任已经基本履行完毕，这是比较合理的。

（2）重疾险保额测算。对于重疾险的配置而言，不仅要确保有钱治病、不过度消耗家里本来的存款，还要保障得病以后有一段时间可以用来养病。对家庭经济支柱而言，这段时间不仅本来能赚到的工资可能赚不到，还会多花钱去养病和康复，这些花费也需要获得相应的保障作为补偿。因此，一般建议重疾险的保额在 50 万元以上，如果保费预算不够，也建议不要低于 30 万元。如果有能力的话，可以适当增加一定的保额，尤其是为家庭经济支柱增大保额。对于李先生的家庭来说，因为孩子的重疾险比较便宜，可以考虑为李先生、李太太和孩子都选择 50 万元的保额。在期限选择方面，李先生和李太太最理想的选择是终身保障，只需要考虑预算是否充足，还需要结合具体产品去分析；孩子年龄还小，等成年后可以重新选择成人重疾险，因此可以给孩子选择 20 年的保障期限；李先生父母的年龄不太适合购买重疾险，但是可以适当考虑特定重疾的保障，如防癌险。结合父母的年龄和身体状况，为李先生父母选择一份 10 年期、10 万元的防癌险。

（3）意外险和住院医疗险需求测算。在条件允许的情况下，意外险和住院医疗险是每个家庭成员都需要的。住院医疗险对于普通家庭来说，通常选择中端的住院医疗险比较合适，保费较低（孩子和家庭经济支柱一般一年只需要几百元，老人大概需要 1000 元），而保障金额通常都可以选 200 万~300 万元，可以报销符合规定的住院费用，是重疾险非常好的补充。在期限选择方面，市面上主流的产品都是一年一买的短期险；也有一些可以保证续保 5 年及以上的产品。意外险方面一般选择为每个家庭成员配置一份 1 年期的意外险，保额尽可能在 50 万元以上是非常必要的。

通过上面的分析，可以得到李先生一家的理想保额和保障期限，家庭保险规划表如表 19-4 所示。

表 19-4 家庭保险规划表

家庭成员	面临风险	保险类型	保额需求（万元）	保障期限	挑选产品	保费测算	备注
李先生（30 岁）	意外死亡、残疾风险	意外险	100	1 年期，每年购买			
	死亡风险	寿险	100	到 60 岁			
	重大疾病风险	重疾险	50	终身			
	住院、手术等	医疗险	100	1 年期，每年购买			
李太太（30 岁）	意外死亡、残疾风险	意外险	100	1 年期，每年购买			
	死亡风险	寿险	60	到 60 岁			
	重大疾病风险	重疾险	50	终身			
	住院、手术等	医疗险	100	1 年期，每年购买			
孩子（3 岁）	意外死亡、残疾风险	意外险	20	1 年期，每年购买			
	重大疾病风险	重疾险	50	20 年			
	住院、手术等	医疗险	100	1 年期，每年购买			
李先生的父亲（58 岁）	意外死亡、残疾风险	意外险	50	1 年期，每年购买			
	健康小问题	住院医疗险	100	1 年期，每年购买			
	癌症	防癌险	10	10 年			
李先生的母亲（57 岁）	意外死亡、残疾风险	意外险	50	1 年期，每年购买			
	住院、手术等	住院医疗险	100	1 年期，每年购买			
	癌症	防癌险	10	10 年			
保费合计							

资料来源：笔者设计。

(4)选择合适的产品确定保险规划方案。选择保险产品有线上线下两种渠道。无论是支付宝、微信这样的互联网巨头，还是其他一些专业保险网销平台，都能找到种类丰富的保险产品。也可以直接按照前面确定的保险范围进行选择，而且线上测算的方式非常简便，通过不断优选产品，再进行保费测算和调整，就能逐渐得到一套适合的具体保险规划方案。

一般而言，在合理的预算范围内，应尽可能地挑选到保障更充分、更符合家庭需求的产品。挑选保险期限较长的保险(如重疾险或者寿险)产品,并找到"缴费期限"这一项,选择能选到的最长时间。这样不仅每年缴纳的保费会更低,而且如果购买的保险带有一定的豁免功能,那么在缴费期间不幸发生指定风险的话,剩余的保费就可以不用再交了。如果保费预算不足,可重点调整家庭经济支柱的重疾险,但要尽可能做到应保尽保即保额充分。通常情况下,重疾险终身多次赔付的保费>终身单次赔付的保费>定期单次赔付的保费。在不得不调整的情况下,建议先缩短保障期限,再降保额。当然保障期限至少还是要覆盖最主要的家庭责任期。也就是说,在保额和保障期限之间权衡时,要先确保保额充足,覆盖必要的时间段,再考虑是否有能力保障更长时间。

对于李先生家庭来说,按照之前理想的情况为李先生购买终身多次赔付的重疾险。经过测算,发现需要每年交24000元左右的保费(大概占年收入的11%),超出了家庭的保费预算金额,需要调整李先生和李太太的重疾险产品。50万元的保额保障还是需要的,但是决定放弃终身型的多次赔付重疾,将保障期限调整至70周岁(这个期限也已经度过了他们作为经济支柱的主要责任期),同时放弃多次赔付,选择单次赔付的重疾险。其他保险产品的挑选确定与其类似。李先生家庭调整后的保险规划方案如表19-5所示,年保费支出控制在了1.8万以内,比较合理。

表19-5 家庭保险规划方案

家庭成员	面临风险	保险类型	保额需求(万元)	保障期限	挑选产品	保费测算(元)	备注
李先生(30岁)	意外死亡、残疾风险	意外险	100	1年期,每年购买	××综合意外险	128	
	死亡风险	寿险	100	到60岁	××寿险	1740	30年缴费期
	重大疾病风险	重疾险	50	到70岁	××重疾险	3940	30年缴费期
	住院、手术等	医疗险	100	1年期,每年购买	××医疗险	316	
李太太(30岁)	意外死亡、残疾风险	意外险	100	1年期,每年购买	××综合意外险	130	
	死亡风险	寿险	60	到60岁	××寿险	567	30年缴费期
	重大疾病风险	重疾险	50	到70岁	××重疾险	3075	30年缴费期
	住院、手术等	医疗险	100	1年期,每年购买	××医疗险	330	

续表

家庭成员	面临风险	保险类型	保额需求（万元）	保障期限	挑选产品	保费测算（元）	备注
孩子（3岁）	意外死亡、残疾风险	意外险	20	1年期，每年购买	××少儿意外险	150	
	重大疾病风险	重疾险	50	20年	××少儿重疾险	650	
	住院、手术等	医疗险	100	1年期，每年购买	××医疗险	820	
李先生父亲（58岁）	意外死亡、残疾风险	意外险	50	1年期，每年购买	××综合意外险	130	
	健康小问题	住院医疗险	100	1年期，每年购买	××医疗险	1555	
	癌症	防癌险	10	10年	××防癌险	1543	
李先生母亲（57岁）	意外死亡、残疾风险	意外险	50	1年期，每年购买	××综合意外险	130	
	住院、手术等	住院医疗险	100	1年期，每年购买	××医疗险	1560	
	癌症	防癌险	10	10年	××防癌险	960	
保费合计						17720	

二、案例的思政元素

本案例以习近平新时代中国特色社会主义思想为价值引领，以应用型人才培养目标为导向，坚持"三全育人"和"以学生为中心"的教育理念，深入挖掘通识课程知识体系、教学设计和实验场景中的思政元素，打破学科限制，应用多学科知识视野和开放的思维理念分析和解决案例问题，全面了解问题的本质，进而引导学生正确认识社会和世界，树立正确的人生观、价值观和世界观。

本教学案例主要蕴含人文素养、人格发展、人文积淀、科学精神和社会责任等方面的思政元素。"理财综合实训"课程思政案例思政元素如表19-6所示。

表19-6 "理财综合实训"课程思政案例思政元素

专业知识	思政元素	思政育人融合点
风险认知（个人及家庭面临的主要风险）	人文情怀	以人为本，引导学生从个人及家庭角度认知风险，从人的生存发展和家庭幸福角度理解管理家庭风险的必要性和重要意义
	人格发展（珍爱生命、健全人格）	人身风险是家庭面临的主要风险，引导学生珍爱生命，树立正确的人生观，以积极的心理品质坚韧乐观地面对风险，增强抗挫折能力

续表

专业知识	思政元素	思政育人融合点
家庭风险管理方法	人文积淀（传统文化成果、古人智慧与精髓）	运用传统人文思想中蕴含的认识方法和实践方法（"未雨绸缪""见微知著"的风险预判思想），深入理解风险自留、风险转移等家庭风险管理技术，以"治未病""治未乱""明者防祸于未萌，智者图患于将来""图之于未萌，虑之于未有"等思考家庭风险动态化、差异化和综合化的特点，进而选择适当的风险管理方法
保险规划基本原则	科学精神（理性思维）	引导学生运用科学的思维方式认知保险，以严谨的求知态度和求真精神学习保险规划的基本原理，并学会运用保险规划的基本原则解决现实问题
保险基础知识	人格发展（自我管理）	学生课前自主学习保险基础知识，需要学生合理分配时间和精力，并针对自身学习基础进行学习拓展，培养了学生达成目标的持续行动力
制定案例家庭保险规划方案	科学精神（批判质疑，勇于探究）	以案例思考题启发学生问题意识，课堂引导学生多角度辩证分析问题，形成独立思考和独立判断，进而做出明智决策。提供真实生活案例开展课堂训练，案例具有较强的灵活性和挑战度，激发学生不畏困难，坚持不懈的科学探索精神。同时，学生可以在案例中大胆尝试，提升积极寻求有效的问题解决方法的能力和韧性
小组互助式学习	人文积淀（古人智慧与精髓，合作共赢）	案例教学过程中充分发挥学生跨专业学科背景，实现互助式学习，使学生在学习中践行"上下同欲者强""能用众力则无敌于天下矣"等古人智慧与精髓，培养学生建立信任、尊重他人、善于倾听和勇于分享的品质
	社会责任	通过小组分工协作解决案例问题，完成案例任务，进一步培养学生的团队意识、奉献精神和诚信友善宽和待人的品质
情景仿真模拟客户保险规划	人文情怀	学生在思考案例家庭保险规划方案时以情景仿真的形式模拟客户和理财师，从客户的真实需求出发思考家庭风险暴露和保额需求，在实践操作中践行以人为本的人文理念
	社会责任（职业道德）	学生以小组形式组成理财工作室，从职业角度为案例客户提供保险规划方案，对从事的职业有敬畏之心，树立正确的职业道德观，培养勤勉尽责、客观公正、爱岗敬业的职业精神

三、案例使用说明

（一）教学用途与教学目标

1. 教学用途

本案例为实例型案例，适用于多个专业（跨专业）本科生"理财综合实训"课程中保险规划知识点的教学。适用于 3 课时学习。

2. 教学目标

（1）知识目标。通过学习家庭风险管理及保险规划案例，使学生了解保险在理财中的意义及家庭面临的主要风险和一般风险管理技术。同时，注重教学内容实践带动理论的特征，使学生在小组学习和研讨中，遵循渐进、由浅及深的掌握保险规划的基本原则和基本方法，学会估算家庭成员保险总需求。

（2）能力目标。应用保险规划案例开展案例教学，培养学生资料收集能力、归纳总结能力、团队协作能力、语言表达能力和探究思辨能力等综合能力。

（3）素质目标。本案例适用于多个专业学生的学习，案例教学的开展能够提升学生的自学能力，促进学生创新精神和实践能力的培养；通过小组互助式学习和研讨，有利于不同专业学生充分发挥专业优势，实现专业间的融合，提升学生的团队意识和创新精神，培养学生成为具有扎实理论基础和勇于探索、敢于创新的高素质复合型、应用型专业人才。

3. 思政育人目标

根据教育部印发的《高等学校课程思政建设指导纲要》要求，坚持经济类专业要引导学生深入社会实践、关注现实问题，培育学生经世济民、诚信服务、德法兼修的职业素养，在本课程思政案例建设过程中，突出课程的实践性，应用贴近生活的实际案例引导学生关注现实生活中的真实问题，通过本案例的学习，使学生从实际生活的角度深入理解保险规划的基本原则，从自身角度看待风险，树立正确的保险观念。同时，以情景仿真形式，使学生以理财规划师的视角分析和解决问题，帮助学生树立以客户需求为导向的服务理念，培养个性化、定制化、职业化的新金融思维，提升职业道德素养。

（二）案例讨论的准备工作

1. 学生课前资料准备及预习内容（学习通提供视频、课件及拓展学习文档）

（1）保险基础知识。保险是家庭经济的"备用胎"，也是家庭经济的"预防针"，是投保人根据合同约定向保险人支付保险费，保险人对合同约定的可能发生的事故因其发生造成的财产损失承担赔偿保险金责任，或被保险人死亡、伤残、疾病，以及达到合同约定的年龄、期限时承担给付保险金责任的商业保险行为。

（2）保险的分类。按保险保障的范围分类，可分为财产保险、责任保险、保证保险和人身保险。在家庭保险规划中主要使用的是人身保险。

人身保险是指对于自然灾害、意外事故、生命的自然规律及约定事故或事件的发生而引起的生老病死及收入的减少，由保险人按照合同约定给付保险金的行为。人身保险种类包括人寿保险、健康保险和意外保险。人身保险的保险标的是人的身体和寿命，保险责任为生命和健康风险，给付条件具有多样性，给付大多是定额给付。

(3)保险规划基本原则。

第一，需求为先原则。从家庭保险需求出发，首先分析家庭所处的生命周期阶段，并以此为确定基本保险需求的依据。根据生命周期理论，家庭生命周期阶段一般可以分为单身期、家庭形成期、家庭成长期、家庭成熟期和退休期。人生不同阶段的划分如图 19-1 所示。不同阶段的保险需求如表 19-7 所示。

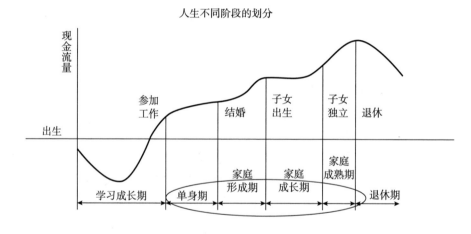

图 19-1　人生不同阶段的划分

表 19-7　不同阶段的保险需求

人生阶段	单身期	家庭形成期	家庭成长期	家庭成熟期和退休期
阶段概况	经济独立，身体健康，经济责任相对较少，年轻气盛，意外事故发生概率高；保费最便宜，保障时间最长	人生的一大转折，双薪家庭，两人工作忙于奔波；可能购买房屋，家庭的主要经济支柱责任较重	划时代的变化，是家庭责任最重的时候，子女教育费用高，成人病危险群，着手退休金规划；父母发生意外或疾病引起收入中断对孩子的健康成长影响较大	人的寿命日益延长，收入大幅减少，医疗费用增加，养儿防老风险大、失尊严，社会养老只提供基本保障

续表

人生阶段	单身期	家庭形成期	家庭成长期	家庭成熟期和退休期
适合险种	意外伤害保险、住院医疗保险、定期寿险	意外伤害保险、住院医疗保险、定期寿险、重大疾病险	子女教育保险、意外伤害保险、住院医疗保险、定期寿险、重大疾病、养老保险	住院医疗保险、意外伤害保险
意外身故	★★★★	★★★★	★★★★	★★★
住院医疗	★★★★	★★★★	★★★★	★★★★
重大疾病	★★	★★★	★★★★	
疾病身故	★★	★★★	★★★★	
养老	★	★★	★★★	
投资	★	★★	★	
教育			★★★★	

第二，保障第一原则。保障功能是保险最核心的部分，家庭的经济支柱应首先充分利用保险的保障功能为自己准备充足的医疗准备金和意外伤残准备金、为父母准备充足的养老金和医疗金、为孩子准备充足的抚养教育费，通过保自己来保全家，让保险帮助自己在病后、残后、身后也能继续体现出对家庭的责任和承担。

第三，保障顺序原则。对于一个家庭来说，首先分析谁是家庭支柱、谁没有社保、谁的风险敞口最大、谁的身体最不好等；其次根据家庭保费规模决定每人都买保险还是先给某人买保险。一个普通收入家庭每年的保费支出有限，要先为家庭最大的风险提供保障，所以应先为家庭的经济支柱购买重疾险、意外险和寿险，然后再为非经济支柱的家庭成员购买重疾险、意外险，就没必要单独买寿险了；如果已有"一老一小"社保，孩子可以暂时"弃权"，等经济条件宽裕了，再给孩子购买重疾险、意外险，如还有结余，再考虑教育保险；家中老人由于年龄或身体的缘故买重疾险和寿险就很受限或者不太划算，只需买意外险就可以了。

第四，组合保障原则。选择保险产品时要遵循组合保障的原则，在购买必需的保险产品前提下，要进行适当的产品组合，通过对市场上的同类产品进行比较并认真研究各类保险合同当中的条款，选择信誉卓著、经营稳健、服务良好的保险公司所出售的保险产品。

第五，量力而行原则。购买保险要充分考虑个人及家庭的保费负担能力，在保费预算有限的条件下，不必追求一次到位，可以按照上述原则，优先为家庭经济支柱购买保障型保险产品，在有经济余力的情况下再逐步完善家庭其他成员的保险规划。

2. 教师教学资料准备

(1)学习通学生预习及拓展学习资料的准备及上传。

学习视频：保险规划理论，保额及保费计算(拓展学习)。

学习文档：人身保险基础知识，保险合同。

(2)分组实训及研讨案例准备。

案例示例：

家庭成员背景资料：周先生夫妇毕业于同一所大学，现年均 36 岁，有一个读小学的 7 岁女儿。周先生在合资企业做行政工作，周太太是某事业单位财务主管。周先生和周太太的父母现年均 61 岁，且仅有一个子女。

家庭收支资料(收入均为税前)：周先生月薪约 8000 元，年终奖金 30000 元；周太太每月工资 6000 元，年终奖金有 10000 元。家庭财务支出比较稳定，基本的伙食费、交通费、通信费大概每月 6000 元。除此之外，平均每年置装花销为 20000 元，全家旅游费用为 30000 元，每年给双方父母各 8000 元。

家庭资产负债资料：目前，周先生一家人住在一处 80 平米左右的老房子里，产权已经归个人，目前市价为 70 万元。夫妻二人想换一套大一些的新房居住，今年还全款购入一辆 15 万元左右的汽车。工作繁忙加上对理财并不在行，夫妻二人没有炒过股票也没有买过基金或债券。家里有 25 万元的定期存款和 2 万元的活期存款，无任何贷款。夫妻二人除了单位缴纳的"三险一金"都没购买商业保险。

理财需求：周先生夫妇希望加强家庭的保障，购买合适的保险产品。

训练要求：分组训练，每组 2~3 人，根据教学案例提交案例家庭的保险规划方案。

(3)课堂导入视频准备。

超级演说家视频《奇迹女孩》：女孩遭遇的三次重大风险事件(父亲去世、母亲大病需要治疗、自己生子遭遇罕见疾病)引入风险与人生的关系，并提出引导案例阅读问题。

(三)案例分析要点

1. 案例思考题

(1)分析该案例中家庭成员面临的风险有哪些？

(2)确定案例家庭的保费预算及所需保险的保额和期限。

(3)为该案例制定保险规划方案，完成家庭保险规划表。

2. 分析思路

案例思考题(1)的分析思路。本题目旨在训练学生的知识迁移和应用能力。学生通过学习本案例中关于个人和家庭所面临的风险，参考案例中李先生家庭成员风险的识别，思考本组案例家庭面临的主要风险和每个家庭成员的风险暴露。从实际生活的角度深入理解保险规划的基本原则，从自身角度看待风险，树立正确的保险观念。形成"基础知识学习—案例运用引导—方法理解内化—小组交流研讨—知识迁移运用"的学习路径，全面分析本组案例家庭每个成员面临的风险，并完成家庭保险规划表的部分内容(家庭成员、面临风险和保险类型三列)。案例思考题(1)的分析思路如图 19-2 所示。

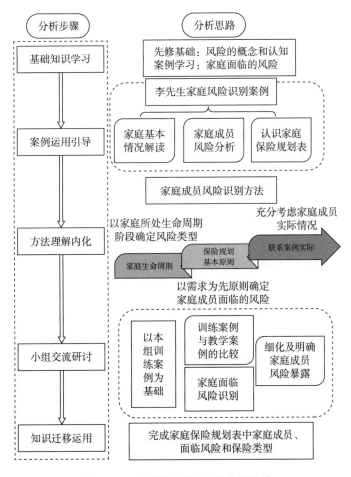

图 19-2 案例思考题(1)的分析思路

案例思考题(2)的分析思路。本题目旨在让学生掌握家庭保险需求分析的基本方法和量化方法，在案例正文和课前预习资料中均提供了保费估计和测算、保额（保险需求）估计与测算的量化方法和基本原则，学生通过案例教学引导和自主学习明确保额及保费的测算方法，并在本案例第四部分李先生保险规划方案中实现理论与实践的融合印证。在小组研讨中以情景仿真形式，使学生以理财规划师的视角分析本组实训案例与教学案例所处家庭生命周期阶段和保险需求的差异，帮助学生树立以客户需求为导向的服务理念，培养个性化、定制化、职业化的新金融思维，提升职业道德素养。同时，明确保额与保费的测算依据和方法，明确保费预算，并进行实践运用，完成家庭保险规划表的部分内容（保额需求、保障期限两列）。案例思考题(2)的分析思路如图 19-3 所示。

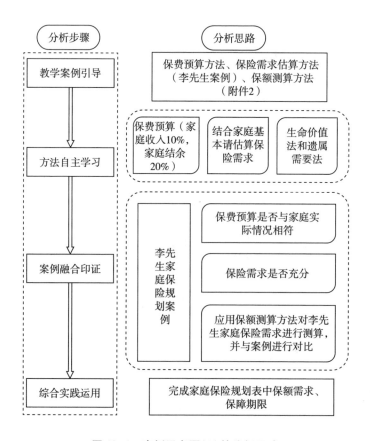

图 19-3　案例思考题(2)的分析思路

案例思考题(3)的分析思路。本题目旨在训练学生拓展学习能力，包括信息及资料收集、跨学科知识运用和综合分析能力,通过互助式小组分工和合作,有利于不同专业学生充分发挥专业优势,实现专业间的融合,提升学生的团队意识和创新精神。学生通过对案例正文中李先生案例的模拟和学习,思考家庭保险产品的具体种类,并在小组中进行分工合作,运用网络查找相关保险产品信息,并进行组内研讨筛选,充分考虑家庭成员的基本情况、保费预算约束和保险需求满足优先顺序。最终确定训练案例家庭的保险规划方案,完成家庭保险规划表的部分内容(挑选产品、保费预算两列),并对整个保险规划方案进行反思和修正。案例思考题(3)分析思路如图 19-4 所示。

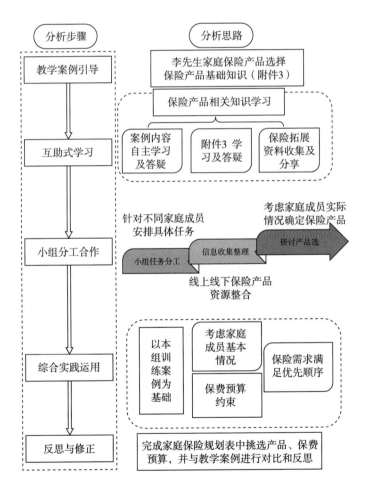

图 19-4 案例思考题(3)分析思路

（四）教学组织方式

本案例可以作为专门的案例讨论课或实训课进行，整体时间安排为 3 课时（135 分钟左右）。案例教学组织安排如表 19-8 所示。

表 19-8 案例教学组织安排

时间安排	教学模块	具体内容
课前	案例预读	课前预读案例
15~20 分钟	课程导入	课程引入：教师提出问题并播放小视频。 (1)问题：你一生最大的愿望是什么？ (2)超级演说家视频《奇迹女孩》：女孩遭遇的三次重大风险事件(父亲去世、母亲大病需要治疗、自己生子遭遇罕见疾病) 现实导入：结合视频，教师引入风险与人生的关系，并提出引导阅读问题，提示学生关注案例及附件中的现实行为及表现，进而提出训练问题，提示学生分组讨论的重点。 引导问题： (1)家庭中可能遇到的风险有哪些(人生的两个偶然和两个必然)？ (2)如何进行风险管理？ 案例实训思考题： (1)案例家庭成员面临的风险有哪些？ (2)案例家庭成员的保费、保额及期限如何选择？ (3)如何为案例家庭制定切实可行的保险规划方案？ 理论及方法导入：教师提示案例分析所用的基础理论和分析工具(如果学生的理论基础较好或学科背景较好，也可以不提示，让学生自己找到合适的理论基础或分析工具)。 (1)保险基本原理，保险规划基本原则。 (2)保险需求(保额)估计与测算方法
20~30 分钟	小组讨论	分组进行案例阅读及研讨，就前两个思考题形成结论。 教师活动： (1)研讨期间采用逡巡法，在教室不间断往复式巡查，及时发现小组研讨中的问题。 (2)对于小组研讨中的典型问题，通过衍生问题提问，引导学生进行深入思考 学生活动： (1)通过自主学习法将理论知识与案例进行匹配。 (2)以小组为单位，通过合作探究法等，就前两个案例实训思考题进行研讨，并形成小组初始结论

续表

时间安排	教学模块	具体内容
20~30分钟	解决问题	就前两个共性问题，形成解决问题的思路。 教师活动： 进行知识点提炼，因势利导，启发同学们思考，形成解决问题的思路。 学生活动： 结合问题展示观点
50~60分钟	案例实操训练	各组根据本组案例完成案例家庭的保险规划方案。 教师活动： 教师反复巡查，及时发现并解决问题。 学生活动： 各小组成员合作研究，对本小组的案例家庭进行分析、测算、选择，完成保险规划方案
20~30分钟	展示与点评总结	教师对各组保险规划方案进行点评、归纳，提出优点和不足；再次强调案例分析的关键要点；引导学生拓展思考。 教师活动： (1)点评各组理论知识运用的正确性、分析的深度和创新性。 (2)梳理案例分析的关键点，理论化至一般性框架及普适性启示。 (3)引导学生思考自己家庭的风险情况，并将保险规划方法与技巧应用于生活中。 学生活动： (1)在教师引导的基础上，进一步完善本组的案例保险规划方案。 (2)掌握分析解决问题的逻辑框架和理论工具，完成知识建构。 (3)思考自己家庭的风险及保险需求，并寻找适合的保险产品
课后	案例任务	完善并提交本组案例家庭保险规划方案

（五）总结

本案例的应用对象为跨专业通识课程，课程具有综合性及实践性的特点，能够将多个学科专业中的课程思政元素进行提炼和整合。同时，借鉴其他学科的思维方式和研究范式，以综合实践的方式甄别思政元素、融合思政元素，实现课程思政与教学案例的高度契合，使专业知识学习与思政教育有机融合，促进学生知识能力素质的协调发展，提高学生综合素质，有利于培养学生独立思考与判断能力、社会责任感和健全的人格。

案例开发及应用过程中坚持"以学生为中心"的教育理念，深挖通识课程在教学内容、教学资源、教育对象等方面的优势，探索课程思政新实践路径，注重跨学科渗透，应用真实案例、流程再造、自主创意等教学形式，调动不同专业学生的学科知识背景，使其在案例学习中发挥专业优势，在自主思辨中深化思想认识，进而培养具有高尚品德、家国情怀、科学思维、工匠精神、国际视野和良好发展潜质的高素质复合型应用人才。

第三部分　经管类专业
"课程思政"
教学案例经验总结

第二十章 "课程思政"差异性教学案例设计影响因素实证分析

一、引言

"课程思政"这一概念自提出以来，针对教育部印发的《高等学校课程思政建设指导纲要》通知，各高校积极响应号召，纷纷进行教育改革，课程思政教学取得了显著成效。高校"课程思政"教学中普遍采用案例教学方法，但典型教学案例编写和使用过程中还存在一些问题，主要表现为缺乏对典型教学案例的差异性和系统分析。

基于以上分析发现，本书以河北省高校不同学科专业思政元素的深度挖掘为切入点，针对经管类典型教学案例编写和使用影响因素设计调查问卷，面向河北省各高校教师发放并回收有效问卷329人次。通过问卷整理，从"课程思政"案例教学效果入手，对基于经管类学科"课程思政"差异性教学案例设计的影响因素进行实证分析，以期为"课程思政"教学案例编写及在教育教学实践中实现各类课程与思政课程同向同行，从而达到显性教育和隐性教育相统一的协同育人效应提供可资借鉴的经验启示。

二、问卷设计

本书在设计教师实施"课程思政"案例教学的影响因素时，设计了教师、学生、课堂、案例四个一级指标。教师层面包括教师素质和教师培养两个二级指标，学生层面包括分类、分段的差异教育、社会的时代性、学生的需求性两个二级指标，课堂层面包括思政元素的价值性和专业课程的知识性，以及专业知识的科学性和学生思辨的批判性两个二级指标，案例层面包括案例内容、案例教学方式两个二级指标。更进一步围绕 8 个二级指标又设计了 21 个三级指标。课程思政案例教学效果的影响因素指标体系如表 20-1 所示。

表 20-1   课程思政案例教学效果的影响因素指标体系

一级指标	二级指标	三级指标
教师	教师素质	您对自身专业学识的评价
		您对自身的思想政治理论功底的评价
		结合您自身，评价您的自主性学习能力对课程思政案例教学能力提升的促进作用
	教师培养	结合您自身，评价学校的政治理论培训对课程思政案例教学能力提升的效果
		结合您自身，评价学校的教学能力培训对课程思政案例教学能力提升的效果
学生	分类、分段的差异教育	您针对不同专业学生的特点设计差异化课程思政案例的情况如何
		您针对不同年级学生的特点设计差异化课程思政案例的情况如何
	社会的时代性和学生的需求性	您针对学生的思想动态设计专门的课程思政案例的情况如何
		您针对学生的需求偏好设计专门的课程思政案例的情况如何
课堂	思政元素的价值性和专业课程的知识性	您认为您的课程思政案例中思政元素的嵌入对学生思想政治素养提升的效果如何
		您认为您的课程思政案例中思政元素的嵌入对学生专业知识学习的助力效果如何
	专业知识的科学性和学生思辨的批判性	您认为您的课程思政案例培养学生思辨能力的情况如何
		您认为您的课程思政案例培养学生学以致用能力的情况如何
		您认为您在课程思政案例教学中基于国情和世情具体分析专业知识实践性的情况如何
案例	案例内容	您设计的案例在知识层面、能力层面和素质层面的教学目标是否明确
		您选用的案例内容引用学科领域最新成果的情况如何
		您选用的案例内容引用国家时事政治内容的情况如何
		您选用的案例内容的时效性情况如何
		您的课程思政案例与教学大纲的联系程度如何
	案例教学方式	您采用的课程思政案例研讨式教学的频次如何
		您采用的课程思政案例讲授式教学的频次如何

为了检验问卷设计的有效性，本章进行了 KMO 和巴特利特检验。问卷的 KMO 和巴特利特检验如表 20-2 所示，通过 KMO 和巴特利特检验，发现 KMO 为 0.926，明显大于 0.7，说明问卷设计的自变量之间存在较强的联系性，即问卷设计是有效的。而且，在 1% 的显著性水平下巴特利特球形度检验结果依旧显著，说明该问卷设计的变量间存在明显的相关关系，即基于问卷的数据适合做因子分析。

表 20-2 问卷的 KMO 和巴特利特检验

KMO 取样适切性量数		0.926
巴特利特球形度检验	近似卡方	4304.184
	自由度	210
	显著性	0.000

三、课程思政案例教学效果影响因素公因子分析

（一）公因子方差

公因子方差如表 20-3 所示，表中提取的各影响因素的值，即公因子解释的原始变量的程度均大于 50%，表明通过因子分析法提取的公因子的解释能力较强，能够反映原始变量一半以上的信息。

表 20-3 公因子方差

变量	初始	提取
10. 您对自身专业学识的评价	1	0.815
11. 您对自身的思想政治理论功底的评价	1	0.61
12. 结合自身情况，评价学校的政治理论培训对课程思政案例教学能力提升的效果	1	0.733
13. 结合自身情况，评价学校的教学能力培训对课程思政案例教学能力提升的效果	1	0.725
14. 结合自身情况，评价您的自主性学习能力对课程思政案例教学能力提升的促进作用	1	0.559
15. 您针对不同专业学生的特点设计差异化课程思政案例的情况如何	1	0.749
16. 您针对不同年级学生的特点设计差异化课程思政案例的情况如何	1	0.814
17. 您针对学生的思想动态设计专门的课程思政案例的情况如何	1	0.68
18. 您针对学生的需求偏好设计专门的课程思政案例的情况如何	1	0.653

续表

变量	初始	提取
19. 您的课程思政案例中思政元素的嵌入对学生的思想政治素养提升的效果如何	1	0.656
20. 您的课程思政案例中思政元素的嵌入对学生专业知识学习的助力效果如何	1	0.687
21. 您的课程思政案例培养的学生的思辨能力的情况如何	1	0.601
22. 您的课程思政案例培养的学生的学以致用能力的情况如何	1	0.651
23. 您在课程思政案例教学中基于国情和世情具体分析专业知识实践性的情况如何	1	0.596
24. 您设计的案例在知识层面、能力层面和素质层面的教学目标是否明确	1	0.57
25. 您选用的案例内容引用学科领域最新成果的情况如何	1	0.578
26. 您选用的案例内容引用国家时事政治内容的情况如何	1	0.69
27. 您选用的案例内容时效性如何	1	0.62
28. 您的课程思政案例与教学大纲的联系程度如何	1	0.586
29. 您采用的课程思政案例研讨式教学的频次如何	1	0.549
30. 您采用的课程思政案例讲授式教学的频次如何	1	0.609

(二)公因子选取

通过碎石图可以发现，在第 1 个因子和第 2 个因子位的陡坡斜率最大，对变量的解释能力最强，第 3 个因子和第 4 个因子位的陡坡斜率虽然不大，但其特征值大于 1。从第 5 个因子开始，曲线斜率逐步平缓，因子的特征值也在逐渐下降，因此本章从 21 个变量中提取了 4 个公因子。因子分析的碎石图如图 20-1 所示。

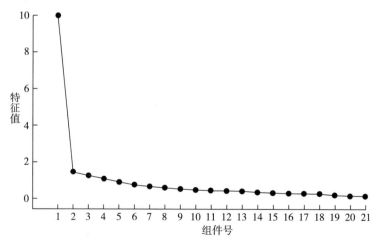

图 20-1 因子分析的碎石图

解释的总方差如表 20-4 所示，可以看到提取的 4 个公因子对总方差的贡献率或解释程度达到了 65.382%，表示公因子对初始变量的解释程度较高。同时，可以看到 4 个公因子和 4 个旋转后的公因子的特征值均大于 1，第 4 个公因子的特征值为 1.089，说明公因子的有效程度较高。

表 20-4 解释的总方差

成分	初始特征值			提取载荷平方和			旋转载荷平方和		
	总计	方差百分比	累积%	总计	方差百分比	累积%	总计	方差百分比	累积%
1	9.929	47.283	47.283	9.929	47.283	47.283	4.577	21.795	21.795
2	1.461	6.955	54.238	1.461	6.955	54.238	4.489	21.376	43.171
3	1.252	5.96	60.198	1.252	5.96	60.198	2.623	12.489	55.659
4	1.089	5.184	65.382	1.089	5.184	65.382	2.042	9.723	65.382
5	0.909	4.328	69.71						
6	0.744	3.54	73.25						
7	0.68	3.238	76.488						
8	0.598	2.85	79.338						
9	0.535	2.547	81.885						
10	0.478	2.278	84.164						
11	0.44	2.093	86.257						
12	0.42	1.998	88.255						
13	0.409	1.947	90.203						
14	0.34	1.617	91.82						
15	0.336	1.6	93.42						
16	0.295	1.404	94.824						
17	0.282	1.344	96.168						
18	0.278	1.326	97.494						
19	0.209	0.995	98.488						
20	0.171	0.815	99.303						
21	0.146	0.697	100						

注：提取方法为主成分分析法。

(三)成分矩阵

为了对提取的公因子赋予较为明确的现实含义，需对因子进行旋转，旋转后的因子载荷矩阵如表 20-5 所示。

表 20-5 旋转后的因子载荷矩阵

变量	成分			
	1	2	3	4
10. 您对自身专业学识的评价	0.115	0.023	0.079	0.892
11. 您对自身思想政治理论功底的评价	0.289	0.338	0.297	0.569
12. 结合自身情况，评价学校政治理论培训对课程思政案例教学能力提升的效果	0.775	0.065	0.356	0.033
13. 结合自身情况，评价学校教学能力培训对课程思政案例教学能力提升的效果	0.797	0.097	0.28	0.033
14. 结合自身情况，评价您自主性学习能力对课程思政案例教学能力提升的促进作用	0.649	0.303	0.114	0.182
15. 您针对不同专业学生的特点设计差异化课程思政案例的情况如何	0.235	0.116	0.82	0.085
16. 您针对不同年级学生的特点设计差异化课程思政案例的情况如何	0.145	0.239	0.855	0.075
17. 您针对学生思想动态设计专门的课程思政案例的情况如何	0.407	0.322	0.551	0.327
18. 您针对学生需求偏好设计专门的课程思政案例的情况如何	0.397	0.373	0.478	0.357
19. 您的课程思政案例中思政元素的嵌入对学生的思想政治素养提升的效果如何	0.634	0.396	0.139	0.278
20. 您的课程思政案例中思政元素的嵌入对学生专业知识学习的助力效果如何	0.677	0.424	0.13	0.18
21. 您的课程思政案例培养学生思辨能力的情况如何	0.605	0.371	0.188	0.248
22. 您的课程思政案例培养学生学以致用能力的情况如何	0.624	0.456	0.126	0.195
23. 您认为在课程思政案例教学中基于国情和世情分析专业知识实践性的情况如何	0.475	0.559	0.066	0.232
24. 您设计的案例在知识层面、能力层面和素质层面的教学目标是否明确	0.493	0.368	0.073	0.431
25. 您选用的案例内容引用学科领域最新成果的情况如何	0.257	0.586	0.13	0.388
26. 您选用的案例内容引用国家时事政治内容的情况如何	0.206	0.78	0.176	0.09
27. 您选用的案例内容的时效性如何	0.111	0.764	0.09	0.125
28. 您的课程思政案例与教学大纲的联系程度如何	0.242	0.7	0.182	0.06

变量	成分			
	1	2	3	4
29. 您采用的课程思政案例研讨式教学的频次如何	0.237	0.578	0.383	0.113
30. 您采用的课程思政案例讲授式教学的频次如何	0.321	0.681	0.203	0.024

注：提取了 4 个成分。提取方法为主成分分析法。旋转方法为凯撒正态化最大方差法。旋转在 6 次迭代后已收敛。

在剔除 4 个成分中贡献度小于 0.4 的值，并对 4 个成分的贡献度进行比较排除后，旋转后的主成分的现实解释能力如表 20-6 所示。主成分 1 主要解释教师的课堂实施情况，包括自发实施情况（24、21、22、19、14、20）和外界促进实施情况（12、13）。主成分 2 主要解释的是教师的案例设计情况（23、29、25、30、28、27、26）。主成分 3 主要解释教师考虑的学生特点情况（18、17、15、16）。主成分 4 解释的主要为教师对自身的评价（10、11）。

表 20-6　旋转后的主成分的现实解释能力

变量	成分			
	1	2	3	4
24. 您设计的案例在知识层面、能力层面和素质层面的教学目标是否明确	0.493			
21. 您的课程思政案例培养学生思辨能力的情况如何	0.605			
22. 您的课程思政案例培养学生学以致用能力的情况如何	0.624			
19. 您的课程思政案例中思政元素的嵌入对学生思想政治素养提升的效果如何	0.634			
14. 结合自身情况，评价您的自主性学习能力对课程思政案例教学能力提升的促进作用	0.649			
20. 您的课程思政案例中思政元素的嵌入为学生专业知识学习助力效果如何	0.677			
12. 结合自身情况，评价学校的政治理论培训为课程思政案例教学能力提升效果	0.775			
13. 结合自身情况，评价学校的教学能力培训对课程思政案例教学能力提升效果	0.797			

续表

变量	成分			
	1	2	3	4
23. 您在课程思政案例教学中基于国情和世情分析专业知识实践性的情况如何		0.559		
29. 您采用的课程思政案例研讨式教学的频次如何		0.578		
25. 您选用的案例内容引用学科领域最新成果的情况如何		0.586		
30. 您采用的课程思政案例讲授式教学的频次如何		0.681		
28. 您的课程思政案例与教学大纲的联系程度如何		0.7		
27. 您选用的案例内容的时效性如何		0.764		
26. 您选用的案例内容引用国家时事政治内容的情况如何		0.78		
18. 您针对学生的需求偏好设计专门课程思政案例的情况如何			0.478	
17. 您针对学生的思想动态设计专门课程思政案例的情况如何			0.551	
15. 您针对不同专业学生的特点设计差异化课程思政案例的情况如何			0.82	
16. 您针对不同年级学生的特点设计差异化课程思政案例的情况如何			0.855	
10. 您对自身专业学识的评价				0.892
11. 您对自身的思想政治理论功底的评价				0.569

四、课程思政案例教学效果的影响因素模型分析

基于因子分析法提取的 4 个主要因子，课程思政案例教学的课堂实施因子——因子 1、课程思政案例设计因子——因子 2、课程思政案例教学的学生考量因子——因子 3、课程思政案例教学的教师素质因子——因子 4，构建有关课程思政案例教学效果的影响因素的计量模型。具体模型设计如下。

课程思政的案例教学效果评价$_i$ = 常数$_i$ + 课堂实施因子$_i$ + 案例设计因子$_i$ + 学生考量因子$_i$ + 教师素质因子$_i$ + 扰动项$_i$

采用稳健标准误的普通最小二乘的回归方法，得到如下回归结果。在将 4 个因子依次加入的过程中，各个因子的系数稳健性非常好，没有出现任何明显变化。从拟合优度的角度，可以看到随之因子的逐一加入，模型的拟合优度在不断提升，最后达到了 0.474。根据问卷设计的由程度最高到程度最低的数值是从

1逐渐递增到5，因此自变量和因变量的数值越大表示程度越低。从4个因子的影响系数来看，当各因子上升一个单位即案例教学投入程度下降一个单位时，课程思政的案例教学效果评价值会随之上升即课程思政的案例教学效果会下降，因此各因子系数的符号符合现实意义。从系数的数值角度来看，课堂实施因子对课程思政的案例教学效果的影响程度最大，系数为0.284。案例设计因子的影响程度次之，系数为0.240。教师素质的影响系数为0.201。学生考量因子的影响系数为0.136，影响程度最低。因此，在课程思政案例教学中应重点关注课程思政案例教学的课程实施情况和案例设计情况。回归结果如表20-7所示。

表 20-7 回归结果

自变量	因变量：课程思政的案例教学效果评价			
	回归1	回归2	回归3	回归4
课堂实施因子	0.284*** (−0.0385)	0.284*** (−0.0307)	0.284*** (−0.0294)	0.284*** (−0.0264)
案例设计因子		0.240*** (−0.0381)	0.240*** (−0.036)	0.240*** (−0.0349)
学生考量因子			0.136*** (−0.0328)	0.136*** (−0.0279)
教师素质因子				0.201*** (−0.0265)
常数项	2.280*** (−0.032)	2.280*** (−0.0291)	2.280*** (−0.0282)	2.280*** (−0.0259)
样本数	329	329	329	329
R^2	0.194	0.333	0.377	0.474

注：括号中为变量的稳健标准误，***表示$p<0.01$，**表示$p<0.05$，*表示$p<0.1$。

在分析经管类学科课程思政案例教学的影响因素差异时，发现经管类学科之间的影响因素差异都不显著，只有其他人文社科类专业与其余专业间的常数项存在差异。在该分析中，将是否属于其他人文社科类专业设置为二元虚拟变量，若属于其他人文社科类专业，则为1；若属于其余专业，则为0。在回归模型中，加入虚拟变量后，引入虚拟变量后的回归模型如表20-8所示。

表 20-8　引入虚拟变量后的回归模型

自变量	因变量：课程思政的案例教学效果评价					
	系数	稳健标准误	t 值	p 值	95%的置信区间	
课堂实施因子	0.2819942	0.0262812	10.73	0	0.2302903	0.333698
案例设计因子	0.2404833	0.0348161	6.91	0	0.1719884	0.3089783
学生考量因子	0.1322796	0.0279203	4.74	0	0.077351	0.1872082
教师素质因子	0.2043326	0.0260974	7.83	0	0.1529902	0.255675
其他人文社科类	-0.1143889	0.0594612	-1.92	0.055	-0.231369	0.0025911
常数项	0.0292211	78.69	0	2.241966	2.356941	2.299453
样本数	329	F(5, 323)	63.53	Prob>F	0.0000	
R^2	0.4787	Root MSE	0.46899			

通过回归结果发现，4 个因子的影响程度变化不大，但其他人文社科类专业与非其他人文社科类专业的课程思政的案例教学效果有显著差异，在影响因素的程度相同的情况下，其他人文社科类专业的课程思政的案例教学效果评价值比非其他人文社科类专业要低 0.114，也就意味着其他人文社科类专业的课程思政的案例教学效果比非其他人文社科类专业要高 0.114。

五、结论

不同学科专业之间融入的思政元素、采用的教学方法存在明显差异。不同学科有关课程思政的变量，如开展课程思政存在课程思政元素融入生硬的困难，课程思政融入特定教学环节的程度，课程思政适合特定教学方法的程度，课程思政可以融入的特定思政元素的程度存在显著性差异。同时，和经管类学科有关课程思政的变量，如课程思政案例来源于教材的程度、课程思政案例与教学大纲的联系程度、学校的政治理论培训对课程思政案例教学能力提升的效果、课程思政案例研讨式教学的程度、课程思政案例内容的时效性程度、课程思政案例内容选用时事政治的程度、课程思政案例内容引用最新学科成果的程度、课程思政案例教学基于国情和世情培养专业实践性的程度也存在着显著性差异。因此，经管类学科的课程思政教学和课程思政案例教学均需结合专业特点各有侧重，任课教师应充分尊重学科之间的差异性，不能对各科课程思政的总体设计一概而论。

对于课程思政案例教学的影响因素主成分分析法的结果显示，课程思政案例教学的影响因素可归为四个因素。课堂实施因子主要反映教师的课堂实施情况；案例实施因子主要反映是教师的案例设计情况；学生考量因子主要反映教师考虑的学生特点情况；教师素质因子主要反映教师的自身素质情况。通过稳健标准误的普通最小二乘的回归方法，发现课堂实施因子对课程思政的案例教学效果的影响程度最大，系数为 0.284。案例设计因子的影响程度次之，系数为 0.240。教师素质因子的影响系数为 0.201。学生考量因子的影响系数为 0.136，影响程度最低。对于课程思政案例教学的影响因素在经管类学科中的差异性，引入虚拟变量后的回归模型显示，经管类学科间的影响因素差异都不显著，这意味着虽然教师在课程思政设计中有列联表分析和单因素方差分析显示的诸多差异，但是综合来看，经管类学科的课堂实施因子、案例实施因子、学生考量因子、教师素质因子对最终的课程思政案例教学效果的影响并不存在显著差异。对于影响经管类学科案例教学效果的四大因子，影响程度从高到低均为课堂实施因子、案例设计因子、教师素质因子、学生考量因子。

因此，在课程思政案例教学中应重点关注课程思政案例教学的课程实施情况和案例设计情况。

第二十一章 经管类专业"课程思政"教学案例经验总结

习近平总书记在全国教育大会上强调：要坚持不懈用习近平新时代中国特色社会主义思想铸魂育人，实施新时代立德树人工程。不断加强和改进新时代学校思想政治教育，教育引导青少年学生坚定马克思主义信仰、中国特色社会主义信念、中华民族伟大复兴信心，立报国强国大志向、做挺膺担当奋斗者。

全面推进课程思政建设，培养德智体美劳全面发展的建设者和接班人，就是要将价值塑造、知识传授和能力培养三者融为一体；就是要寓价值观引导于知识传授和能力培养之中，帮助学生塑造正确的"三观"。为此，紧抓教师队伍"主力军"、课程建设"主战场"、课堂教学"主渠道"，让所有教师和所有课程都承担好育人责任，使各类课程与思政课程同向同行，将显性教育和隐性教育相统一，形成协同效应，构建全员全程全方位育人大格局是落实立德树人根本任务的关键举措。本书汇编了河北金融学院经济学专业、管理类专业、金融类专业和统计类专业"课程思政"示范课案例教学经验及"课程思政"示范专业案例建设经验，集中展示河北金融学院"课程思政"内涵建设推进情况、经验、举措和成效。

1. 聚焦课程质量，以课程思政促进一流课程和一流专业建设

浇花浇根，育人育心。教育事业，就其本质来说，是培养人的事业。课程思政是人才培养的应有之义、必备内容。如何贯彻全国教育大会精神，让专业课中的课程思政成为真正意义上有情有义、有温度、有爱的教育过程，是每位教师都在认真思考和深入探索的问题。河北金融学院在金融学、统计学、经济学三个国家级一流本科专业建设点的"微观经济学""宏观经济学""区域经济学""产业经济学""国际经济学""国际贸易学""金融学""金融经济学""商业银行经营管理""统计学"等专业核心课的教学实践中，聚焦课程质量，以课程思政促进一流课程建

设，取得了育人实效。

一流课程的最终目的是铸魂育人，课程思政和课程建设是双向促进的，用课程思政促进课程建设，用课程质量丰富课程思政。金融学、统计学、经济学三个国家级一流本科专业通过课程思政提升课程质量，推进教学从知识向育人跃迁，提升育人目标、深化育人内涵，以课程思政建设成效全面培育和带动一流课程建设，提升人才培养质量。"金融学"课程团队在坚持课程体系完整性、保证高质量课程内容的基础上，"润物细无声"地融入课程思政元素。专题案例有温度、有态度。立足课程的基础性、理论性特征，结合学情分析，把弘扬"以爱国主义为核心的民族精神和以改革创新为核心的时代精神"作为指导思想进行案例的选取与课程设计，通过讲述中国货币历史和人民币发展创新，引导学生把知识应用于实践，在实践中感受国家金融魅力，把"思政+专业+科技"落到实处，实现"润物细无声"的思想价值引领。

运用 BOPPS 教学模式实现"两层渐进，四面齐围"的教学理念。通过"课前资料导入、学习目标明确、预习情况摸底、参与式案例教学、课堂任务驱动、归纳总结评价"六个环节形成闭环式教学，拓展知识的宽度和挖掘知识的深度，激发学生的思想情感共鸣，学进去、用出来。在沉浸式学习中掌握专业知识和科学方法，提升能力素质，树立正确的货币历史观，切实感受到中国特色社会主义的比较优势，增强"四个意识"、坚定"四个自信"、做到"两个维护"，增强国家认同感，实现思想和价值引领。"微观经济学"课程立足专业理论教学的基础上，积极引入具有我国国情的教学案例，以"润物细无声"的方式将社会主义的核心价值观融入教学过程，将价值认同和专业实践相结合。注重引导学生树立正确的经济思想，采用科学性的方法观察和探讨经济问题，提升学生运用经济学理论处理现实问题的综合能力，重强化基本理论，培养学生形成对经济世界的基本认知，培养"经济学思维"；引导学生厘清社会主义市场经济与当代西方资本主义市场经济的本质区别，培育和践行社会主义核心价值观；深化理性思考，回归初心使命，激发学生"经邦济世""经世济民"的家国情怀。

"宏观经济学"课程通过教学内容有机融合、教学模式创新，以"教学科研成果的案例化"方式实现"知行合一"。这些措施不仅提高了学生的学习兴趣和参与度，还培养了其分析问题和解决问题的能力、团队协作和沟通表达能力，以及创新精神和实践能力。"统计学"课程案例教学在内容上严格遵循课程思政育人的标准和要求，将环境保护与思想政治教育紧密结合。课程引入京津冀及周边地区大气污染治理的实际案例，分析政府、企业和个人在环境保护中的角色与贡献，培养学生的社会责任感和公民意识。同时，课程在课程思政模式上注重育人导向，将思想政治教育融入专业教学的全过程。通过组织小组讨论、案例分析等活动，激发学生的参与热情，培养他们的团队合作精神和沟通能力。课程注重培养学生的国际视野和跨文化交流能力，通过介绍国际大气污染治理的成功经验和做法，引导学生关注全球环境问题，培养他们的全球意识和人类命运共同体理念。

2. 运用数字技术，开展多元课程思政教学

数字技术是现代信息技术高速发展背景下实现课程思政的重要媒介，"理财综合实训"课程特别强调信息技术与教育教学的深度融合，积极拓展超星学习通等线上平台作为课程思政的"第二课堂"，师生就专业学习、职业发展、行业状况等主题进行深入和广泛的交流，引导学生将个人发展同国家战略需求相结合，树立远大理想和宏伟目标。颠覆传统学习过程，运用翻转课堂等教学创新形式，安排开放性的专题调研活动等。使知识传递方式由单向传导转为多向互动，教师角色由知识传授者转为学习活动设计者和指导者，师生关系由"你教我学"转为学习伙伴甚至学习共同体。专业老师在课程思政研工作坊研讨交流，通过查阅相关资料、编辑整理案例、挖掘研讨主题、设计教学环节不仅丰富了这门课程的教学资源（如教学案例库、视频资源库、文献导学资源库、课程思政材料等），提高了教师的教学水平，更提升了教师的思想水平，促进教学改革。

3. 发挥基层教学组织作用，加强教师队伍建设

金融学、经济学、管理学、统计学等专业广泛动员教师在课程中开展课程思政，定期召开全专业教师大会，明确教师在课程思政教学中需要完成的任务和教学方法，并邀请省级、校级示范课程老师做课程思政建设经验分享。各专业充分发挥基层教学组织的作用，经常以教研室为单位举办"三集三提"集中研讨提问题、集中备课提质量、集中培训提素质课程思政学习活动，教师研讨如何根据本专业的特色和优势，明确本专业的育人目标，深度挖掘提炼专业知识体系中所蕴含的思想价值和精神内涵，科学合理拓展专业课程的广度、深度和温度，提升课堂的教学效果的方法和路径等，通过这种方式切实加强教师队伍建设，提升教师对于课程思政的认识和开展课程思政的能力。

4. 注重师生互动，扩大课程思政育人成果

课程思政不能只看教师在课堂中教了什么，还要关注学生真正学到了什么，只有全过程、深度关心学生的成长，建立与学生间良好的沟通渠道，才能真正把

正确的世界观、人生观、价值观传达给学生，取得课程思政的实效。各专业纷纷为每个年级建立微信群，主要领导和专业课教师全部入群，及时解决学生成长过程中遇到的各种问题，传递正能量，进行爱国主义教育。通过与学生的互动，本科生对专业学习的热情普遍提升，继续深造的意愿十分强烈，升学的学生比例不断提高，2023届毕业生的升学比例为20.5%，升学专业与所学专业整体专业相关度90%，远高于平均值。毕业生有相当一部分在国有四大银行、国内主要股份制银行和保险等金融行业从事金融类相关工作，真正体现了河北金融学院新财经专业的课程思政育人成果。

5. 聚焦第一课堂，培养家国情怀及国际视野

"微观经济学"课程遵循"注重知识探索，扎实经济基础，强化能力培养，原理指导实践，深化价值引领，厚植家国情怀"的统一。"区域经济学"课程遵循"以区域经济发展现实阐释知识、以知识系统建构提升思辨能力、以思辨能力训练培养家国情怀"的教学理念。"商业银行经营管理"引导学生思考金融服务如何深刻践行走中国特色金融发展之路的发展理念，培养学生的家国情怀，树立制度自信。"金融学"课程从货币角度塑造学生的金融历史观，使学生充分认识我国货币形态、制度和思想的先进性、科学性、包容性，树立正确的货币观，传承中华文化，富有中国心、饱含中国情，增强文化自信，厚植爱国主义情怀增强国家认同感，增强学生的政治认同、家国情怀、法治意识，拓宽国际视野。

6. 扩展课外链条，全方位协同育人

经济学专业深入挖掘各类思想政治教育资源，在课程之外的思政建设也进行得细致扎实。通过鼓励并带领学生利用课余时间参与相关社会实践活动，如参观钢铁企业、与行业专家或企业领导进行座谈等，通过课内和课外多种途径的实践活动，加深对产业经济学理论知识的理解和应用，提高学生的思想政治素质、专业业务素质、文化素质和心理身体素质，培养具有基本的人文、科学、艺术知识和精神，以人为本、知书达礼，使学生成为全面发展的人才。各专业在学业导师指导工作和班主任管理工作中也一直强调贯彻思政育人理念，全方位协同育人，连续数年为毕业生制作带有临别赠言的贺卡，鼓励学生走出校门以后继续发扬河北金融学院的精神。

7. 注重培训交流，提升育人水平和成效

为解决教师开展课程思政的能力和方法不足、育人成效不够显著等问题，河北金融学院各学院成立了不同的专业课程组，开展研讨和集体备课，并每年组织

近10场培训交流活动，指导教师开展课程思政建设。在培训会、工作坊中，教师学习习近平总书记有关教育方面的重要论述，领会《高等学校课程思政建设指导纲要》等文件精神；经过多维度、高密度的培训和集体研讨，课程思政的理念在英语专业达成了广泛共识，教师开展课程思政建设的意识和能力得到全面提高，立德树人成效进一步提升，并取得了一系列成果。河北金融学院获批5门省级课程思政示范课程、首批"课程思政示范校"、省级"课程思政教学研究示范中心"。

参考文献

［1］敖祖辉，王瑶．高校"课程思政"的价值内核及其实践路径选择研究［J］．黑龙江高教研究，2019，37（3）：128-132.

［2］陈共．财政学对象的重新思考［J］．财政研究，2015（4）：2-5.

［3］陈共．构建新时代中国特色社会主义财政学［J］．财政研究，2020（8）：3-11.

［4］陈小亮．中国减税降费政策的效果评估与定位研判［J］．财经问题研究，2018（9）：90-98.

［5］陈语．"普通教育学"课程思政教育的建设路径探析［J］．重庆电子工程职业学院学报，2021，30（1）：123-127.

［6］邓力平．中国特色的减税降费观［J］．当代财经，2019（6）：26-33.

［7］董小龙，王若斯．理工类大学课程思政建设的路径研究［J］．中国高等教育，2021（7）：25-27.

［8］段龙龙，叶子荣．"减税降费"与地方财政解困：基于国家治理效能视角分析［J］．经济体制改革，2021（1）：122-128.

［9］付明卫．医疗信息不对称的解决之道［J］．中国经济报告，2016（10）：37.

［10］高德毅，宗爱东．从思政课程到课程思政：从战略高度构建高校思想政治教育课程体系［J］．中国高等教育，2017（1）：43-46.

［11］高国希．坚持显性教育和隐性教育相统一［J］．中国高等教育，2019（11）：10-12.

［12］高培勇．进入新发展阶段的市场主体［J］．财经智库，2021，6（6）：5-15，137-138.

［13］国家医疗保障局．2023年全国医疗保障事业发展统计公报［EB/OL］.

http：//www.nhsa.gov.cn/art/2024/7/25/art_7_13340.html.

[14] 何红娟."思政课程"到"课程思政"发展的内在逻辑及建构策略［J］. 思想政治教育研究，2017，33（5）：60-64.

[15] 何玉海.关于"课程思政"的本质内涵与实现路径的探索［J］. 思想理论教育导刊，2019（10）：130-134.

[16] 河北省工业和信息化厅.河北省人民政府办公厅关于印发河北省支持钢铁行业创新发展若干措施的通知［EB/OL］.（2023-11-09）［2024-10-24］. https：//gxt.hebei.gov.cn/shouji/zcfg64/snzc67/943036/index.html.

[17] 胡安俊.中国的产业布局：演变逻辑、成就经验与未来方向［J］. 中国软科学，2020（12）：45-55.

[18] 胡恒松，赵卫民.十年回溯与未来展望：京津冀协同发展［J］. 开发研究，2024（5）：1-11.

[19] 黄益平，肖筱林.数字货币研究述评：私人数字货币、央行数字货币与数字人民币［J］. 经济管理学刊，2024，3（3）：57-82.

[20] 姜维.科技创新推动钢铁行业高质量发展［J］. 中国发展观察，2023（6）：64-67.

[21] 蒋震.关于近期减税降费政策的分析与思考［J］. 地方财政研究，2019（3）：29-33.

[22] 金鹿，王玲.京津冀建设世界级城市群的发展阶段与对策研究［J］. 天津经济，2019（5）：3-12.

[23] 李惠.医疗保险中的道德风险难题及治理对策［J］. 经济师，2021（11）：45-47.

[24] 李经路，刘笛，詹亮.中国减税降费：演进轨迹与未来取向［J］. 华东经济管理，2021，35（10）：1-18.

[25] 李茜，姚慧琴.京津冀城市群大气污染治理效率及影响因素研究［J］. 生态经济，2018，34（8）：188-192.

[26] 李万甫，刘同洲.2019年减税降费政策研究观点评述［J］. 税务研究，2020（4）：138-145.

[27] 李炜光，任晓兰.财政社会学源流与我国当代财政学的发展［J］. 财政研究，2013（7）：36-39.

[28] 李炜光，臧建文.中国企业税负高低之谜：寻找合理的企业税负衡量

标准 [J]. 南方经济, 2017 (2): 1-23.

[29] 李炜光, 张林, 臧建文. 民营企业生存、发展与税负调查报告 [J]. 学术界, 2017 (2): 5-13, 32.

[30] 李雪静. 医疗保险基金监管与风险防控策略探究 [J]. 中国市场, 2023 (32): 63-66.

[31] 李毅仁, 邢奕, 孙宇佳, 等. 钢铁工业低碳绿色发展路径与实践 [J]. 工程科学学报, 2023, 45 (9): 1583-1591.

[32] 林双林. 降低企业所得税, 减轻企业负担 [J]. 人民论坛, 2017 (7): 84-85.

[33] 刘建军. 课程思政: 内涵、特点与路径 [J]. 教育研究, 2020, 41 (9): 28-33.

[34] 刘展. 大数据时代商业银行数字普惠金融贷款业务管理体系探究 [J]. 浙江金融, 2023 (4): 15-23.

[35] 陆道坤. 新时代课程思政的研究进展、难点焦点及未来走向 [J]. 新疆师范大学学报 (哲学社会科学版), 2022, 43 (3): 43-58.

[36] 吕冰洋. "把你们的精神写出来!"——陈共先生的最后嘱托 [J]. 中国财政, 2021 (16): 78-79.

[37] 吕冰洋. 我国宏观税负不高, 为何企业感觉负担重 [J]. 人民论坛, 2017 (7): 82-83.

[38] 张冬冬, 李如占. 医学高职院校"思政课程"到"课程思政"转变分析 [J]. 高数论坛, 2018 (10): 112-114.

[39] 吕静韦, 何亚欣, 周晶晶. 新发展格局下京津冀世界级城市群高质量发展研究 [J]. 中国国情国力, 2022 (6): 57-61.

[40] 吕炜, 周佳音. 中国税制改革的逻辑——兼论新一轮税制改革方向设计 [J]. 经济社会体制比较, 2021 (5): 20-28.

[41] 马金华, 林源, 费堃桀. 企业税费负担对经济高质量发展的影响分析——来自我国制造业的证据 [J]. 当代财经, 2021 (3): 40-52.

[42] 马珺, 邓若冰. 供给侧改革背景下减税降费的财政压力及应对 [J]. 学习与探索, 2020 (5): 116-124.

[43] 马克思, 恩格斯. 马克思恩格斯全集 (第19卷) [M]. 北京: 人民出版社, 1963.

［44］马克思，恩格斯．马克思恩格斯全集（第7卷）［M］．北京：人民出版社，1975.

［45］马克思，恩格斯．马克思恩格斯选集（第4卷）［M］．北京：人民出版社，2012.

［46］麦克法兰．现代世界的诞生［M］．管可秾译，上海：上海人民出版社，2013.

［47］孟凡君．向科技要效益钢铁业着力培育新质生产力［N］．中国工业报，2023-11-28（001）.

［48］庞凤喜，牛力．论新一轮减税降费的直接目标及实现路径［J］．税务研究，2019（2）：5-11.

［49］青晨．数字金融背景下商业银行消费贷款业务风险管理研究［J］．市场周刊，2024，37（2）：17-19，97.

［50］邱仁富．"课程思政"与"思政课程"同向同行的理论阐释［J］．思想教育研究，2018（4）：109-113.

［51］石书臣．正确把握"课程思政"与思政课程的关系［J］．思想理论教育，2018（11）：57-61.

［52］苏东水，苏宗伟，等．产业经济学（第五版）［M］．北京：高等教育出版社，2021.

［53］孙久文，王邹．新时期京津冀协同发展的现状、难点与路径［J］．河北学刊，2022，42（3）：142-151.

［54］王德羿，王体健，韩军彩，等．"2+26"城市大气重污染下PM2.5来源解析［J］．中国环境科学，2020，40（1）：92-99.

［55］王海风，平晓东，周继程，等．中国钢铁工业绿色发展回顾及展望［J］．钢铁，2023，58（2）：8-18.

［56］唐海风．课程思政：高职专业课教学融入思政元素的路径［J］．科技见，2018（35）：38.

［57］王信．坚定货币文化自信深入推进央行数字货币研发［J］．金融会计，2018（12）：26-28.

［58］武靖国，张中敏．我国减税降费政策的国家治理意蕴［J］．地方财政研究，2019（8）：58-63.

［59］王俊豪．产业经济学（第三版）［M］．北京：高等教育出版社，2016.

［60］习近平．把思想政治工作贯穿教育教学全过程［N］．人民日报，2016-12-09（010）．

［61］谢晶晶．大数据风控创新有利于普惠金融发展［N］．金融时报，2023-03-06（009）．

［62］邢丽，梁季，施文泼，等．2020年减税降费政策评估：精准施策对冲疫情和经济社会发展风险——基于浙江、四川和海南的调研［J］．财政科学，2021（2）：85-98．

［63］徐丹等．财富管理与理财规划实验教程［M］．北京：经济管理出版社，2022．

［64］亚当·斯密．国富论［M］．郭大力，王亚南译，北京：商务印书馆，2014．

［65］阎东彬．京津冀城市群综合承载力测评与预警研究［M］．北京：人民出版社，2018．

［66］杨灿明．减税降费：成效、问题与路径选择［J］．财贸经济，2017，38（9）：5-17．

［67］易行健，等．财富管理理论与实践［M］．北京：机械工业出版社，2021．

［68］臧建文，李墨，李炜光，等．中国大规模减税降费的政治经济学诠释［J］．南方经济，2022（7）：1-18．

［69］张斌．减税降费的理论维度、政策框架与现实选择［J］．财政研究，2019（5）：7-16+76．

［70］詹姆斯·布坎南．民主财政论［M］．穆怀朋译，北京：商务印书馆，1993．

［71］张金昌，齐雯，齐霖．中国企业税负水平评价与国际比较［J］．会计之友，2017（11）：79-84．

［72］张军．中国企业面临死亡税率？［J］．中国经济报告，2017（2）：76-77．

［73］张长东，冯维．税收与国家治理现代化［J］．新视野，2018（3）：80-85．

［74］赵会来，曹方，王凡．提升我国钢铁产业科技创新能力的若干思考［J］．科技中国，2023（3）：77-80．

［75］郑石明，罗凯方．大气污染治理效率与环境政策工具选择——基于 29 个省市的经验证据［J］．中国软科学，2017（9）：184-192.

［76］中国财政科学研究院"降成本"课题组，刘尚希，傅志华，等．降成本：2017 年的调查与分析［J］．财政研究，2017（10）：2-29+42.

［77］赵玉林，汪芳．产业经济学：原理及案例［M］．北京：中国人民大学出版社，2020.

［78］中国人民银行．中国数字人民币的研发进展白皮书［R］．http：//www. pbc. gov. cn/goutongjiaoliu/113456/113469/4293590/index. html. 2021. 7.

［79］中国人民银行编写．2024 年人民币国际化报告［R］．http：//www. pbc. gov. cn/huobizhengceersi/214481/3871621/5472873/index. html. 2024. 9.

［80］中国政府网．国家发展改革委等部门关于印发《钢铁行业节能降碳专项行动计划》的通知［EB/OL］．（2024-05-27）［2024-10-25］．https：//www. gov. cn/zhengce/zhengceku/2024 06/content_6956307. htm.

［81］周其仁．体制成本与中国经济［J］．经济学（季刊），2017，16（3）：859-876.

［82］朱青．对当前我国税负问题的看法［J］．税务研究，2017（3）：3-8.